Introduction au droit de l'animal

2ème édition

Olivier Le Bot

SOMMAIRE

4

TABLE DES ABREVIATIONS

AJDA	Actualité juridique – Droit administratif
al.	alinéa
art.	article
ass.	Assemblée
asso.	association
Bull.	Bulletin des arrêts de la Cour de cassation
C. civ.	Code civil
CPC	Code de procédure civile
C. urb.	Code de l'urbanisme
CAA	Cour administrative d'appel
CASF	Code de l'action sociale et des familles
CCAG	Cahier des clauses administratives générales
CCH	Code de la construction et de l'habitation
CCI	Chambre de commerce et de l'industrie
CE	Conseil d'État
CEDH	Cour européenne des droits de l'homme
CGCT	Code général des collectivités territoriales
CGI	Code général des impôts
Cie	Compagnie
civ.	Chambre civile de la Cour de cassation
CJCE	Cour de justice des Communautés européennes
CJUE	Cour de justice de l'Union européenne
CJF	Code des juridictions financières
cne	commune
C. env.	Code de l'environnement
concl.	conclusions
CC	Conseil constitutionnel
CSI	Code de la sécurité intérieure
CSP	Code de la santé publique
CPP	Code de procédure pénale
D.	Recueil Dalloz
dépt	département
Dr. adm.	Revue de droit administratif
DUP	Déclaration d'utilité publique
EPCI	Établissement public de coopération intercommunale
ex.	exemple
fasc.	fascicule

GAJA	Grands arrêts de la jurisprudence administrative
ICPE	Installations classées pour la protection de l'environnement
JCP A	Jurisclasseur périodique (La Semaine juridique), édition Administration
JO	Journal officiel
L.	loi
Lebon T.	Tables du recueil *Lebon*
LPA	Les Petites Affiches
LPF	Livre des procédures fiscales
min.	ministre
n°	numéro
not.	notamment
ord.	ordonnance
p.	page
préc.	précité(e)
QPC	Question prioritaire de constitutionnalité
RDLF	Revue des droits et libertés fondamentaux
RDP	Revue du droit public et de la science politique en France et à l'étranger
REP	Recours pour excès de pouvoir
RFDA	Revue française de droit administratif
RSDA	Revue semestrielle de droit animalier
RTD civ.	Revue trimestrielle de droit civil
s.	suivants (et –)
S.	Recueil Sirey
SA	Société anonyme
SARL	Société à responsabilité limitée
SCI	Société civile immobilière
SE	Secrétaire d'État
sect.	section
Sté	Société
synd.	Syndicat
TA	Tribunal administratif
TC	Tribunal des conflits
TFUE	Traité sur le fonctionnement de l'Union européenne
UE	Union européenne

INTRODUCTION

I. Définition

1. Notion. L'expression « droit de l'animal » est formée du mot « droit » et du mot « animal ». Elle désigne donc les règles juridiques relatives aux animaux.

A. Les règles

1. Objet

2. Trois objets. S'agissant de leur objet, les règles du droit animalier portent principalement sur trois points :
- comment protéger les animaux ?
- comment utiliser les animaux ?
- comment s'en protéger ?

3. Une dimension protectrice. Dans son essence, le droit de l'animal est souvent perçu comme un droit de la protection. Il fixe des limites et établit des prescriptions. Il détermine ce qui est autorisé et ce qui est défendu, signifiant, par son existence, que les relations entre l'homme et l'animal ne sont pas laissées à la discrétion de tout un chacun mais sont au contraire soumises au respect de principes fixés par la loi et applicables à tous. La présence de règles, y compris celles qui encadrent une activité défavorable à l'animal (chasse, expérimentation, abattage) est en soi une protection puisqu'elle vient limiter la liberté du fort (l'homme) sur le faible (l'animal), sur le modèle des domaines juridiques gouvernant une relation par nature déséquilibrée (par exemple la relation employeurs-salariés dans le cas du droit du travail, ou encore la relation commerçants-consommateurs dans celui du droit de la consommation). Une règle, même insatisfaisante, est regardée comme préférable à un pouvoir affranchi de toute limite.

2. Caractéristiques

4. Particularités. Les règles composant le droit de l'animal présentent quatre caractéristiques.

5. Première caractéristique : elles régissent la relation *entre l'homme et*

l'animal. Les relations qu'entretiennent les animaux entre eux se trouvent hors du champ du droit animalier – et hors du champ du droit tout court.

6. Deuxième caractéristique : ces règles peuvent être d'une *double nature*. Quelle que soit la catégorie dont il relève, les animaux (sauf peut-être certains d'entre eux comme les insectes) sont toujours soumis, dans des proportions variables, à deux séries de règles.

D'abord les règles qui envisagent l'animal par sa fonction, son usage, sa finalité – en somme ce à quoi il sert. Ce sont des règles qui permettent de se servir de l'animal. Elles prévoient une possibilité de s'approprier l'animal, de l'utiliser, de l'échanger, de le céder, de le détruire. Appelons-les les « règles-*res* », car elles envisagent l'animal comme une chose, comme un bien. Tous les animaux sont soumis à ces règles : quelle que soit la catégorie dont ils relèvent, tous sont susceptibles d'appropriation.

Une deuxième série de règles s'appliquent également à *tous* les animaux. Il s'agit des règles qui appréhendent l'animal comme ce qu'il est : un être vivant et sensible. Elles visent à promouvoir son bien-être, à interdire que de la douleur ou de la souffrance lui soit infligé ou, lorsqu'il est jugé légitime de lui infliger de la douleur ou de la souffrance, de faire en sorte que cette douleur ou cette souffrance soit atténuée ou diminuée. Appelons ces règles les « règles-*animalis* » (le mot latin « *animalis* », qui a donné le terme « animal », signifie « doué de vie »). Là encore, tous les animaux sont soumis à ces règles : les animaux d'élevages, par exemple, sont soumis à des standards minimums quant aux dimensions des cages ; de même un oiseau vivant à l'état de liberté ne peut pas être tué en période de nidification. Si l'animal n'était qu'un bien, s'il n'était soumis qu'à des règles-*res*, ce genre de règles-*animalis* n'existeraient pas.

Il résulte de ce qui précède tous les animaux sont soumis à ces deux types de règles. Un peu de règles-*animalis* et beaucoup de règles-*res* pour la plupart des animaux. Un peu de règles-*res* et beaucoup de règles-*animalis* pour les mieux lotis.

7. Troisième caractéristique : ces règles sont *dispersées* entre une multitude de textes. Les règles applicables à l'animal sont pour l'heure éclatées, éparpillées entre une multitude de domaines : le droit pénal (réprimant les actes de maltraitance ou encore le vol), le droit des biens (régissant les conditions de son appropriation), le droit de la responsabilité (fixant les conditions et les modalités de réparation des dommages qu'il cause ou qui lui sont causés), le droit de l'environnement (protégeant les espèces menacées), le droit de la chasse, le droit de l'élevage, le droit rural, de l'expérimentation, des brevets, de la consommation et bien d'autres encore.

À cet égard, trois observations complémentaires s'imposent.

Premièrement, même dans les pays qui ont rassemblé certaines règles relatives à l'animal dans un texte spécial, appelée « loi sur la protection de l'animal » (Suisse, Allemagne, Luxembourg, Israël, etc.), ou encore « code de l'animal » (Wallonie[1]), ce texte ne contient qu'une partie des règles applicables aux animaux.

Deuxièmement, et pour revenir au cas français, d'un point de vue quantitatif, la plus grande part des dispositions relatives aux animaux figurent dans le code rural. On notera d'ailleurs que ce code est bien mal dénommé dans la mesure où son champ d'application n'est pas défini sur la base d'un critère géographique (qui serait celui des territoires ruraux). Pour cette raison, les dispositions qu'il contient relatives aux animaux peuvent aussi bien s'appliquer aux animaux « ruraux » qu'à leurs homologues « urbains ».

Troisièmement, en 2018, une équipe d'universitaires spécialistes de droit animalier a publié, sous l'égide de Jean-Pierre Marguénaud, un « code de l'animal » chez un éditeur juridique français[2]. Ils ont pris l'initiative de rassembler, dans un ouvrage unique, les différents textes juridiques qui régissent l'animal, et les précisions jurisprudentielles dont ils ont fait l'objet. Au niveau de sa nature, ce « code » ne constitue pas un texte juridique : il s'agit d'un travail d'universitaires de mise en ordre, dans un ouvrage unique, de textes épars et dispersés.

8. Quatrième caractéristique : les règles de droit animalier, en tout cas les règles-*animalis*, envisagent l'animal comme un *individu*.

En cela, l'approche du droit animalier s'avère fondamentalement différente de celle du droit de l'environnement.

Trois différences peuvent être mises en exergue entre ces deux branches du droit :

	Droit animalier	Droit de l'environnement
Approche	Biocentrique (intérêt de l'animal), zoocentrée	Antropcentrique (intérêt de l'homme), homo-centrée
Appréhension de l'animal	Individu	Espèce (composante de l'environnement humain)
Objet premier de la règle	Protection (pour lui-même)	Régulation[3]

---

[1] Code de l'animal, adopté le 3 octobre 2018. Pour un commentaire, v. E. Verniers, « Le Code wallon du Bien-être animal : révolution ou réformation ? », *RSDA* 2018/2, p. 151.

[2] *Code de l'animal*, LexisNexis. La troisième édition a été publiée en 2023.

[3] Les animaux sont perçus comme un stock qu'il convient de gérer – en plus ou en moins : autoriser des « prélèvements » (la froideur du terme exprimant cette logique purement technicienne) lorsqu'il augmente ; les interdire lorsqu'il diminue et se raréfie au point de menacer la survie d'une espèce (qui sera alors protégée en tant qu'elle est menacée de disparition).

Des conflits pourraient d'ailleurs survenir entre l'approche animaliste et l'approche environnementale. L'exemple le plus emblématique est vraisemblablement celui du chat, être aimé bénéficiant d'une protection forte en tant qu'animal de compagnie mais qui représente, dans le même temps, un fléau pour les oiseaux. Des propositions commencent d'ailleurs à émerger visant, dans l'objectif de préserver ces derniers, à ce qu'il soit interdit aux chats de pouvoir sortir des maisons. Le loup offre un autre exemple de conflit potentiel : protégé par le droit de l'environnement en tant qu'animal relevant d'une espèce rare, il est dans le même temps responsable d'atteintes au bien-être et à la vie d'animaux d'élevage.

B. La notion d'animal

1. Définition générale

9. Deux critères. Selon une définition donnée il y a plus d'un siècle et qui demeure d'une étonnante modernité, « on entend par animaux, dans le langage du droit, tous les êtres animés autres que l'homme »[4]. À partir de cette définition, l'animal peut être défini sur la base de deux critères.

En premier lieu, il est *un être animé*, ce qui le distingue des choses inanimées et des végétaux (mais non de l'homme qui, d'un point de vue scientifique, constitue également un animal). Il est capable de se mouvoir de façon autonome, de se déplacer selon sa volonté.

En second lieu, il est *un être extérieur à l'humanité*, ce qui le différencie de l'homme. Pour rendre compte de ce délicat partage, les philosophes anglo-saxons opposent l'homme (l'animal humain) aux « animaux non humains »[5].

2. Définition juridique

10. Situation générale[6]. Aucun système juridique ne donne de définition unique

---

[4] A. Carpentier et G.-M.-R. De Frerejouan du Saint, *Répertoire général alphabétique du droit français*, Librairie de la société du Recueil général des lois et des arrêts et du Journal du Palais, 1896, v° Animaux.

[5] Sur la question des frontières entre l'humanité et l'animalité, voir F. Burgat (dir.), *L'animal dans nos sociétés*, La documentation Française, coll. Problèmes économiques et sociaux, 2004, pp. 11-32.

[6] V. Th. Auffret van der Kemp, « To which animals does animal welfare apply in law and why? », in *Animal Welfare: From Science to Law*, 2019, pp. 47-56.

de l'animal, qui serait valable dans tous les domaines. Il arrive seulement que la notion fasse l'objet d'une définition au sens de telle ou telle législation, en vue de limiter son application à un groupe d'animaux déterminé, par exemple aux vertébrés[7], aux êtres sensibles[8] ou encore à une liste d'espèces déterminées[9].

11. Situation en droit français. La question du champ « personnel » du droit animalier est l'une des plus épineuses – mais aussi, et peut-être pour cette raison – l'une des moins discutée. Quels animaux en relèvent ? Tous, c'est-à-dire les huit millions d'espèce existantes, de l'éléphant au moustique, en passant par le poisson-clown et le mille-pattes ? Ou seulement les êtres doués de sensibilité (ou d'un degré de sensibilité suffisant, ou suffisamment perceptible) ?

Au niveau de l'empirisme juridique, deux observations générales peuvent être formulées.

D'une part, un lien est juridiquement établi entre protection de l'animal et reconnaissance de sa sensibilité. De façon significative, les trois dispositions les plus générales que l'on trouve en droit positif[10] posent l'exigence d'une protection (à travers des formules variées) après avoir souligné la qualité d'être sensible de l'animal. Ainsi, la qualité d'être sensible conditionne aux yeux du législateur la

---

[7] V. p. ex. le règlement (CE) n° 1/2005 du Conseil du 22 décembre 2004 relatif à la protection des animaux pendant le transport, art. 2, a : « Aux fins du présent règlement, on entend par (…) "animaux" : les animaux vertébrés vivants ». V. de même la loi du Royaume-Uni sur le bien-être des animaux, art. 1.1 : « Dans la présente loi, (…) le terme "animal" désigne un vertébré autre que l'homme ».

[8] V. p. ex. la loi luxembourgeoise sur la protection des animaux du 27 juin 2018, art. 3.3 : « Au sens de la présente loi, on entend par "animal" : un être vivant non humain doté de sensibilité en ce qu'il est muni d'un système nerveux le rendant apte à ressentir la douleur ». V. de même, dans l'État américain du Vermont, l'article 13 V.S.A. § 351,1 ouvrant de façon suivante le chapitre relatif à la cruauté envers les animaux : « Au sens du présent chapitre : Le terme "animal" désigne toutes les créatures vivantes sensibles, à l'exclusion des êtres humains ». V., dans le même sens, le code officiel du District of Columbia, § 22-1013 : dans les dispositions relatives à la cruauté envers les animaux, « le mot "animaux" ou "animal" est considéré comme incluant toutes les créatures vivantes et sensibles (à l'exception des êtres humains) ».

[9] V. la loi néo-zélandaise sur le bien-être animal, art. 2, a. : « Au sens de la présente loi, "animal" (…) signifie tout membre vivant du règne animal qui est - (i) un mammifère ; ou (ii) un oiseau ; ou (iii) un reptile ; ou (iv) un amphibien ; ou (v) un poisson (osseux ou cartilagineux) ; ou (vi) une pieuvre, un calmar, un crabe, un homard, ou une écrevisse (y compris une écrevisse d'eau douce) ; ou (vii) tout autre membre du règne animal » ajouté par décret par le gouvernement fédéral. Le point d) de cet article précise que le mot animal « ne comprend pas (…) un être humain ».

[10] V. § 45, l'article L. 214-1 du code rural, l'article 13 du TFUE et l'article 515-14 du code civil.

reconnaissance d'une protection, ou plus exactement la justifie.

D'autre part, l'écrasante majorité des règles s'appliquent aux mammifères, oiseaux, poissons, reptiles et amphibiens[11]. Si certaines règles s'appliquent aux insectes[12], celles-ci ne représentent qu'une infime part des règles applicables aux animaux. Pour l'heure, le droit de l'animal cible principalement les animaux pour lesquels l'existence d'une sensibilité est la mieux établie. Il ne se désintéresse pas totalement des autres, mais ne leur accorde qu'une attention très secondaire, voire marginale.

II. Terminologie

12.En langue anglaise. Les auteurs anglo-saxons emploient la notion d'« *animal law* ».

13.En langue française. En langue française, trois expressions sont utilisées.

« Droit animalier ». La notion se trouve par exemple employée pour la *revue semestrielle de droit animalier*.

« Droit animal ». L'expression est utilisée par les personnes considérant que la notion de droit « animalier » viendrait réifier l'animal. D'aucuns reprochent toutefois à la notion de « droit animal » d'être grammaticalement inhabituelle, voire inappropriée, et en toute hypothèse de ne pas sonner juste. L'on en aura une preuve si l'on remplace dans cette formule le mot « animal » par le mot « bête ».

« Droit de l'animal » : il s'agit de l'expression la plus consensuelle.

14.Droits des animaux. Les notions précitées sont différentes de celles de « droits des animaux » (droits au pluriel). Cette expression (équivalent de la notion anglo-saxonne d'« *animal rights* ») appartient davantage au vocabulaire militant et à la sphère revendicative ; elle est axée sur la reconnaissance de prérogatives juridiques aux animaux.

Les notions de droit animalier ou droit de l'animal présentent un caractère plus académique. Ces expressions sont neutres et objectives, s'attachant à la description et à la connaissance des normes existantes.

III. Formation historique

15.Trois étapes. En schématisant, il est possible de retenir trois grandes étapes dans la formation du droit animalier.

---

[11] V. le cas de l'expérimentation animale (v. § 414).

[12] V. § 42.

A. Naissance

16. Genèse. L'acte I est celui des premiers textes.

17. Asie. En Asie, l'Empereur Asoka, qui régna sur une large partie de la région au cours du 3ème siècle avant notre ère, fit édicter plusieurs lois exigeant le traitement compassionnel des animaux. Il posa également une interdiction d'abattage de plusieurs animaux, tout comme le fit l'Empereur Harsha au cours du 7ème siècle[13].

18. Occident. En occident, où la considération portée à l'animal est plus récente, le premier texte prescriptif apparaît au 16ème siècle. En 1567, le pape Pie V édicte une bulle intitulée *De Salute Gregis* (« Soucieux du salut de son troupeau »), qui déclare l'interdiction totale des jeux taurins. Si le texte intervient à une époque de formation de l'État, dans un contexte où pouvoir spirituel et pouvoir temporel se disputent la légitimité de l'organisation sociale, il n'en émane pas moins d'une autorité religieuse et revêt, par conséquent, la nature d'un acte de droit canon[14].
Le premier texte authentiquement civil est, pour beaucoup, l'*Act to prevent the cruel and improper treatment of cattle*, plus connu sous le nom de *Martin's Act* (du nom de son promoteur, Richard Martin) adopté par le Parlement britannique le 22 juin 1822. Voté dans le contexte de l'industrialisation naissante, qui voit les animaux transformés en bêtes de somme pour combler les besoins en force motrice, cette loi sur le traitement cruel du bétail interdit, sous peine de sanction pénale, le fait de battre ou de maltraiter cruellement et sans motif ces animaux. Ce texte est généralement considéré comme l'acte fondateur du droit animalier en Europe. Il influencera d'autres États qui, dans son sillage, adopteront des lois posant certaines limites à l'utilisation de l'animal par l'homme[15]. Ce fut le cas en France de la célèbre loi « Grammont » du 2 juillet 1850 (du nom de son initiateur, le général Jacques Delmas de Grammont) punissant les actes de cruauté infligés sur les animaux domestiques.

B. Développement

19. Extension et élargissement. L'acte II, dans la formation du droit de l'animal, correspond à l'âge du développement. Il débute avec le passage de la société

---

[13] V. § 32.

[14] Sur ces textes, v. H. Hardouin-Fugier, « Quelques étapes du droit animalier : Pie V, Schoelcher et Clémenceau », *Pouvoirs* n° 131, 2009, p. 29.

[15] V. D. Favre et V. Tsang, « The Development of Anti-Cruelty Laws During the 1800s », 1993 *Det. C.L. Rev.* 1 (1993).

industrielle à la société post-industrielle. Le ravalement de l'animal au rang d'objet, dans l'industrie, l'agriculture et la recherche provoque une réaction de l'opinion. Si son utilisation elle-même n'est pas remise en cause (l'animal peut toujours servir pour se vêtir, se nourrir ou se divertir), elle doit désormais s'effectuer dans le respect de standards minimums. La définition de ceux-ci va conduire le droit animalier à gagner en consistance : le nombre de texte s'accroît, en même temps que s'étendent les domaines concernés[16].

Le phénomène est mondial. Selon un dernier recensement[17], quasiment tous les pays comportent des législations de protection du bien-être animal. Seul le continent africain échappe à ce mouvement ; et encore certains pays d'Afrique commencent-ils à avoir des législations en la matière.

C. Autonomisation

20.Structuration. La troisième phase, correspondant à la période contemporaine, est celle de la structuration du droit de l'animal en champ juridique et en discipline à part entière. Un mouvement se manifeste en effet depuis plusieurs années, tant sur le plan académique que sur le plan juridique, en vue de construire le droit de l'animal comme une discipline et un champ juridique autonome.

Le premier indice de ce mouvement correspond à l'adoption de lois de protection de l'animal (Allemagne, Suisse) ou d'un code de l'animal (Wallonie)[18].

Le deuxième indice tient à la création de centres de recherche en droit de l'animal, notamment l'*Animal legal and historical center* de l'université du Michigan, le *Cambridge center for animal rights law* ou encore le *Helsinki animal law center*.

Le troisième indice de ce mouvement correspond à la naissance de revues juridiques spécialisées : Animal Law ; Animal Law Review ; Revue semestrielle de droit animalier, Global Journal of animal law, Revista Brasileira de Direito Animal.

Enfin, le quatrième indice tient à l'enseignement de la matière à l'université.

Aux États-Unis, la matière était enseignée dans quatre *law schools* au début des années 2000 ; elle l'est maintenant dans trois *law schools* sur quatre.

Le même mouvement apparaît, avec quelques années d'écart en Europe. En France, la matière a fait son apparition dans l'enseignement universitaire depuis 2015 :

- d'abord à Strasbourg en 2015, en faculté de sociologie, proposant un module sur

---

[16] L. Letourneau, « De l'animal-objet à l'animal-sujet ? : regard sur le droit de la protection des animaux en Occident », *Lex Electronica*, vol. 10, n° 2 (numéro spécial), Automne 2005.

[17] https://www.globalanimallaw.org/database/national/index.html

[18] V. § 7.

trois jours en droit de l'animal ;

- l'année suivante à Limoges, avec la création d'un DU sur 15 jours ;

- puis en 2017 à la faculté de droit d'Aix-en-Provence, le mouvement s'étant ensuite étendu à d'autres universités.

On notera que, dans deux universités, la matière est enseignée à des niveaux de master : d'une part l'université *Lewis and Clark* à Portland, d'autre part l'université autonome de Barcelone.

En poursuivant dans cette voie, le droit de l'animal devrait connaître une évolution comparable à celle du droit de l'environnement ou du droit de la consommation : naître comme élément constitutif de diverses branches du droit, puis progressivement s'en extraire jusqu'à s'affirmer un jour comme un domaine juridique autonome[19].

21. Une préoccupation croissante. La structuration du droit de l'animal en champ disciplinaire autonome est portée par l'attention croissante des citoyens aux questions de bien-être animal. Un rapport réalisé par le Parlement européen en 2017[20] identifiait huit facteurs objectifs révélant une intensification de cette préoccupation :

- les courriers en provenance du grand public adressés aux institutions ;

- la couverture médiatique ;

- les mentions au cours des débats parlementaires et des déclarations des gouvernements ;

- les demandes d'éléments scientifiques portant sur le bien-être animal ;

- les activités des comités scientifiques et d'autres organes consultatifs ;

- le financement de la recherche scientifique en matière de bien-être animal ;

- l'augmentation de l'enseignement et du nombre de conférences ;

- l'augmentation du volume de la législation.

IV. Fondements

22. Sensibilité et respect. Les raisons théoriques ayant conduit à la formation du droit de l'animal ne sont pas les mêmes selon les cultures et civilisations concernées[21]. Une distinction nette oppose d'un côté, l'Inde et, de l'autre,

---

[19] V. J.-P. Marguénaud et X. Perrot, « Le droit animalier, de l'anecdotique au fondamental », *D.* 2017, p. 996.

[20] Parlement européen, « Le bien-être animal dans l'Union européenne », 2017, PE 583.114, p. 39.

[21] Pour une analyse détaillée du statut de l'animal dans les différentes philosophies, voir J. Derrida, *L'animal que donc je suis*, Galilée, 2006, 218 p. Pour une présentation synthétique, voir G. Chapoutier, *Les droits des animaux*, PUF, coll. Que sais-je ?, 1992, pp. 9-23 ; F. Burgat, *La*

l'essentiel des autres pays. Alors que la protection de l'animal est généralement fondée sur la *sensibilité* de celui-ci, en Inde, elle est fondée sur son *respect*.

A. Majorité des pays : une protection résultant de la sensibilité de l'animal

23.Présentation. Dans les pays de tradition judéo-chrétienne et de philosophie occidentale, la protection de l'animal est récente ; elle résulte d'une prise en considération de la sensibilité de l'animal.

1. Une culture traditionnelle de l'exploitation

24.Utilisation. Traditionnellement, le monde occidental – et les pays qu'il a influencé – est marqué par une culture d'exploitation de l'animal. Celui-ci « a surtout considéré l'animal comme une bête à tout faire : nourrir et vêtir l'humanité, animer de sanglants spectacles, véhiculer des matériaux, servir de cible ou permettre les expérimentations »[22].

25.Justifications. Cette vision de l'animal procédait de considérations à la fois théoriques et pratiques.
Sur le plan théorique, la religion comme la philosophie développaient une conception de l'animal-chose. Le christianisme établit ainsi entre l'humanité et l'animalité une barrière infranchissable ; la Genèse postule que Dieu a créé les animaux pour le service de l'homme[23]. De même, la théorie de l'animal-machine que défend Descartes (même si elle est déconcertante pour l'homme d'aujourd'hui et était déjà critiquée en son temps[24]) réduit le corps des animaux à des automatismes aveugles, simplistes, dénués de pensée et de sensibilité[25].
L'appréhension de l'animal comme une chose offrait en outre un intérêt pratique. En tant que chose, l'animal peut être approprié, cédé, utilisé (notamment pour sa

---

protection de l'animal, PUF, coll. Que sais-je ?, 1997, pp. 7-25.

[22] V. Briant, *De l'animal objet de droit à l'animal sujet de droit ?*, Mémoire Institut d'étude politique d'Aix-en-Provence 1995, p. 3.

[23] Dans la Genèse, l'homme règne sur les animaux qui sont essentiellement à sa disposition. Voir Genèse I 28 : « (…) ayez autorité sur les poissons de la mer et sur les oiseaux des cieux, sur tout vivant qui remue sur la terre ». Et surtout Genèse IX 2.3 : « la crainte et l'effroi que vous inspirerez s'imposeront à tous les animaux de la terre et à tous les oiseaux des cieux. Tous ceux dont fourmille le sol et tous les poissons de la mer, il en sera livré à votre main. Tout ce qui remue et qui vit vous servira de nourriture, comme l'herbe verte : je vous ai donné tout cela... ».

[24] Voir S. Desmoulin, *L'animal, entre science et droit*, PUAM, 2006, pp. 680-681.

[25] R. Descartes, *Discours de la méthode* (1637), cinquième partie, Nathan, 1998.

force motrice) et surtout détruit (servant alors de matière première pour se nourrir ou se vêtir).

2. Le développement d'une protection

26. Deux fondements. En réaction à cette culture traditionnelle, les textes et philosophies de protection de l'animal se sont développés en deux temps. Les premiers se sont fondés sur des considérations « humanitaires », les seconds sur des considérations « animalitaires ». La distinction entre une conception « humanitaire » et une conception « animalitaire » de la protection de l'animal est empruntée au professeur Marguénaud[26]. La première est fondée sur les sentiments moraux de l'homme. Centrée sur l'humanité, elle relègue le bien-être animal au second plan. La seconde conception vise à la protection de l'animal pour lui-même. Elle est fondée sur l'intérêt de l'animal.

27. Fondement humanitaire. Dans la plupart des pays, les premières lois relatives aux animaux se sont inspirées de préoccupations anthropocentristes n'ayant pour but que les intérêts humains et ne s'intéressant pas à l'animal lui-même. C'était par exemple le cas en France de la loi Grammont de 1850. On considérait que les sévices causés aux animaux – du moins s'ils étaient réalisés en public (ce qui atteste de la conception « humanitaire » de la loi) – exerçaient une influence néfaste sur les hommes, en d'autres termes que la cruauté envers les animaux risquait de dégénérer en cruauté envers les hommes. À travers l'interdiction des actes de cruauté, il s'agissait donc de réprimer un instinct de perversité susceptible de se reporter de l'animal vers l'homme[27]. Témoignant de la même conception, la Cour suprême de l'État du Missouri affirmait en 1887, dans une affaire concernant des sévices pratiqués sur des animaux, que « la cruauté à leur égard manifeste une nature vicieuse et dégradée, et elle tend inévitablement à la cruauté envers les hommes »[28].

28. Fondement animalitaire. Dans un second temps, et sous l'influence déterminante des philosophes anglo-saxons, la protection a été fondée sur l'intérêt de l'animal lui-même[29].

---

[26] J.-P. Marguénaud, *L'animal en droit privé*, PUF, 1992, p. 352.

[27] Cet exemple montre néanmoins que des législations incontestablement protectrices peuvent résulter de considérations exclusivement anthropocentriques.

[28] *Stephens v. State*, 65 Miss 329, 3, So. 458 (1887), ici p. 459.

[29] Comme l'a ainsi souligné la Cour constitutionnelle d'Afrique du Sud, « la raison d'être de la protection du bien-être des animaux est passée de la simple sauvegarde du statut moral des êtres humains à l'attribution d'une valeur intrinsèque aux animaux en tant qu'individus » (CC d'Afrique

Historiquement, la réflexion sur la protection éthique de l'animal a pris naissance avec Jeremy Bentham (1748-1832), fondateur de l'école utilitariste. Selon le principe de base de l'utilitarisme, « une action est bonne quand elle tend à réaliser la plus grande somme de bonheur pour le plus grand nombre possible de personnes concernées par cette action »[30]. Le but ultime de l'activité morale et politique est la maximisation de la somme de bonheur dans le monde ; le droit a pour finalité première de protéger des intérêts, quel que soit le sujet auquel ils sont reconnus. Appliquant ces principes à l'utilisation – au sens large – des animaux par l'homme, Jeremy Bentham parvient à la conclusion que « la somme de leurs souffrances n'égale pas celle de nos jouissances : le bien excède le mal. Mais pourquoi les tourmenter ? Pourquoi les torturer ? Il serait difficile de dire par quelle raison ils seraient exclus de la protection de la loi. La véritable question est celle-ci : Sont-ils susceptibles de souffrances ? Peut-on leur communiquer du plaisir ? (…). La question n'est pas : Peuvent-ils raisonner ? peuvent-ils parler ? mais : Peuvent-ils souffrir ? »[31]. Le philosophe d'origine australienne Peter Singer, auteur du fameux *Animal Liberation*, best-seller paru en 1975 et traduit dans de nombreuses langues, domine la pensée occidentale[32]. Son approche est basée sur le principe utilitariste de l'égale considération des intérêts. Peter Singer affirme que la façon dont les hommes utilisent les animaux n'est pas justifiée car le bénéfice pour les humains est négligeable comparé à la quantité de souffrance animale qu'il suppose, et parce que les mêmes bénéfices peuvent être obtenus par des voies qui n'impliquent pas le même degré de souffrance. Au final, ce courant de pensée a introduit dans les sociétés occidentales une nouvelle conception des rapports entre l'homme et les animaux, fondée sur les capacités animales à ressentir plaisir et douleur, autrement dit sur leur sensibilité.

Cette prise en compte de la sensibilité animale (ou, vu sous l'angle humain, l'empathie ou la compassion à son l'égard des animaux) a trouvé un prolongement juridique dans une affaire commerciale concernant les phoques. L'Union européenne avait adopté un règlement interdisant de manière générale l'importation et la mise sur le marché de produits dérivés du phoque. Le Canada

---

du Sud, 8 déc. 2016, *National Society for the Prevention of Cruelty to Animals v Minister of Justice and Constitutional Development and Another* (CCTITRE 1/16) [2016] ZACC 46; 2017 (1) SACR 284 (CC); 2017 (4) BCLR 517 (CC), § 57).

[30] Définition donnée par L. Ferry in *Le nouvel ordre écologique*, Grasset, 1992, p. 81.

[31] J. Bentham, *Déontologie ou science de la morale* (trad. B. Laroche), éditions Charpentier, 1834, p. 17.

[32] P. Singer, *Animal Liberation. A New Ethics for our Treatment of Animals*, York Review/Random House, New York, 1975, 301 p. Édition française : *La libération animale* (trad. L. Rousselle et D. Olivier), Grasset, 1993, 382 p.

et la Norvège ont attaqué ce règlement devant l'Organisation mondiale du commerce, pour violation des règles sur le libre-échange. En défense, l'Union européenne s'est prévalue d'une exception prévue par l'article XX a) du GATT, reposant sur « la protection de la moralité publique ». Il revenait donc à l'OMC de juger si ce motif peut valablement fonder une interdiction d'exportation d'un produit animal lorsque les consommateurs estiment que les conditions dans lesquels il est obtenu sont cruelles. Le Groupe Spécial, puis l'Organe d'appel, ont estimé que le règlement européen était « nécessaire à la protection de la moralité publique » au sens de l'article XX a) du GATT. Cette décision est importante car elle est la première, dans le cadre de l'OMC, à admettre l'interdiction d'un produit pour des raisons de bien-être animal, en se basant sur la moralité publique[33].

29. Coexistence contemporaine des deux fondements. Aujourd'hui, la prise en compte de la sensibilité de l'animal est à l'origine de la majeure partie des règles constituant le droit animalier. Néanmoins, un nombre non négligeable de lois et instruments juridiques sont encore inspirés de préoccupations anthropocentriques n'ayant en considération que les intérêts humains. Ils visent, par exemple, à permettre les échanges commerciaux (en déterminant le mode de cession des animaux) ou encore à préserver l'environnement de l'homme, dont l'animal est alors conçu comme une composante désincarnée.

On relèvera qu'un troisième fondement a pu être mobilisé pour justifier l'adoption de règles protectrices, tenant à la *proximité* entre l'homme et l'animal : en d'autres termes le fait qu'ils seraient (au moins à certains égards) « comme nous ». Cet argument a principalement servi de justification à la protection des grands singes[34].

B. Inde : une protection résultant du respect de l'animal

30. Une tradition ancienne. En Inde, la protection de l'animal est un phénomène ancien. Dans ce pays majoritairement hindouiste, l'introduction de normes spécifiques s'inscrit dans une tradition de respect de l'animal.

31. Religions. Au cours des siècles, les religions traditionnelles de l'Inde ont développé des principes fondés sur la valeur de la vie sous toutes ses formes. Les interrogations sur celle-ci n'étaient pas limitées aux humains mais incluaient également les animaux. Le respect de ces derniers prend une place très importante dans la majorité des religions et philosophies indiennes. « *Ahimsâ* », l'un des

---

[33] OMC, Organe d'appel, 18 juin 2014, *Canada et Norvège contre Communautés européennes*, DSECTION 400, 401.

[34] V. § 500.

principes fondamentaux de l'Hindouisme, prône la non-violence et le respect pour toute vie, humaine comme animale. Des principes similaires, prônant un profond respect de l'animal, sont développés dans les philosophies jaïniste et bouddhiste. Selon L. Goodkin, elles accordent aux animaux un respect égal à celui accordé aux humains. Le Bouddhisme et le Jaïnisme mettent l'accent sur la parenté de toutes les choses vivantes, et étendent la doctrine de l'*Ahimsa* aux hommes et aux animaux[35].

32.Actes. Ces principes, diffusés et enracinés dans la société indienne, ont reçu de longue date des applications juridiques en Inde.

La figure la plus importante de l'histoire indienne concernant la protection de l'animal est l'Empereur Asoka qui régna sur une large partie du sud de l'Asie au cours du 3ème siècle avant notre ère. Bouddhiste converti, Asoka appliquait ses convictions éthiques dans le gouvernement de son royaume. Durant son règne, plusieurs lois exigeant le traitement compassionnel des animaux furent édictées[36], de même qu'une interdiction d'abattage de plusieurs espèces animales[37].

Néanmoins, Asoka ne fut pas le seul monarque ayant adopté ou fait adopter des lois de protection de l'animal. L'Empereur Harsha, également bouddhiste et qui régna en Inde au cours du 7ème siècle, prescrivit l'interdiction de l'abattage d'animaux, une interdiction totale étant appliquée à l'intérieur de son Palais[38]. Il y eu également d'autres monarques tels que les rois hindous du Cachemire, de Gopaditya et Meghavahana qui, durant leur règne au 6ème siècle, désapprouvèrent le fait de tuer des animaux[39].

Enfin, divers rois de l'État de Gujarat furent si profondément influencés par le Jaïnisme qu'ils n'interdirent pas seulement la mise à mort d'animaux mais instituèrent également des juridictions spéciales pour poursuivre les personnes coupables d'actes de cruauté à leur égard[40].

---

[35] S.L. Goodkin, « The Evolution of Animal Rights », *Columbia Human Rights Law Review* 1987, vol. 18, pp. 283-285. Sur les racines historiques du respect de l'animal dans ces religions et philosophies, voir V. Chandola, « Dissecting american animal protection law : healing the wouds with animal rights and eastern enlightenment », *Wisconsin Environmental Law Journal*, hiver 2002, vol. 8, pp. 21-27.

[36] Voir C. Chapple, *Nonviolence to animals, earth and self in Asian traditions*, State University of New York Press, Albany, 1993, pp. 24-26.

[37] V. Chandola, préc., p. 25.

[38] D.O. Lodrick, *Sacred cows, sacred places : origin and survival of animal homes in India*, University of California Press, Berkeley/Los Angeles/Londres, 1981, p. 62.

[39] D.O. Lodrick, préc., p. 62-63.

[40] D.O. Lodrick,, préc., p. 63.

33.Population. Dans cette région du monde, l'adoption de lois sur la protection animale ne résultait pas seulement de la volonté personnelle des monarques mais correspondait également à une aspiration sociale profondément enracinée. Outre la pratique personnelle de l'abstention de la mise à mort d'animaux, les Hindouistes et les Jaïnistes exprimèrent leur compassion pour les animaux en créant pour ces derniers des maisons et hôpitaux spéciaux (« *pinjrapole* »).

V. Doctrines actuelles

34.Deux écoles. À l'époque actuelle, la question des relations entre l'humanité et l'animalité est, dans le domaine philosophique, dominée par les auteurs anglo-saxons. Cette influence se retrouve dans le domaine juridique, les termes des différents débats étant très largement définis par les juristes anglo-saxons (sans que, pour autant, la richesse des discussions n'emporte dans ces pays une supériorité des protections). Deux grandes écoles s'opposent sur les orientations à donner au droit de l'animal : les « welfaristes » d'une part, les « abolitionnistes » d'autre part. Le but des premiers est le bien-être des animaux, l'objectif des seconds est l'abolition de leur « exploitation », entendue comme la fin de leur utilisation quelle qu'en soit l'objet et la justification.

35.Welfarisme. Les welfaristes (de l'anglais « *welfare* », qui signifie bien-être), promeuvent l'adoption de règles de nature à améliorer le bien-être animal, et à réduire ou éviter sa souffrance dans son utilisation quotidienne par l'homme. L'élévation des garanties juridiques peut être regardée, selon la sensibilité des représentants de ce courant, soit comme une fin en soi, soit comme une première étape vers l'abolition. Ce point de vue est réformiste, acceptant l'utilisation de l'animal, dans certaines limites, et s'efforçant d'améliorer sa situation par l'édiction de règles toujours plus contraignantes (par exemple une dimension des cages étendues, ou encore des conditions de transport et de mise à mort limitant le stress éprouvé).
La plupart des juristes de droit animalier s'inscrivent dans ce courant, par réalisme et pragmatisme (politique des « petits pas »).

36.Abolitionnisme. À la différence des welfaristes, les abolitionnistes optent pour une position de rupture. Pour ces derniers, l'objet du droit animalier n'est pas de réguler l'exploitation animale mais de l'abolir. En d'autres termes, et pour prendre un exemple récurent dans leurs écrits, il ne s'agit pas d'élargir les cages mais de faire en sorte qu'elles soient vides. Gary Francione, avocat américain et Professeur de droit, en est l'une des figures les plus marquantes[41]. Pour expliquer sa

---

[41] G. Francione, Rain without thunder : the ideology of the Animal rights movement, Temple

démarche, il établit un parallèle entre exploitation animale et esclavage. Le combat contre l'esclavagisme visait, non pas à humaniser l'asservissement mais à le supprimer. De la même manière, le droit de l'animal doit abolir l'exploitation animale au lieu de la réguler. Gary Francione critique avec virulence les welfaristes, estimant que leur doctrine est contre-productive (en cautionnant implicitement l'exploitation de l'animal) et ne fait que retarder l'abolition de son exploitation.

VI. Vue générale

A. Les catégories d'animaux

37. Catégorisation. Dans les ordres nationaux comme sur le plan international et régional, il n'existe pas un régime juridique unique et uniforme pour l'ensemble des animaux. La réglementation se caractérise au contraire par la diversité des règles applicables. Selon un procédé habituel, le droit répartit les animaux en différentes catégories juridiques et soumet chacune d'entre elles à des règles spécifiques définies selon la conception que l'homme se fait d'un animal, l'intérêt qu'il lui porte et l'usage auquel il le destine[42].

38. Méthode. Les catégorisations présentes en droit positif sont élaborées sur la base d'une double distinction. La première se situe au niveau de l'espèce, selon que celle-ci ait été sélectionnée par l'homme ou non. La seconde se situe au niveau de l'individu animal, selon qu'il soit libre, sous la main de l'homme ou compagnon de l'homme.

39. Espèce domestique ou sauvage. Le premier critère de distinction s'apprécie au niveau de l'espèce. Il conduit à opposer les animaux « domestiques » et les animaux « sauvages ». La distinction repose sur le fait que l'espèce ait été sélectionnée ou non par l'homme.
L'animal domestique est celui que l'homme a sélectionné, notamment par la reproduction[43]. Il s'agit ainsi d'un animal appartenant à une espèce ayant subi des

---

University Press, Philadelphie, 1996.

[42] V. § 241.

[43] Sur ce critère, v. arrêté du 11 août 2006 fixant la liste des espèces, races ou variétés d'animaux domestiques (NOR : DEVN0650509A), art. 1er, al. 1er : « Pour l'application des articles R. 411-5 et R. 413-8 susvisés du code de l'environnement, sont considérés comme des animaux domestiques les animaux appartenant à des populations animales sélectionnées ou dont les deux parents appartiennent à des populations animales sélectionnées ».

modifications, par sélection, de la part de l'homme. L'animal, élevé de génération en génération sous la surveillance de l'homme, a évolué de façon à constituer une espèce, ou une race, différente de la forme sauvage primitive dont il est issu[44].

En d'autres termes, une espèce domestique est une espèce dont tous les représentants[45] :

- soit appartiennent à des populations animales sélectionnées ;
- soit sont issus de parents appartenant à des populations animales sélectionnées.

Les animaux d'élevage, de même que les chiens et les chats, sont les exemples les plus typiques d'animaux relevant d'une espèce domestique. En relèvent également, et à titre d'exemple, le dromadaire, le poisson rouge ou encore le ver à soie.

À l'inverse, est considérée comme une espèce « sauvage » ou « non domestique » celle qui n'a pas fait l'objet d'une sélection de la part de l'homme. En ce sens, l'article R. 411-5 du code de l'environnement considère comme espèces animales non domestiques « celles qui n'ont pas subi de modification par sélection de la part de l'homme ».

Un arrêté ministériel fixe la liste des espèces domestiques[46]. Celles qui n'y figurent pas constituent des espèces non domestiques.

40. Animal libre, sous la main de l'homme ou compagnon de l'homme. Le deuxième critère de distinction utilisé par les textes tient au fait que l'animal se

---

[44] V. arrêté préc., art. 1er, al. 2 : « On appelle population animale sélectionnée une population d'animaux qui se différencie des populations génétiquement les plus proches par un ensemble de caractéristiques identifiables et héréditaires qui sont la conséquence d'une politique de gestion spécifique et raisonnée des accouplements ».

[45] V. arrêté préc., art. 1er, al. 1er.

[46] Arrêté préc., annexe. L'arrêté donne également une définition des notions d'« espèce domestique », de « race domestique » et de « variété domestique ».

Une espèce domestique est « une espèce dont tous les représentants appartiennent à des populations animales sélectionnées ou sont issus de parents appartenant à des populations animales sélectionnées » (art. 1er, al. 3).

Une race domestique est « une population animale sélectionnée constituée d'un ensemble d'animaux d'une même espèce présentant entre eux suffisamment de caractères héréditaires communs dont l'énumération et l'indication de leur intensité moyenne d'expression dans l'ensemble considéré définit le modèle » (art. 1er, al. 4).

Une variété domestique est « une population animale sélectionnée constituée d'une fraction des animaux d'une espèce ou d'une race que des traitements particuliers de sélection ont eu pour effet de distinguer des autres animaux de l'espèce ou de la race par un petit nombre de caractères dont l'énumération définit le modèle » (art. 1er, al. 5).

trouve libre, sous la main de l'homme ou compagnon de l'homme.

L'animal libre est celui qui, relevant d'une espèce non domestique, vit à l'état de liberté.

L'animal placé sous la main de l'homme est celui qui est détenu par les êtres humains. Ce groupe comprend trois éléments[47] :

- l'animal domestique (même en situation d'errance, donc de liberté, il continue d'être placé sous la main de l'homme) ;

- l'animal sauvage apprivoisé (il s'agit d'un animal sauvage qui a été capturé et s'est habitué à l'homme, perdant de ce fait son réflexe de fuite à l'égard de celui-ci) ;

- et l'animal sauvage vivant en captivité (il s'agit d'un animal sauvage que l'homme retient sous la contrainte).

Enfin, l'animal compagnon de l'homme correspond à l'animal de compagnie, entendu comme celui qui est utilisé par l'homme pour son agrément. Il s'agira le plus souvent d'un animal domestique[48] mais il peut aussi s'agir d'un animal sauvage[49].

41. Précisions complémentaires. Deux précisions complémentaires s'imposent sur la catégorisation.

La première concerne les liens entre les deux critères de distinction précédemment exposés :

- l'animal domestique est nécessairement un animal placé sous la main de l'homme ;

- l'animal sauvage peut être ou ne pas être placé sous la main de l'homme ;

- l'animal de compagnie peut être un animal domestique ou sauvage mais il est nécessairement placé sous la main de l'homme.

La seconde précision concerne l'existence de sous-catégories. En effet, chaque grande catégorie est soumise à des règles communes à tous les animaux qui en relèvent. Mais des sous-catégories sont ensuite définies pour soumettre chacune d'elles à des règles qui lui sont propres (par exemple un animal sauvage vivant à l'état de liberté peut être chassable, protégé ou encore nuisible ; un animal domestique pourra relever de la sous-catégorie « animal d'élevage » ou « animal d'expérimentation », etc.).

---

[47] Trois élément souvent regroupés dans les textes juridiques. Ainsi, le code pénal évoque les atteintes à « un animal domestique, ou apprivoisé, ou tenu en captivité » (v. § 76). Le code rural évoque, avec une petite nuance, les atteintes « envers les animaux domestiques ainsi qu'envers les animaux *sauvages* apprivoisés ou tenus en captivité » (v. § 244).

[48] V. § 248.

[49] V. § 454 et s.

42.Insectes. De manière générale, le droit de l'animal se préoccupe relativement peu des insectes. Il arrive néanmoins que ceux-ci soient évoqués et protégés.

Ainsi, trois insectes sont mentionnés dans la liste des espèces domestiques : le ver à soie, les variétés domestiques de l'abeille et les variétés domestiques de la drosophile[50]. Les atteintes qui leur sont portées peuvent donc tomber sous le coup des incriminations du code pénal réprimant les actes de maltraitance[51].

En outre, de façon spécifique, le code rural incrimine le fait d'étouffer une colonie d'abeilles[52].

B. Les mots du droit de l'animal : protection, sensibilité et bien-être

1. Protection

43.Notion. La notion de « protection » désigne l'action de protéger, de défendre quelqu'un contre un danger, un mal, un risque. Ce faisant, elle suppose deux éléments : d'une part, un élément protecteur et, d'autre part, un élément protégé. Dans le domaine animalier, elle renvoie ainsi à la défense de l'animal par des personnes physiques ou morales. Elle sous-tend l'idée d'une *relation*, à la différence de la notion de bien-être qui, elle, ne présente pas un caractère relationnel mais est centrée sur un seul élément, en l'occurrence l'animal, et désigne un *état* de celui-ci.

44.Évolution. Traditionnellement, la notion de « protection » était très employée par les textes et les acteurs du droit de l'animal. Depuis les années 1960, elle tend à être remplacée, dans les dispositions juridiques, par la notion de « bien-être ». Elle demeure principalement utilisée par les acteurs du mouvement animalier, notamment les organisations spécialisées dans la défense des animaux.

2. Sensibilité

45.Reconnaissance. Depuis les années 1970, plusieurs textes ont reconnu, dans un domaine déterminé ou de manière générale, de façon spécifique ou à titre

---

[50] Sur cette liste, v. § 39.

[51] V. ainsi, pour des abeilles vivant dans des ruches placées sous la surveillance et l'autorité de leur propriétaire (Crim., 28 nov. 1962 ; *Bull.*). Sur cette affaire, v. § 96.

[52] Code rural, art. R. 215-3 : « Le fait de détruire des colonies d'abeilles par étouffage, en vue de récupérer du miel ou de la cire, est puni de la peine d'amende prévue pour les contraventions de la 5e classe. Les personnes reconnues coupables de la présente infraction encourent également la peine de confiscation du miel et de la cire ».

incident, en France comme à l'étranger, l'animal comme un « être sensible ».

En France, la première référence figure à l'article 9 de la loi n° 76-629 du 10 juillet 1976 relative à la protection de la nature. Ce texte, aujourd'hui codifié à l'article L. 214-1 du code rural, dispose que « Tout animal étant un être sensible doit être placé par son propriétaire dans des conditions compatibles avec les impératifs biologiques de son espèce ». Plus récemment, la loi n° 2015-177 du 16 février 2015 a introduit dans le code civil un article 515-14 déclarant solennellement que « Les animaux sont des êtres vivants doués de sensibilité ».

Des formules similaires ont pu être employées à l'étranger[53] ou en droit de l'Union européenne, notamment à l'article 13 du TFUE.

46. Nature. Du point de vue de sa nature, la reconnaissance de l'animal comme un être sensible constitue une *qualification* juridique. Elle consiste en effet à recouvrir une réalité factuelle d'une notion juridique.

Cette qualification s'avère toutefois très singulière dans la mesure où aucun régime juridique ne s'y trouve attaché. En principe, la qualification constitue la première étape du syllogisme et conduit à l'application d'un régime juridique correspondant à cette qualification. Par exemple : tel animal est « menacé de disparition », par conséquent il ne peut être chassé ni faire l'objet d'un commerce ; ou encore telle race de chien est « dangereuse », par conséquent, les chiens qui en relèvent doivent être muselés et leur propriétaire doit obtenir une autorisation spéciale. Rien de tel dans le cas de la qualification de l'animal comme être sensible : le législateur n'a pas attaché à cette qualification l'application d'un corps de règles spécifiques. En d'autres termes, la seconde étape du syllogisme fait défaut ; cette qualification ne constitue pas une catégorisation.

On ajoutera qu'elle ne constitue pas non plus une *définition* de ce qu'est un animal. À cela deux raisons. En premier lieu, les animaux « sensibles » ne constituent qu'une partie des animaux et non pas l'intégralité d'entre eux. En effet, au regard des données de la science, tous les animaux sont des organismes multicellulaires, mobiles et hétérotrophes[54] autres que l'homme, mais tous ne sont pas des êtres sensibles[55]. Il serait certes envisageable que le législateur ait sciemment voulu s'écarter des connaissances scientifiques en consacrant ce faisant une *fiction*[56] selon laquelle tous les animaux sont des êtres sensibles. Toutefois, au regard du

---

[53] Par exemple l'article 898.1 du code civil québécois, entré en vigueur le 4 décembre 2015.

[54] C'est-à-dire qu'ils se nourrissent d'autres organismes pour survivre (à la différence des plantes, qui sont organismes autotrophes, fabriquant eux-mêmes la matière organique qui les constitue).

[55] Au regard des données de la science, sont dépourvus de cette qualité les méduses, les coraux ou encore les moules.

[56] C'est-à-dire une déformation de la réalité visant à tenir comme vraie une chose qui ne l'est pas.

contenu et de l'objet des textes concernés, il est clair que telle n'a pas été l'intention du législateur. En second lieu, la reconnaissance des animaux comme êtres sensibles n'est pas une définition si on la place dans un contexte juridique plus large. En effet, lorsqu'une définition du mot « animal » est donnée dans un système juridique, le terme est limité aux animaux sensibles[57]. Ainsi, dans ce contexte, une loi prévoyant que « les animaux sont des êtres sensibles » doit être interprétée comme introduisant une distinction implicite entre les animaux : dans le domaine du droit animalier, les animaux qui comptent sont seulement ceux doués de sensibilité.

Il résulte de ce qui précède que la reconnaissance des animaux comme êtres sensibles n'est pas une catégorisation, ni une définition, et pas davantage une fiction. Il s'agit d'une qualification et, plus précisément, une qualification limitée à certains animaux.

47. Signification. La notion de sensibilité désigne la capacité des animaux – du moins de certains d'entre eux – à éprouver des sensations (notamment la douleur et le plaisir) et des émotions (telles que la joie, la peur ou l'anxiété)[58]. Il s'agit d'une capacité de percevoir le monde à la première personne[59].

L'utilisation de ce terme par le législateur signifie que, aux yeux de la loi, ce que ressent l'animal compte. Or, comme les animaux aspirent, de façon certaine, à ressentir des sensations positives plutôt que des sensations négatives, elle implique que les animaux ont un intérêt propre à ne pas être exposés à des sensations négatives.

48. Portée[60]. Par elle-même, la reconnaissance de l'animal comme un être sensible ne crée pas d'obligation juridique dans la mesure où elle n'impose pas une conduite déterminée. Elle apparaît néanmoins de nature à déployer trois effets.

---

[57] V. § 10.

[58] V. la définition donnée par É. Doré in *La sensibilité animale en droit. Contribution à la réflexion sur la protection de l'animal*, Thèse Nantes, 2022, § 1217 : « la sensibilité animale s'entend comme le fait pour l'individu animal d'être doté d'une aptitude à ressentir des sensations physiques agréables et désagréables ne relevant pas du simple processus nociceptif "réflexe", et/ou d'une aptitude à ressentir des sensations psychiques "complexes" positives et négatives liées à des expériences subjectives ».

[59] La notion de « sentience » y ajoute, en plus, les concepts de conscience et de vie mentale. V. A. Guillaume, « Le poids des mots/maux autour de la sentience animale : différences sémantique et traductologique entre bien-être et bientraitance », in *Le bien-être animal, de la science au droit*, L'Harmattan, 2018, pp. 69-80.

[60] V. not. A. Fiorentino, « L'appréciation jurisprudentielle de la sensibilité animale. Approche comparative en droit américain, néozélandais et québécois », RSDA 2022-2, pp. 151-171.

Premièrement, elle a vocation à servir de référent dans l'activité interprétative du juge. Lorsqu'un énoncé normatif concernant l'animal est ouvert à plusieurs interprétations, elle représente un guide ou un outil invitant à retenir la lecture la plus *animal-friendly*[61].

Deuxièmement, cette qualification couche une certaine vision de l'animal dans la lettre de la loi et revêt, de ce fait, une portée symbolique et pédagogique. Elle « offre un vocabulaire qui affecte la façon dont les acteurs juridiques et politiques perçoivent la réalité », et cette réalité « est accessible à travers les concepts et les distinctions fournis par la loi »[62]. Ce faisant, elle incite le législateur, les juridictions et les particuliers à adapter leur conduite, leur pratique et leur activité afin d'en tenir le plus grand compte. Elle signifie, à tous, et a minima que l'animal ne peut être traité comme un produit, et plus encore qu'il doit être traité et considéré comme un être vivant et sensible. Au législateur, elle fixe ainsi un repère vers lequel doivent tendre, par souci de cohérence de l'ordre juridique, les réformes mises en œuvre en matière animalière. Aux acteurs privés, y compris ceux qui utilisent les animaux au quotidien pour leur activité économique, elle joue œuvre pédagogique et culturelle en soulignant qu'aux yeux de la représentation nationale, et donc de la société, l'animal doit être traité en tenant compte de sa sensibilité. Le juge est également invité à en tenir compte, spécialement en matière pénale pour apprécier la gravité des atteintes portées aux animaux.

Troisièmement, le fait de baser la protection des animaux sur un critère reposant sur la sensibilité impose d'élargir le cercle des animaux bénéficiant d'une protection juridique à mesure que la science met en lumière la capacité de ressentir de nouvelles espèces. C'est ainsi en se basant expressément sur ce motif qu'en 2022, le législateur britannique a fait entrer les céphalopodes, les mollusques et les crustacés dans le champ de la loi relative au bien-être animal[63].

---

[61] V. p. ex. Cour supérieure du Québec, chambre civile, 8 avr. 2019, *Walsh c/ Dandurand*, n° 450-17-006291-166, § 110 : « Alors que l'animal était jusqu'alors considéré comme un bien meuble qui ne pouvait faire l'objet d'une évaluation que comme chose inanimée, le Tribunal est d'avis que la façon d'évaluer la perte d'un animal doit être revue ».

[62] B. Van Klink, « Symbolic legislation : an essentially political concept », in *Symbolic legislation theory and developments in biolaw*, Springer, 2016, p. 24.

[63] V. https://www.gov.uk/government/news/lobsters-octopus-and-crabs-recognised-as-sentient-beings. Plus largement, sur cette réforme, v. S. Glanert, « La loi britannique de 2022 sur la sentience animale : quand la montagne législative accouche d'une souris administrative », RSDA 2022-2, pp. 172-182.

3. Bien-être

49.Consécration. De nombreux instruments juridiques ont consacré la notion de « bien-être » au cours des dernières années, spécialement en Europe, au point de l'imposer comme une notion phare du droit animalier contemporain, supplantant celle de « protection » qui prévalait auparavant.

50.Origine. D'un point de vue historique, le concept d'« *animal welfare* » est apparu dans les pays anglo-saxons dans les années 1960[64].

Dans un premier temps, il a été employé dans un rapport établi par un Comité scientifique. En effet, en 1964, répondant à la demande d'associations de défense des animaux, le gouvernement britannique a réuni un Comité chargé d'examiner les conditions de vie des animaux d'élevage dans les systèmes d'élevage intensif et de formuler des propositions pour les améliorer. Les travaux de ce comité, présidé par le professeur Roger Brambell, ont conclu l'année suivante à la nécessité d'édicter de nouvelles normes afin de sauvegarder le « bien-être » (*welfare*) des animaux de ferme[65].

Dans un second temps, l'expression a été introduite en droit positif, d'abord aux États-Unis en 1966 avec le vote de l'*Animal Welfare Act*, puis au Royaume-Uni deux ans plus tard avec l'adoption de l'*Agriculture Act*.

51.Droits européens. L'expression a par la suite été reprise dans les conventions du Conseil de l'Europe[66] et les textes de la Communauté européenne, devenue Union européenne[67].

S'agissant spécifiquement du droit primaire, la prise en compte du bien-être est consacrée à l'article 13 du TFUE : « Lorsqu'ils formulent et mettent en œuvre la politique de l'Union dans les domaines de l'agriculture, de la pêche, des

---

[64] V. S. Desmoulin, *L'animal entre science et droit*, PUAM, Aix-en-Provence, 2007, pp. 531-532.

[65] V. Brambell Comitee, Report of the Technical Committee to Inquire into the Welfare of Animals Kept under Intensive Livestock Husbandry Systems, 1965, 85 p.

[66] Convention européenne sur la protection des animaux en transport international (1968) ; Convention européenne sur la protection des animaux dans les élevages (1976) ; Convention sur la protection des animaux vertébrés utilisés à des fins expérimentales ou à d'autres fins scientifiques (1986).

[67] V. notamment : directive 77/489/CEE du Conseil du 18 juillet 1977 relative à la protection des animaux en transport international ; directive 88/166/CEE du Conseil confirmant la directive 86/113/CEE du 25 mars 1986 relative à la protection des poules pondeuses ; directive 91/630/CEE du Conseil du 19 novembre 1991 établissant les normes minimales relatives à la protection des porcs ; directive du Conseil 91/629/CEE du 10 novembre 1991 établissant les normes minimales relatives à la protection des veaux.

transports, du marché intérieur, de la recherche et développement technologique et de l'espace, l'Union et les États membres tiennent pleinement compte des exigences du bien-être des animaux en tant qu'êtres sensibles, tout en respectant les dispositions législatives ou administratives et les usages des États membres en matière notamment de rites religieux, de traditions culturelles et de patrimoines régionaux ». Outre la reconnaissance de l'animal comme des « êtres sensibles »[68], cet article présente deux éléments-clés. D'une part, il requiert de l'Union européenne et des États membres, lorsqu'ils formulent et mettent en œuvre la politique de l'Union dans un certain nombre de domaines, de tenir pleinement compte du *bien-être* des animaux. D'autre part, il pose une limite à cette exigence : celle-ci tient au respect des dispositions législatives ou administratives et des usages des États membres en matière notamment de rites religieux, de traditions culturelles et de patrimoines régionaux. À titre d'exemple, le foie gras et l'abattage rituel sont autorisés en se basant sur cette réserve[69].

On notera qu'en droit de l'UE, la référence au bien-être des animaux comme exigence à respecter avait été introduite dans le traité de Maastricht puis dans le traité d'Amsterdam, dans le premier sous la forme d'une déclaration annexe (déclaration n° 24), dans le second sous la forme d'un protocole. Si la déclaration annexée au traité de Maastricht n'avait qu'une valeur symbolique en raison de son caractère non contraignant, le protocole du traité d'Amsterdam fait partie intégrante dudit traité (ainsi que le précise son article 311).

52.Droit national. En France, la notion de bien-être animal est employée pour l'essentiel par le code rural (dans plusieurs dizaines d'articles). Son utilisation dans d'autres textes de droit interne s'avère relativement rare[70].

53.Sens. La notion de bien-être est présentée comme plus moderne que celle de protection. Pour Suzanne Antoine, « il ne s'agit plus d'une attitude axée sur la supériorité de l'homme "protecteur" de l'animal, mais d'une recherche éthique visant à améliorer les conditions de vie de l'animal pour lui-même, en raison du

---

[68] « *Sentient beings* » dans la version anglaise.

[69] V., s'inscrivant de façon insistante dans celle-ci, l'article L. 654-27-1 du code rural proclame que « Le foie gras fait partie du patrimoine culturel et gastronomique protégé en France. On entend par foie gras, le foie d'un canard ou d'une oie spécialement engraissé par gavage ».

[70] Pour deux exemples, v. l'article L. 5141-5-2 du code de la santé publique (relatif au retrait du marché d'un médicament « susceptible d'induire un risque pour la santé humaine, la santé ou le bien-être des animaux ») et l'article R. 413-45 du code de l'environnement (donnant au préfet le pouvoir de prendre certaines mesures à l'encontre d'un établissement détenant des animaux d'espèces non domestiques ne respectant pas les exigences applicables).

fait qu'il est un être vivant et sensible »[71].

En droit positif, le bien-être animal ne fait pas l'objet d'une définition précise. Chez les professionnels, notamment les vétérinaires, elle s'entend habituellement d'un certain état de l'animal, résultant de la satisfaction de ses besoins (notamment sur les plans physiologique et éthologique).

Elle peut être envisagée à partir d'une combinaison de critères, comme dans le domaine de l'élevage. En la matière, la définition à laquelle il est le plus souvent fait référence est celle retenue en 1979 par le *Farm Animal Welfare Council* britannique. Celle-ci concerne les animaux de ferme, et reconnaît à leur égard cinq libertés (« *Five Freedoms* ») :

- absence de faim et de soif ;
- absence d'inconfort ;
- absence de douleur, de blessure ou de maladie ;
- absence de peur et de détresse ;
- possibilités d'exprimer les comportements normaux de l'espèce.

Cette définition a connu une postérité remarquable. On la retrouve par exemple au Luxembourg et en Suisse dans la partie « définition » de la loi sur la protection des animaux[72]. Elle a également été reprise, avec quelques adaptations, dans le Code sanitaire pour les animaux terrestres, adopté par l'Organisation mondiale de la santé animale (OMSA)[73]. De même, en France, la notice technique élaborée par

---

[71] S. Antoine, *Rapport sur le régime juridique de l'animal*, remis au Garde des Sceaux français le 10 mai 2005, p. 10-11

[72] Loi luxembourgeoise sur la protection des animaux du 27 juin 2018, art. 3.5 : au sens de la présente loi, on entend par bien-être animal « l'état de confort et d'équilibre physiologique et psychologique d'un animal se caractérisant par un bon état de santé, un confort suffisant, un bon état nutritionnel, la possibilité d'expression du comportement naturel, un état de sécurité ainsi que l'absence de souffrances telles que douleur, peur ou détresse ».

Loi suisse sur la protection des animaux du 16 décembre 2005, art. 3.b : « le bien-être des animaux est notamment réalisé : 1. lorsque leur détention et leur alimentation sont telles que leurs fonctions corporelles et leur comportement ne sont pas perturbés et que leur capacité d'adaptation n'est pas sollicitée de manière excessive ; 2. lorsqu'ils ont la possibilité de se comporter conformément à leur espèce dans les limites de leur capacité d'adaptation biologique ; 3. lorsqu'ils sont cliniquement sains, 4. lorsque les douleurs, les maux, les dommages et l'anxiété leur sont épargnés ».

[73] Code sanitaire pour les animaux terrestres, art. 7.1.1 : « On entend par bien-être animal l'état physique et mental d'un animal en relation avec les conditions dans lesquelles il vit et meurt" (al. 1er) ; « Le bien-être d'un animal est considéré comme satisfaisant si les critères suivants sont réunis : bon état de santé, confort suffisant, bon état nutritionnel et sécurité. Il ne doit pas se trouver dans un état générateur de douleur, de peur ou de détresse, et doit pouvoir exprimer les comportements naturels essentiels pour son état physique et mental » (al. 2). Précisons que ce code revêt seulement

le ministère de l'agriculture concernant le certificat d'engagement et de connaissance[74] se réfère aux « cinq libertés fondamentales »[75].

C. Un faux texte juridique : la Déclaration universelle des droits de l'animal

54.Un texte parfois cité. Il est parfois fait référence, par les acteurs associatifs, les autorités publiques voire les juridictions[76], à la « Déclaration universelle des droits de l'animal », comme si ce texte présentait une valeur juridique. Qu'en est-il réellement ?

55.Origine. La DUDA a été adoptée en 1977 par une ONG, la Ligue internationale des droits de l'animal. Un an plus tard, le 15 octobre 1978, ce texte a été proclamé par cette même ONG, et d'autres associations, au siège de l'UNESCO à Paris[77].
Il en résulte que ce texte n'est en aucun cas un texte juridique. Il n'a nullement été édicté par des autorités publiques : ni l'UNESCO, ni aucune autre autorité publique. Il a seulement été proclamé par des personnes privées dans les locaux de cette organisation, ce qui n'emporte bien entendu aucun effet juridique.
Son statut n'est pas même celui d'un texte de *soft law* ou de droit souple dans la mesure où il ne constitue pas un texte juridique[78].

56.Contenu. La DUDA s'inspire directement de la DUDH (Déclaration universelle des droits de l'homme) adoptée par l'Assemblée générale des Nations Unies en 1948. Elle proclame un certain nombre de droits et principes dans une dizaine d'articles, notamment la protection contre les mauvais traitements ou les actes cruels, ou encore l'exigence de respect, d'attention et de soins.

---

la nature d'une recommandation et se trouve, à ce titre, dépourvu de portée contraignante.

[74] Sur ce certificat, v. § 286 et s.

[75] Min. agr., Instruction technique DGAL/SDSBEA/2022-835, 14 nov. 2022, pp. 11-12.

[76] V. p. ex. Trib. de Mendoza, 3 nov. 2016, *AFADA*, n° P-72.254/15, *RSDA* 2016-2, p. 15, comm. J.-P. Marguénaud. Le tribunal évoque la déclaration « élaborée » par l'UNESCO et « approuvée » par l'Organisation des Nations Unies (p. 34).

[77] Une nouvelle version de ce texte a été adoptée en 2018.

[78] Le Tribunal constitutionnel du Pérou a notamment souligné que la DUDA ne constitue pas un traité international mais un simple document produit par des personnes privées. V. Tribunal constitutionnel du Pérou, 9 mars 2020, n° 00022-2018-PI/TC, spécialement l'opinion de Ramos Núñez, président du Tribunal, pts 63.

D. Les acteurs

57. Élaboration du droit. L'élaboration du droit de l'animal met aux prises différents acteurs :
- les autorités normatives (législateur national, gouvernement, Union européenne) ;
- les mouvements de protection de l'animal ;
- et les lobbies utilisant l'animal (industrie agro-alimentaire, associations de chasseurs, laboratoires).

Dans tous les pays, le développement du droit de l'animal se heurte à d'importants lobbies dont il contrarie les intérêts. La pression exercée sur le législateur vise, non pas à remettre en cause les réglementations instituées ni à entraver leur adoption (ce qui serait impossible) mais, de façon plus réaliste, à faire en sorte qu'elles soient le moins contraignantes possible pour leurs activités. À l'opposé, les défenseurs des animaux s'efforcent d'obtenir le niveau de protection le plus élevé possible. À titre d'illustration, l'élaboration de la loi Agriculture et alimentation[79] a fait ressortir les rapports de force en présence : sur 80 amendements visant à améliorer le bien-être animal, un seul fut adopté[80].

Autre remarque empirique : on observe, par des sondages d'opinion, que les citoyens paraissent davantage sensibles à la protection animale que leurs représentants. Ce décalage est illustré par un exemple concret : en 2002, les représentants de l'État de Floride ayant refusé d'interdire un procédé d'élevage intensif des truies, les citoyens ont contourné son opposition en soumettant à référendum, et en adoptant par votation populaire l'interdiction de ce procédé[81].

58. Application du droit. Une fois les textes adoptés, ils sont appliqués et mis en œuvre par les opérateurs juridiques (autorités de police, organismes de contrôle, vétérinaires, éleveurs, scientifiques, etc.) sous le contrôle du juge.

E. Droit, droits et devoirs

59. Droits et devoirs. L'idée selon laquelle droits et devoirs iraient de pair est assez répandue, y compris dans la jurisprudence. En Inde, par exemple, une juridiction a affirmé que « La loi sur la prévention de la cruauté aux animaux (...)

---

[79] Loi n° 2018-938 du 30 octobre 2018 pour l'équilibre des relations commerciales dans le secteur agricole et alimentaire et une alimentation saine, durable et accessible à tous.

[80] Voir T. Coustet, « Bien-être animal : les carences de la future loi agriculture et alimentation », *D. actualité*, 15 oct. 2018, Dalloz.fr.

[81] V. O. Le Bot, *Droit constitutionnel de l'animal*, 2ème éd., Independently published, 2023.

n'établit pas seulement pas des devoirs à la charge des êtres humains, mais confère également aux animaux *les droits correspondants* »[82]. Un autre tribunal, la Cour suprême de New-York[83], avait établi un même parallèle, mais pour parvenir à la conclusion inverse selon laquelle les animaux ne peuvent être titulaires de « droits » faute d'être juridiquement soumis à des devoirs.

Quelles qu'en soient les conclusions qu'en tirent les cours, la corrélation établie entre droits et devoirs, selon laquelle l'un n'irait pas sans l'autre, et que l'un dérive de l'autre, n'apparaît pas forcément évidente. D'une part, toute norme juridique n'est pas basée sur une corrélation entre droits et devoirs. Par exemple, les normes pénales ne connaissant pas de ce lien entre prérogatives juridiques et responsabilités sociales. D'autre part, et plus fondamentalement, un « sujet » (terme utilisé à défaut de mieux) ne peut pas se retrouver privé de « droits » au seul motif qu'il ne pourrait exercer de « devoirs ». Le cas des nouveau-nés est sur ce point caractéristique. Bien que ceux-ci ne soient soumis à aucun devoir, ils n'en sont pas moins titulaires de droits.

60. Droit et droits. Doit-on parler de « droits » des animaux ? Peut-on envisager en termes de « droits » les dispositions s'appliquant aux animaux, et plus spécifiquement celles qui les protègent ?

Une norme juridique se définit communément comme la signification d'un énoncé prescriptif. Elle interdit, elle permet ou elle ordonne (pour s'en tenir à ses principales modalités déontiques).

En ce qui les concerne, les règles de protection de l'animal interdisent (un procédé d'élevage, la pratique de la chasse, etc.) ou ordonnent (la prise en compte de la dignité de l'animal, le respect de son bien-être, etc.). Elles ne « permettent » pas ; elles ne confèrent aux animaux la moindre prérogative. L'obligation juridique en cause n'est pas conçue sur le mode de la permission, du « droit ».

Certes, l'interdiction de la pratique de la chasse peut être envisagée sous l'angle du droit de l'animal de ne pas être chassé. De même, l'obligation de protection des animaux peut être lue comme le droit de l'animal d'être protégé. Pour autant, cette façon d'envisager les normes de protection n'apporte pas une meilleure compréhension ou description des normes en cause. Cela ne signifie pas que cette présentation soit inutile, mais, seulement, que les normes ici en cause peuvent être décrites et comprises dans leur plénitude sans devoir faire appel à la notion de

---

[82] Uttaranchal High Court, 4 juil. 2018, *Narayan Dutt Bhatt vs Union Of India And Others*, Writ Petition (PIL) n°. 43 of 2014, § 89.

[83] State of New York Supreme Court, 4 déc. 2014, *Tommy c/ Patrick C. Lavery*, n° 518336. Pour une présentation plus détaillée cette décision, v. O. Le Bot, *Droit constitutionnel de l'animal*, 2ème éd., Independently published, 2023.

droits.

Cette réflexion concernant la notion de droit subjectif revêt d'ailleurs une portée plus large. En effet, comme l'avait affirmé Kelsen, « Il se peut que cette notion d'un droit subjectif, qui est tout simplement la réflexion – au sens physique – d'une obligation juridique, c'est-à-dire que la notion d'un droit-réflexe, soit une notion auxiliaire qui facilite la description des données juridiques ; mais elle est parfaitement superflue du point de vue d'une description scientifiquement exacte de ces données juridiques »[84].

De façon identique, dans le domaine du droit de l'animal, on est en présence d'une obligation juridique qui a pour destinataire la puissance publique et/ou les particuliers. Celle-ci impose une règle de conduite particulière aux personnes physiques et morales dans leurs relations avec les animaux. Dire qu'une personne est juridiquement tenue à une conduite donnée dans ses relations avec les animaux permet de saisir la réalité de cette norme de façon exhaustive sans qu'il soit besoin de faire intervenir des notions auxiliaires telles que celle de droit, de droit subjectif ou de prétention.

Si l'on passe outre cette observation méthodologique, la thèse selon laquelle les animaux peuvent, d'un point de vue théorique, avoir des droits, s'avère parfaitement défendable. En effet, les protections qui leur sont reconnues répondent à la définition du droit subjectif donné par Ihering, à savoir un intérêt juridiquement protégé – dans le cas présent celui des animaux. On aboutit cependant à une situation insolite d'un bien titulaire de droits (puisque les animaux demeurent soumis, au moins en partie, au droit des biens)[85] et à une difficulté tenant à ce qu'ils ne peuvent pas eux-mêmes faire valoir leurs droits (mais cette difficulté ne présente pas un caractère insurmontable dans la mesure où il suffit, comme pour les mineurs ou les majeurs placés sous un régime légal de protection, d'envisager une mise en œuvre de ces droits par des tiers tels que le propriétaire de l'animal ou une association).

Dans la doctrine étrangère, les tenants des « droits des animaux » opposent souvent ces derniers aux mesures prises pour assurer le bien-être des animaux (« *animal rights* » vs « *welfare law* »). Cela signifie qu'à leurs yeux, la reconnaissance des droits n'est pas un simple outil de technique juridique mais qu'elle doit s'accompagner d'un changement au niveau du contenu des règles applicables.

---

[84] H. Kelsen, *Théorie pure du droit* (1960), 2nde éd., trad. C. Eisenmann, LGDJ Bruylant, coll. La pensée juridique, Paris, 1999, p. 134.

[85] V., employant cette formule d'« objet de droits », É. Doré, *La sensibilité animale en droit. Contribution à la réflexion sur la protection de l'animal*, Thèse Nantes, 2022, not. § 685, 725 et 737.

VII. Les dispositions communes

61. Nombre extrêmement réduit. Les dispositions communes à tous les animaux se comptent sur les doigts d'une main. En droit français, elles se limitent à trois articles[86] :
- l'article L. 214-1 du code rural ;
- l'article 515-14 du code civil ;
- et l'article 13 du TFUE.

Non seulement ces dispositions ne sont pas nombreuses, mais en outre leur portée juridique s'avère limitée[87].

62. Explications. Le faible nombre de dispositions communes à l'ensemble des animaux s'explique par une raison simple. Comme cela a été indiqué précédemment[88], le droit catégorise les animaux : il les soumet à des règles différenciées selon l'usage auquel ils sont destinés. De ce fait, les règles sont déterminées catégories par catégories, domaine par domaines, usage par usage, et non de façon générale, du fait de la multiplicité de ces domaines et de la grande variété de ces usages.

VIII. Annonce du plan

63. Trois parties. La présentation des règles relatives à l'animal s'articulera autour de trois parties.

La première présentera l'animal dans les grandes branches du droit (droit pénal, droit privé, droit administratif et droit constitutionnel).

La deuxième sera axée sur les règles propres à certains animaux ou à certains domaines.

La troisième, enfin, évoquera trois questions particulières : celle des droits fondamentaux pour les animaux, de la personnalité juridique et du statut.

---

[86] Déjà mentionnés aux § 45 et 51.

[87] V. § 48.

[88] V. § 37.

PARTIE 1. L'ANIMAL DANS LES GRANDES BRANCHES DU DROIT

64. Quatre principales branches. Le droit de l'animal doit être appréhendé à travers ses quatre principales branches :
- le droit pénal (les comportements à l'égard de l'animal qui sont incriminés) ;
- le droit privé (les relations des personnes privées au milieu desquelles se trouve un animal) ;
- le droit administratif (le rôle de l'autorité publique vis-à-vis des animaux) ;
- le droit constitutionnel (l'animal dans la Loi fondamentale).

TITRE 1. DROIT PENAL

65. Au commencement était le droit pénal. Dans la plupart des pays, c'est à travers le droit pénal que le droit de l'animal s'est d'abord développé. Le phénomène en deux temps semble universel : dans un premier temps sont édictés des textes prohibant la maltraitance, dans un second (des années ou, le plus souvent, des décennies plus tard) sont votées des législations relatives au bien-être.

CHAPITRE 1. HISTORIQUE DU DROIT PENAL DE L'ANIMAL EN FRANCE

66. Quatre étapes. En France, le droit pénal de l'animal a connu quatre grandes étapes.

67. Loi Grammont. La loi Grammont, texte fondateur du droit animalier en France, a été promulguée le 2 juillet 1850[89].
La loi Grammont doit son nom à son initiateur, le général, devenu député, Jacques Delmas de Grammont, sensible au sort réservé aux animaux domestiques, en particulier aux chevaux.
Son article unique comprend trois alinéas :
- « Seront punis d'une amende de cinq à quinze francs, et pourront l'être d'un à cinq jours de prison, ceux qui auront exercé publiquement et abusivement des

---

[89] Voir le texte de la loi publiée dans le Bulletin des lois de la République française : https://gallica.bnf.fr/ark:/12148/bpTitre 6k4861258/f32.

mauvais traitements envers les animaux domestiques » (al. 1er) ;

- « La peine de la prison sera toujours appliquée en cas de récidive » (al. 2) ;

- « L'article 483 du Code pénal sera toujours applicable » (al. 3).

Le texte incrimine les « mauvais traitements ». S'agissant de son champ d'application, il ne porte que sur « les animaux domestiques ». Et le mauvais traitement n'est répréhensible que s'il est, d'une part, abusif et, d'autre part, public.

L'exigence de publicité du mauvais traitement ne figurait pas dans la proposition de loi, laquelle visait tout mauvais traitement (y compris, donc, ceux commis dans un cadre privé). L'ajout de cette condition durant les débats a changé la philosophie de l'infraction : il ne s'agissait plus de protéger l'animal pour lui-même, mais de défendre la moralité publique. Pour le législateur, il n'est pas admis qu'un mauvais traitement soit commis sur la place publique ou, plus généralement, aux yeux des tiers, mais le même traitement peut parfaitement être réalisé à l'abri des regards. De ce fait, l'objectif de la loi est seulement de protéger la sensibilité des passants. Dans l'esprit des parlementaires, la pratique n'est pas condamnable en elle-même : comme la nudité, ou le fait d'avoir des rapports sexuels, elle est admise en privé mais prohibée en public.

On notera que l'alinéa 2 prévoyait un emprisonnement systématique en cas de récidive, ce qui est notable à deux égards. D'une part, cette peine, sévère, met en lumière que le comportement en cause était considéré comme grave. D'autre part, cette disposition privait le juge de son pouvoir d'appréciation dans ce cas de figure : la peine d'emprisonnement s'imposant de plein droit, le pouvoir du juge se réduisait à déterminer sa durée.

68. L'exception pénale pour les courses de taureaux : la loi Ramanory-Sourbet.

Dès son adoption, l'application de la loi Gramont s'est heurtée à une opposition des régions de tradition tauromachique.

La jurisprudence était claire : la Cour de cassation avait estimé que la corrida constituait un « mauvais traitement », abusif, public et sur un animal domestique. Elle tombait donc sous le coup de la loi Grammont[90].

Pourtant, les corridas se sont perpétuées dans le Sud-Ouest de la France et le midi, avec le soutien des tribunaux locaux[91].

Par manque de courage, le législateur du 20ème siècle a cédé devant cet état de fait. Au lieu d'imposer à ces territoires l'application de la loi, il a introduit une

---

[90] Crim. 4 nov. 1899, *DP* 1901. 1. 88.

[91] V. P. Tifine, « A propos des rapports entre l'usage, la coutume et la loi. La "tradition locale ininterrompue" dans les textes et la jurisprudence consacrés aux corridas », *RFDA* 2002, p. 496.

dépénalisation de la corrida à leur égard (loi n° 51-461 du 24 avril 1951, dite loi « Ramanory-Sourbet », apportant une exception à l'incrimination des mauvais traitements votée un siècle plus tôt.). La difficulté de faire appliquer une loi a conduit le législateur a renoncé à son application. Comme si, aujourd'hui, le législateur mettait fin à l'interdiction du travail illégal ou de la conduite en état d'ivresse au seul motif que la loi n'est pas – toujours et partout – appliquée. Il a créé, en matière de course de taureaux, une dérogation à l'incrimination des sévices graves envers les animaux « lorsqu'une tradition ininterrompue peut être invoquée »[92].

69.Troisième étape : le décret Michelet. Le décret n° 59-1051 du 7 septembre 1959 abroge la loi Grammont[93]. Il remplace l'incrimination établie par ce texte par une contravention au champ d'application plus large. Le décret ajoute à l'article R. 38 du code pénal un point 12° punissant d'une amende et d'une peine d'emprisonnement de cinq jours « Ceux qui auront exercé sans nécessité, publiquement ou non, de mauvais traitements envers un animal domestique ou apprivoisé ou tenu en captivité »[94].

L'apport majeur de ce texte tient à ce qu'il supprime la condition de publicité dans la répression des mauvais traitements. Il en résulte deux changements. D'une part, l'animal est protégé pour lui-même : le décret prend en compte l'intérêt propre de l'animal. D'autre part, les mauvais traitements qui lui sont infligés en privés tombent désormais sous le coup de l'interdiction.

Une deuxième évolution introduite par ce texte concerne l'un de ses éléments constitutifs : sous la loi Grammont, le mauvais traitement devait être « abusif » ; avec le décret Michelet, il doit être exercé « sans nécessité ». Ce changement rédactionnel a pour effet d'abaisser, sensiblement, le seuil d'atteinte à partir duquel un comportement devient répréhensible.

Enfin, et il s'agit de la troisième innovation, le texte prévoit la remise de l'animal maltraité à une association de défense des animaux.

70.Quatrième étape : le délit d'acte de cruauté. La loi n° 63-1143 du 19

---

[92] L'adjectif « locale » a été ajouté par un décret du 7 septembre 1959.

[93] Un décret a pu abroger une loi car, sous l'empire de la Constitution du 4 octobre 1958, qui opère un partage entre le domaine de la loi (art. 34) et celui du règlement (art. 37), cette infraction revêt une nature contraventionnelle et relève donc du domaine du règlement.

[94] Le point 12° poursuit : « en cas de condamnation du propriétaire de l'animal ou si le propriétaire est inconnu, le tribunal pourra décider que l'animal sera remis à une œuvre de protection animale reconnue d'utilité publique ou déclarée, laquelle pourra librement en disposer ; les dispositions du présent numéro ne sont applicables aux courses de taureaux ni aux combats de coqs lorsqu'une tradition locale ininterrompue peut être invoquée ».

novembre 1963 crée le délit d'acte de cruauté, qui peut être puni d'une peine d'emprisonnement de six mois[95].

CHAPITRE 2. LES INFRACTIONS

71. Variété. Le droit pénal animalier est beaucoup plus riche que ce que l'on pense habituellement. Il ne se limite pas aux infractions reposant sur une prise en compte de la sensibilité de l'animal et s'étend à des infractions ne prenant nullement en compte cette qualité.

Section 1. Les infractions ne reposant pas sur la sensibilité de l'animal

72. L'animal en tant que bien. Dans la mesure où l'animal est juridiquement assimilé à un bien, il peut faire l'objet d'un vol[96], d'un recel[97], d'une escroquerie[98] ou encore d'un abus de confiance[99].

73. Infractions causées par l'animal. Le gardien d'un animal peut être poursuivi si son animal cause des blessures ou homicides volontaires[100] ou involontaires[101],

---

[95] Article 453 du code pénal : « Quiconque aura, sans nécessité, publiquement ou non, exercé des sévices graves ou commis un acte de cruauté envers un animal domestique ou apprivoisé ou tenu en captivité, sera puni d'une amende de 2000 à 6000 F et d'un emprisonnement de quinze jours à six mois, ou de l'une de ces deux peines seulement. En cas de récidive, les peines seront portées au double ».

[96] Crim., 25 oct. 2011, n° 11-81.771, inédit (vol non caractérisé en l'espèce : la vente des animaux, en l'occurrence des chevaux, avait été conclue ; dès lors, le transfert de propriété avait été réalisé).

[97] Crim., 5 avril 1993, n° 92-83645 (recel de bovins) ; Crim., 1er sept. 2004, n° 04-80.909, inédit (trafic de poneys volés).

[98] Crim., 16 févr. 2000, n° 99-80409, inédit (escroquerie aux subventions).

[99] Crim., 11 févr. 2004, n° 03-82235, inédit (allégation d'un abus de confiance à l'encontre de la SPA pour le détournement de 27 chevaux qui lui avaient été confiés).

[100] Crim. 7 avr. 1967, n° 66-90.742, *Bull.* (prévenu ayant lancé son chien contre un tiers pour le mordre).

[101] Crim. 27 févr. 2007, n° 06-84.156, inédit (rottweiler, dont l'agressivité s'était déjà manifestée à plusieurs reprises, et qui, n'étant pas attaché, est sorti de la cour de la maison pour attaquer la victime) ; Crim. 14 janv. 1998, n° 96-86.397, inédit (éleveur de chevaux laissant ces derniers dans un pré mal clôturé ; ceux-ci s'en échappent et provoquent un accident de la circulation).

ou pour l'avoir excité[102].

74.Divagation. La divagation d'animaux est également réprimée mais uniquement s'ils présentent un caractère dangereux (en eux-mêmes, ou dans les circonstances de l'espèce)[103].

Section 2. Les infractions reposant sur la sensibilité de l'animal

75.Infractions spécifiques. Des dizaines d'infractions, présentes pour la plupart dans le code rural, répriment la méconnaissance de règles particulières applicables aux animaux d'élevage, aux animaux sauvages, aux chiens dangereux ou encore à l'expérimentation animale. Elles seront évoquées lors de la présentation de ces domaines particuliers.

76.Infractions générales. Sept infractions générales sont prévues par le code pénal pour réprimer les atteintes affectant l'animal en tant qu'être sensible.
Les deux premières ont la nature de contraventions ; elles relèvent de la compétence du tribunal de police. Les cinq autres ont la nature de délits, relevant de la compétence du tribunal correctionnel.
Deux observations générales s'imposent à leur égard.
La première tient à leur champ d'application. Ces infractions ne s'appliquent pas à tous les animaux mais uniquement aux animaux domestiques, apprivoisés ou tenus en captivité[104]. Elles ne s'appliquent pas, en l'état, aux animaux sauvages

---

[102] Article R. 623-3 du code pénal : « Le fait, par le gardien d'un animal susceptible de présenter un danger pour les personnes, d'exciter ou de ne pas retenir cet animal lorsqu'il attaque ou poursuit un passant, alors même qu'il n'en est résulté aucun dommage, est puni de l'amende prévue pour les contraventions de la 3e classe ».

[103] Art. R. 622-2 du code pénal : « Le fait, par le gardien d'un animal susceptible de présenter un danger pour les personnes, de laisser divaguer cet animal est puni de l'amende prévue pour les contraventions de la 2e classe ». V. Crim., 19 mars 1992, n° 91-81.323, *Bull.*

[104] Sur ces notions, v. § 40. La jurisprudence a précisé ce que recouvre la formule d'« animaux domestiques, apprivoisés ou tenus en captivité ». En relèvent par exemple un chat domestique, même en état de divagation (Crim., 28 févr. 1989 ; *Bull.*), des abeilles, lorsqu'elles vivent dans des ruches placées sous la surveillance et l'autorité de leur propriétaire (Crim., 28 nov. 1962 ; *Bull.*) ou encore des cygnes, vivant certes en liberté mais nourris par les riverains et les promeneurs, destinés à l'agrément des hommes et vivant dans leur entourage (CA Paris, 11 déc. 1970 ; *D.* 1971, p. 480, note Souty). En sont en revanche exclus des faisans élevés en enclos, qui ont été ensuite lâchés dans la nature pour être chassés (Crim., 25 févr. 1981, n° 80-92.13 ; *Bull.*) ou un cerf vivant en état de

vivant à l'état de liberté[105].

La deuxième observation, sur ces infractions, tient à ce qu'elles présentent la nature de contraventions ou de délits mais nullement de crime. Cela s'explique aisément : dans l'échelle de valeurs de notre société, porter atteinte à un animal est considéré comme étant moins grave que porter atteinte à un être humain. Or, les crimes protègent toujours *in fine* des personnes, des êtres humains. À l'inverse, l'animal demeure assimilé à une chose, à un bien. Le droit admet qu'on puisse le détruire, l'aliéner, le consommer, qu'il soit utilisé pour se nourrir ou se vêtir. Il est inconcevable qu'un acte, même de cruauté, puisse accéder à la catégorie des crimes dans un tel contexte social et sociétal.

I. Les contraventions

A. Blessures et morts involontaires

77.Incrimination. L'article R. 653-1 du code pénal réprime de l'amende prévue pour les contraventions de la 3e classe le fait d'occasionner « la mort ou la blessure d'un animal », par « maladresse, imprudence, inattention, négligence ou manquement à une obligation de sécurité ou de prudence imposée par la loi ou les règlements ».

78.Exemples. À titre d'exemple, ont été regardés comme relevant du champ de l'article R. 653-1 du code pénal :
- le fait, en voulant tirer sur un sanglier qui passait dans un pré, d'avoir abattu une jument qui s'y trouvait[106] ;
- le fait d'utiliser un poison interdit pour se débarrasser de renards, mais causant malencontreusement la mort d'un chien qui ingère les appâts empoisonnés[107].
On notera que ces exemples montrent l'extrême catégorisation qui prévaut en droit de l'animal : la mise à mort est admissible si elle cible un animal qu'il est autorisé de tuer ; elle constitue une infraction dans le cas contraire.

---

totale liberté et qui se trouve chassé à courre (Crim., 22 oct. 1980, n° 80-90.095 ; *Bull.*).

[105] Deux amendements visant à étendre ces dispositions pénales aux bénéfices des animaux sauvages avaient été proposés en 2015 lors de la discussion de la loi sur la reconquête de la biodiversité (amendements CD381 et CD538). Adoptés en commission, malgré l'avis défavorable du gouvernement (Com. Développement durable, séance 24 juin 2014, 17 heures, compte rendu n° 71), ces amendements ont été rejetés en séance.

[106] Crim., 1er juin 1999, n° 98-84.784, inédit.

[107] Crim., 1er juin 1999, n° 98-82.733, inédit.

B. Mauvais traitements

79. Texte. L'article R. 654-1 du code pénal punit de l'amende prévue pour les contraventions de la 4e classe le fait, « sans nécessité », « d'exercer volontairement des mauvais traitements » sur un animal, publiquement ou non.

80. Applications. Cet article sert principalement à réprimer le défaut de soins, par exemple :
- ne pas avoir parer les sabots de ses chevaux durant plus d'un an[108] ;
- laisser ses chevaux parqués, sans surveillance, sans eau propre ni complément d'alimentation, et sans soins vétérinaires[109] ;
- avoir laissé des bovins dans un pré par une température de moins 10 degrés[110].
D'autres applications peuvent être mentionnées, par exemple :
- le fait de rouler volontairement avec sa voiture sur un chien se trouvant sur le bas-côté[111], ou pour le pilote d'un bateau de foncer volontairement sur un groupe de cygnes[112] ;
- le fait d'attacher un animal avec une laisse à l'arrière d'un véhicule pour parcourir une courte distance[113] ;
- le refus d'un vétérinaire de soigner un animal au motif qu'il a reçu des injures graves de la part de son propriétaire[114].

II. Les délits

A. Sévices graves et actes de cruauté, abandon, construction d'un nouveau gallodrome

1. Sévices graves et actes de cruauté

81. Incrimination. L'article 521-1 du code pénal réprime le fait « d'exercer des sévices graves ou commettre un acte de cruauté envers un animal ».

---

[108] Crim., 22 mai 2007, n° 06-86.339, *Bull.*

[109] Crim., 4 déc. 2001, n° 01-81.763, inédit.

[110] Crim., 7 oct. 1975 ; *D.*1975, IR, 225.

[111] Crim., 6 mai 1998, n° 97-85.195, inédit.

[112] CA Paris, 11 déc. 1970 ; *D.*1971, p. 480, note Souty.

[113] Crim., 13 mars 1991, n° 90-86.254, inédit.

[114] Crim. 26 nov. 2002, n° 02-80.186, inédit (arrêt ayant pu être interprété comme sanctionnant la non-assistance à animal en danger).

82.Notions. D'un point de vue sémantique, les actes de cruauté sont ceux confinant à la barbarie ou au sadisme, alors que les sévices graves sont censés représenter une catégorie intermédiaire entre la cruauté et les mauvais traitements. En pratique, toutefois, la jurisprudence ne distingue pas clairement les deux notions, les juridictions envisageant généralement comme un tout le délit de « sévices graves et actes de cruauté ».

83.Caractérisation du délit. Les juridictions exigent que les actes aient été « accomplis intentionnellement dans le dessein de provoquer la souffrance ou la mort »[115].

84.Exemples. Ont pu être regardés comme des sévices graves et actes de cruauté les faits suivants :
- organiser un combat de chiens contre des rats, de nombreux rats mourants après avoir agonisé dans des souffrances prolongées[116] ;
- mettre un chat dans un congélateur[117] ;
- procéder à la castration d'un cheval sans anesthésiant[118] ;
- laisser son chien sans soins pendant 48 heures, alors qu'il avait la gorge arrachée à la suite de deux coups de fusil donnés par le prévenu[119].

2. Abandon

85.Texte. L'article 521-1 punit « l'abandon d'un animal ». L'incrimination de l'abandon est prévue depuis la loi du 10 juillet 1976 relative à la protection de la nature.

86.Deux situations. Le délit recouvre deux situations.
Le premier, conforme à l'intention du législateur, correspond à la déréliction, c'est-à-dire l'abandon au sens où on l'entend communément (par exemple se débarrasser d'un animal à l'approche des vacances). À ce titre, a par exemple été condamné à 2 mois de prison avec sursis un couple ayant abandonné sept chiens durant l'été[120]. Le fait de confier un animal à un refuge n'est pas regardé comme

---

[115] Crim., 30 mai 2006, n° 05-81525, inédit ; Crim., 5 mars 2019, n° 18-84554, inédit. Sur la critique de cette exigence, v. C. Lanty et H. Thouy, « Des avocates pour les animaux », entretien à la revue *Droit pénal* n° 2, févr. 2018, dossier 3.

[116] CA Douai, 5 juill. 1983 ; *Gaz. Pal.* 1983, 2, 540.

[117] CA Pau, 28 avr. 2005 ; *JCP* 2005, IV, 3414.

[118] CA Pau, 24 avr. 2001 ; *JCP* 2001, IV, 3102.

[119] CA Paris, 16 oct. 1998 ; *Dr. pénal* 1999, p. 51.

[120] Trib. corr. Mont de Marsan, 28 févr. 2019. Pour un compte-rendu de cette affaire, v.

un acte d'abandon.

Une seconde acception de la notion d'abandon a été dégagée par la jurisprudence. Correspondant au délaissement, elle s'entend du fait de priver de soin ou de nourriture un animal, par exemple :

- laisser des animaux dans un pré sans nourriture ni abreuvement[121] ;
- avoir sous-alimenté et ne pas avoir apporté de soins réguliers à des chevaux[122].

87. Exception pour les animaux destinés au repeuplement. Le délit d'abandon ne s'applique pas aux « animaux destinés au repeuplement »[123].

3. Construction d'un nouveau gallodrome

88. Texte. L'article 521-1 du code pénal interdit « toute création d'un nouveau gallodrome », c'est-à-dire une arène destinée à accueillir un combat de coqs.

4. Peines encourues

89. Peines principales. Les trois délits précités sont punis d'une peine de trois ans d'emprisonnement et 45 000 euros d'amende[124]. Lorsque les faits ont entraîné la mort de l'animal, les peines sont portées à cinq ans d'emprisonnement et à 75 000 euros d'amende[125].

90. Peines complémentaires. Les personnes physiques coupables de l'un des trois délits encourent également les peines complémentaires suivantes[126] :
- interdiction, à titre définitif ou non, de détenir un animal ;
- interdiction d'exercer, soit définitivement, soit temporairement (pour une durée qui ne peut excéder cinq ans) une activité professionnelle ou sociale dès lors que les facilités que procure cette activité ont été sciemment utilisées pour préparer ou commettre l'infraction.

Des peines complémentaires sont prévues pour les personnes morales[127]. D'une

---

https://www.francebleu.fr/infos/faits-divers-justice/landes-un-couple-condamne-par-la-justice-pour-abandon-d-animaux-1551388824.

[121] Crim., 16 juin 2015, n° 14-86.387, *Bull.*

[122] Crim., 31 mai 2016, n° 15-82062, inédit.

[123] Code pénal, art. 521-1, al. 11.

[124] Code pénal, art. 521-1, al. 1er.

[125] Code pénal, art. 521-1, al. 4.

[126] Code pénal, art. 521-1, al. 7.

[127] Code pénal, art. 521-1, al. 8 à 10.

part, une amende, dont le taux maximum est égal au quintuple de celui prévu pour les personnes physiques. D'autre part, des peines spécifiques :

- interdiction, à titre définitif ou pour une durée de cinq ans au plus, d'exercer directement ou indirectement une ou plusieurs activités professionnelles ou sociales ;

- fermeture définitive ou pour une durée de cinq ans au plus des établissements ou de l'un ou de plusieurs des établissements de l'entreprise ayant servi à commettre les faits incriminés ;

- interdiction, pour une durée de cinq ans au plus, d'émettre des chèques ou d'utiliser des cartes de paiement ;

- peine de confiscation ;

- affichage de la décision prononcée ou diffusion de celle-ci soit par la presse écrite, soit par tout moyen de communication au public par voie électronique.

91. Circonstances aggravantes. Des circonstances aggravantes sont prévues pour deux délits.

D'abord le délit de sévices graves et actes de cruauté. Est considéré comme une circonstance aggravante :

- le fait de le commettre sur un animal détenu par des agents dans l'exercice de missions de service public (par exemple un chien policier)[128] ;

- le fait d'être le propriétaire ou le gardien de l'animal[129] ;

- le fait de le commettre en présence d'un mineur[130].

En présence de telles circonstances, la peine est portée à quatre ans d'emprisonnement et 60 000 euros d'amende[131].

Des circonstances aggravantes sont également prévues pour le délit d'abandon, à savoir le fait de le perpétrer, en connaissance de cause, dans des conditions présentant un risque de mort immédiat ou imminent pour l'animal[132].

B. Atteintes de nature sexuelle

92. Loi du 30 novembre 2021. Jusqu'à la loi du 30 novembre 2021, l'article 521-1 réprimait le fait « d'exercer des sévices (…) de nature sexuelle »[133]. Cette loi a

---

[128] Code pénal, art. 521-1, al. 2.

[129] Code pénal, art. 521-1, al. 3.

[130] Code pénal, art. 521-1, al. 5.

[131] Code pénal, art. 521-1, al. 11.

[132] Code pénal, art. 521-1, dernier al.

[133] Code pénal, art. 521-1, al. 1er ancien. La Cour de cassation avait précisé que le délit de sévices sexuels est caractérisé sans avoir à établir une intention de faire souffrir l'animal, ni que les relations

autonomisé ce délit en créant dans le code pénal deux articles qui y sont consacrés[134]. En faisant évoluer la formulation, elle a également élargi son champ d'application.

93.Atteintes de nature sexuelle. L'article 521-1-1 incrimine « Les atteintes sexuelles sur un animal ». Il précise que ne peuvent être considérés comme des atteintes sexuelles, ni les soins médicaux et d'hygiène nécessaires, ni les actes nécessaires à l'insémination artificielle (al. 2).

De telles atteintes sont punies de trois ans d'emprisonnement et de 45 000 euros d'amende. Elles sont portées à quatre ans d'emprisonnement et à 60 000 euros d'amende lorsque les faits sont commis en réunion, en présence d'un mineur ou par le propriétaire ou le gardien de l'animal.

Les personnes physiques encourent également les peines complémentaires d'interdiction, à titre définitif, de détenir un animal et d'exercer une activité professionnelle ou sociale. Des peines complémentaires sont également prévues pour les personnes morales (identiques à celles définies pour les délits prévus à l'article 521-1).

94.Prostitution animale. Le fait de proposer ou de solliciter des actes constitutifs d'atteintes sexuelles sur un animal est puni d'un an d'emprisonnement et de 15 000 euros d'amende[135].

C. Mise à mort volontaire

1. Une contravention avant la loi du 30 novembre 2021

95.Texte. L'article R. 655-1 du code pénal, qui n'a pas encore été abrogé, punit de l'amende prévue pour les contraventions de la 5e classe le fait, « sans nécessité », de « donner volontairement la mort » à un animal, publiquement ou non.

96.Applications. Cette disposition est peu appliquée, la plupart des atteintes entraînant la mort étant réprimés au titre de l'interdiction des sévices et actes de cruauté. Plusieurs applications peuvent néanmoins être mentionnées :

---

aient été infligés avec brutalité, violence ou mauvais traitement. Tel est le cas, par exemple, de la pénétration sexuelle commise par un homme sur un poney : Crim., 4 sept. 2007, n° 06-82.785, *Bull.* (affaire du poney « Junior »).

[134] Pour une analyse détaillée, v. F.-X. Roux-Demare et Q. Le Pluard, « De la répression des atteintes sexuelles sur les animaux », *RSDA* 2022/1, p. 273.

[135] Code pénal, art. 521-1-3.

- détruire volontairement les abeilles d'une ruche[136] ;
- provoquer la mort de nombreux bovins en introduisant des morceaux de fils métalliques dans leurs aliments[137] ;
- tuer des chiots en les jetant violemment contre un mur[138] ;
- tuer un chat en le frappant violemment avec le manche d'une fourche puis en lui plantant celle-ci dans le corps[139].

2. Un délit depuis la loi du 30 novembre 2021

97.Changement de nature. L'infraction de mise à mort volontaire a changé de nature avec la loi du 30 novembre 2021, qui l'a fait passer de la catégorie des contraventions à celle des délits. Un nouvel article 522-1, créé par cette loi, punit le fait « de donner volontairement la mort à un animal ».

98.Précisions. L'infraction est caractérisée lorsque la mise à mort a été réalisée « sans nécessité ». En revanche, elle ne s'applique pas lorsqu'elle a été mise en œuvre dans le cadre « d'activités légales » (abattage d'un animal d'élevage, mise à mort d'un animal d'expérimentation, etc.).

99.Peines. L'auteur des faits encourt six mois d'emprisonnement et 7 500 euros d'amende[140].
Les personnes physiques encourent également les peines complémentaires suivantes[141] :
- interdiction, à titre définitif ou non, de détenir un animal ;
- interdiction d'exercer, pour une durée de cinq ans au plus, une activité professionnelle ou sociale dès lors que les facilités que procure cette activité ont été sciemment utilisées pour préparer ou commettre l'infraction.

III. Enregistrement et diffusion d'images d'infractions

100. Enregistrement. Le fait « d'enregistrer sciemment, par quelque moyen que ce soit et sur quelque support que ce soit, des images relatives à la commission » de trois des infractions précitées est constitutif d'un acte de

---

[136] Crim., 28 nov. 1962 ; *Bull.* crim. n° 347.

[137] Crim., 14 mai 1990 ; *Gaz. Pal.* 1990, 2, somm. 632.

[138] CA Aix-en-Provence, 20 mars 2006, Juris-data n° 2006-307450, inédit.

[139] Trib. corr. Bourg-en-Bresse, 9 mai 2012, n° 745/2012, inédit.

[140] Code pénal, art. 522-1.

[141] Code pénal, art. 522-2.

complicité[142]. Tel est donc le cas de l'enregistrement :
- des sévices graves ou actes de cruauté (complicité d'un tel délit) ;
- des atteintes sexuelles (complicité d'un tel délit) ;
- des mauvais traitements (complicité d'une telle contravention).

101. **Diffusion.** Le fait de diffuser sur internet l'enregistrement de telles images est puni de deux ans d'emprisonnement et de 30 000 euros d'amende[143].

102. **Exceptions.** Cet article n'est pas applicable lorsque l'enregistrement, la détention, la diffusion ou la consultation des images vise[144] :
- à apporter une contribution à un débat public d'intérêt général ;
- ou à servir de preuve en justice.

CHAPITRE 3. LE JUGEMENT

Section 1. Soumission aux principes généraux du droit pénal

103. **Responsabilité personnelle.** En vertu du principe de responsabilité personnelle, ne peuvent être punis que ceux ayant personnellement participé à la commission d'un acte prohibé. Dans ces conditions, des dirigeants d'un abattoir n'ayant pas personnellement participé à des actes de cruauté commis au sein de celui-ci, ne peuvent encourir de responsabilité pénale à ce titre[145].

104. **Non-cumul.** Un même fait, autrement qualifié, ne peut donner lieu à une double déclaration de culpabilité. Dès lors, un tribunal ne peut déclarer un prévenu coupable à la fois du délit de sévices graves ou actes de cruauté envers un animal et de la contravention de destruction volontaire et sans nécessité d'un animal, alors que les faits reprochés au prévenu procédaient d'une seule et même action coupable ayant consisté à enfermer un chat dans un sac et à projeter violemment ce sac sur le sol en provoquant sa mort[146].

105. **État de nécessité.** Au titre du principe général posé à l'article 122-7 du

---

[142] Code pénal, art. 521-1-2, al. 1er.

[143] Code pénal, art. 521-1-2, al. 2. V. F.-X. Roux-Demare et Q. Le Pluard, « Les prémices de la lutte contre la zoopornographie », RSDA 2023-1, pp. 209-227.

[144] Code pénal, art. 521-1-2, al. 3.

[145] Crim., 18 févr. 1987, n° 86-91.870, *Bull.*

[146] Crim., 4 févr. 1998, n° 97-82.417, *Bull.*

code pénal, ou sur le fondement des dispositions spécifiques qui les régissent, la personne poursuivie peut échapper à l'engagement de sa responsabilité pénale si l'atteinte qu'elle a portée à un animal se justifiait par un état de nécessité.

Tel est le cas, par exemple :

- d'un éleveur de daims qui, après avoir vainement tenté de mettre en fuite un chien de chasse attaquant un de ses animaux, l'abat d'un coup de carabine[147] ;

- d'un agent de sécurité ferroviaire patrouillant avec son chien, qui abat un chien qui mordait le sien, après avoir tenté sans succès de le maîtriser[148] ;

- du propriétaire d'un troupeau qui, ayant vu un chien égorger un agneau, abat ce chien d'un coup de carabine[149].

En revanche, l'état de nécessité n'est pas reconnu, par exemple, dans le cas d'un individu qui donne un grand coup de pied à un chien, au point de le blesser très gravement, au seul motif qu'il aurait mordu sa chaussure (au demeurant sans le blesser)[150].

Section 2. La remise de l'animal

106. **Mesure.** Les articles précités du code pénal prévoient la possibilité de remettre l'animal à une œuvre de protection des animaux. Le juge ordonne cette mesure en cas de condamnation du propriétaire de l'animal, ou si celui-ci est inconnu.

107. **Exemple.** Par exemple, a pu être ordonné la remise, à la Ligue française de protection du cheval, de plusieurs chevaux laissés dans un état d'abandon[151].

Section 3. La pratique

108. **Peu de poursuites.** En pratique, les poursuites sont relativement rares, même si elles sont plus fréquentes qu'auparavant. Si la matérialité des faits est établie et les auteurs identifiés, il y aura poursuites. Mais si les auteurs ne sont pas identifiés, la possibilité que des poursuites soient mises en œuvre dépendra des priorités du ministère public.

Pour maximiser les chances que le parquet ne classe pas l'affaire, les avocats spécialisés s'emploient, en lien avec les associations qu'ils représentent, à déposer

---

[147] Crim., 13 janv. 2009, n° 08-83.608, inédit.

[148] Crim., 8 mars 2011, n° 10-82.078, inédit.

[149] CA Riom, 22 juin 1966 ; *D.* 1966, p. 514.

[150] Crim., 6 juin 2000, n° 99-86.527, inédit.

[151] Crim., 4 déc. 2001, n° 01-81.763, inédit.

des plaintes solides, étayées d'éléments factuels précis et circonstanciés[152].

109.   Peu de condamnations. Les condamnations sont peu nombreuses, et le plus souvent légères, même si, là encore, un changement a pu être observé au cours des dernières années.

Les peines les plus sévères (qui sont exceptionnelles) interviennent dans deux cas de figure. D'une part pour les affaires médiatisées, les juges étant sensibles à la pression de l'opinion et à la couverture médiatique donnée à une affaire. D'autre part lorsque l'auteur des faits est un récidiviste[153] – et pas nécessairement un récidiviste de la cruauté animale. En effet, lorsque l'intéressé a un casier judiciaire chargé, le juge sera davantage enclin à prononcer une peine plus sévère.

Il va sans dire que si ces deux éléments sont réunis (couverture médiatique et passé pénal), l'auteur des faits s'expose à une lourde peine[154].

110.   Repères. En 2022, un rapport relatif aux procédures initiées par la police et la gendarmerie en matière de maltraitance animale a été publié. Il porte sur la période 2016-2021 et comporte de nombreux repères statistiques[155].

En 2021, 12 000 procédures ont été enregistrées, soit un nombre en augmentation de 30 % par rapport à 2016 (+ 5 % en moyenne par an). Parmi ces infractions :
- un tiers correspondent à des mauvais traitements ;
- un autre tiers à des sévices graves ;
- 15 % à des atteintes involontaires à la vie et à l'intégrité de l'animal ;
- 5 % à des abandons.

Les infractions sont majoritairement présentes dans les zones rurales, en raison de la prise en compte des animaux d'élevage.

S'agissant du profil des auteurs des faits :
- les trois quarts sont des hommes ;

---

[152] V. C. Lanty et H. Thouy, « Des avocates pour les animaux, entretien à la revue *Droit pénal* n° 2, Février 2018, dossier 3.

[153] V. p. ex. Crim. 14 janv. 1998, n° 96-86.397, inédit.

[154] Cela s'est produit il y a quelques années à Marseille. Un homme s'était filmé en train de jeter violemment un chaton, à plusieurs reprises, contre un immeuble, puis avait posté la vidéo en ligne. Celle-ci avait déclenché une vague d'indignations et conduit à son interpellation très rapide. Le tribunal correctionnel l'avait condamné à un an de prison ferme, en raison tant de la couverture médiatique donnée à l'affaire que du casier judiciaire de l'intéressé. Voir « "Lancer de chat" à Marseille : L'homme condamné à un an ferme », *20 minutes*, 3 févr. 2014.

[155] V. Interstats oct. 2022, n° 51, « Les atteintes envers les animaux domestiques enregistrées par la police et la gendarmerie depuis 2016 », 12 p. (disponible sur le site du ministère de l'intérieur). Pour une analyse antérieure, v. F. Frattini, « Analyse descriptive des personnes mises en cause pour maltraitance et abandon d'un animal domestique », *RSDA* 2021/1, p. 227.

- 18 % ont plus de 60 ans (contre 4 % des mis en cause pour l'ensemble des délits). Les chiens et les chats sont les principales victimes (environ la moitié des animaux concernés sont des chiens, et un quart des chats).

CHAPITRE 4. ÉLEMENTS GENERAUX DE PROCEDURE

I. Moyens d'action d'un particulier face à un acte de maltraitance

111. **Signalements.** Tout témoin d'un acte de maltraitance animale peut effectuer un signalement auprès de la police ou de la gendarmerie :
- soit par téléphone (en appelant le 17) ;
- soit sur l'application « Ma Sécurité ».
Il est également possible de contacter :
- les services vétérinaires de la direction départementale de protection des populations ;
- une association de protection animale (plusieurs d'entre elles proposent de recevoir des signalements par internet ou via une application ; ces signalements peuvent conduire l'association à envoyer des enquêteurs sur place afin d'apprécier la situation et les suites à lui donner[156]).

112. **Renseignements à fournir.** Il importe de fournir un maximum de détails sur les faits, le lieu, les personnes et les circonstances, idéalement avec des photos ou vidéos.

II. Constitution de partie civile

113. **Notion.** La constitution de partie civile désigne le mécanisme permettant à la victime d'une infraction d'obtenir réparation du préjudice que celle-ci lui a causé.

---

[156] Les délégués-enquêteurs sont, soit des bénévoles, soit des salariés de l'association. Ils procèdent à une enquête de terrain en dressant des observations, en recueillant des témoignages et, plus largement, en rassemblant des preuves. Si la maltraitance est avérée, trois issues sont possibles : le conseil au propriétaire, en lui indiquant les moyens de remédier au problème ; le recueil de l'animal, si le propriétaire y consent ; le dépôt d'une plainte pénale.

A. Animal

114. **Absence de droit.** Alors même que l'animal est la victime directe de l'infraction, le mécanisme de la constitution de partie civile ne peut jouer à son profit. La reconnaissance d'une personnalité juridique de l'animal permettrait de remédier à cette situation en conduisant à le doter tant d'un patrimoine que de la possibilité d'être représenté en justice[157].

B. Propriétaire

115. **Droit.** Le propriétaire d'un animal peut solliciter des dommages et intérêts en raison de l'atteinte portée à son animal.

C. Associations et fondations

116. **Texte.** En vertu de l'article 2-13 du code de procédure pénale, dans sa rédaction issue de la loi n° 2018-938 du 30 octobre 2018, « Toute association régulièrement déclarée depuis au moins cinq ans à la date des faits et dont l'objet statutaire est la défense et la protection des animaux peut exercer les droits reconnus à la partie civile en ce qui concerne les infractions prévues par le code pénal et aux articles L. 215-11 et L. 215-13 du code rural et de la pêche maritime réprimant l'abandon, les sévices graves ou de nature sexuelle, les actes de cruauté et les mauvais traitements envers les animaux ainsi que les atteintes volontaires à la vie d'un animal. / Toute fondation reconnue d'utilité publique peut exercer les droits reconnus à la partie civile dans les mêmes conditions et sous les mêmes réserves que l'association mentionnée au présent article ».

117. **Conditions.** En application du texte précité, la constitution de partie civile est soumise à deux conditions.

La première tient à l'auteur de l'action. Peuvent exercer les droits reconnus à la partie civile, d'une part les associations régulièrement déclarées depuis au moins 5 ans, d'autre part les fondations reconnues d'utilité publique, lorsque leur objet statutaire est la défense et la protection des animaux. À titre d'exemple, se portent régulièrement partie civile, dans les affaires de maltraitance, la fondation 30 millions d'amis et l'association L214.

La seconde condition correspond au type d'infraction commise. Peuvent donner lieu à constitution de partie civile les infractions suivantes du code pénal et celles du code rural :

---

[157] V. § 519.

- l'abandon ;
- les sévices graves ou de nature sexuelle ;
- les actes de cruauté ;
- les mauvais traitements ;
- les atteintes volontaires à la vie.

S'agissant des infractions prévues par le code pénal, seules les atteintes involontaires à la vie, non mentionnées dans la liste, ne peuvent faire l'objet d'une constitution de partie civile[158].

La possibilité de se constituer partie civile pour des infractions du code rural constitue une innovation de la loi agriculture et alimentation[159]. Auparavant, la jurisprudence estimait que les infractions prévues par ce code ne pouvaient donner lieu à constitution de partie civile[160].

III. Transaction pénale

118. Principe. L'autorité administrative peut, « tant que l'action publique n'a pas été mise en mouvement » et « après avoir recueilli l'accord du procureur de la République », « transiger sur la poursuite » de contraventions et délits relatifs aux animaux prévus par le code rural et le code pénal[161].

119. Contenu. Le code rural précise les modalités de la transaction[162].
La proposition de transaction est déterminée en fonction de trois éléments :
- les circonstances et la gravité de l'infraction ;
- la personnalité de son auteur ;
- ses ressources et ses charges.

---

[158] Crim., 22 mai 2007, n° 06-86.339, *Bull.*

[159] Loi n° 2018-938 du 30 octobre 2018 pour l'équilibre des relations commerciales dans le secteur agricole et alimentaire et une alimentation saine, durable et accessible à tous.

[160] V. p. ex. Crim., 22 mai 2007, n° 06-86.339, *Bull.* (infraction de défaut de soins prévu par le code rural).

[161] Code rural, art. L. 205-10, I. S'agissant du code rural : les infractions prévues par les articles L. 205-10, les chapitres II à V du titre Ier, à l'exception de l'article L. 205-11, les titres II, III et V du livre II et les textes pris pour leur application. S'agissant du code pénal, sont concernés les articles 444-4, 521-1, 521-2, R. 645-8, R. 654-1 et R. 655-1 (I de l'article L. 205-10 du code rural). Le II ajoute que la faculté de transiger « n'est pas applicable aux contraventions des quatre premières classes pour lesquelles l'action publique est éteinte par le paiement d'une amende forfaitaire en application de l'article 529 du code de procédure pénale ».

[162] Code rural, art. L. 205-10, III.

La proposition précise deux points essentiels :

- le montant de l'amende transactionnelle que l'auteur de l'infraction devra payer (étant précisé que ce montant ne peut excéder le tiers du montant de l'amende encourue) ;

- le cas échéant, les obligations qui lui seront imposées, tendant à faire cesser l'infraction, à éviter son renouvellement ou à réparer le dommage.

La transaction fixe également les délais impartis pour le paiement et, s'il y a lieu, l'exécution des obligations.

La proposition de transaction mentionne en outre « la nature des faits reprochés et leur qualification juridique »[163].

120. Effets. Le code rural précise les effets de la transaction sur l'action publique[164].

Celle-ci est interrompue lorsque le procureur de la République a donné son accord à la proposition de transaction.

Par ailleurs, l'action publique est éteinte lorsque l'auteur de l'infraction a exécuté dans les délais impartis l'intégralité des obligations mises à sa charge.

121. Modalités. Des dispositions réglementaires fixent les modalités de formation de la transaction.

La proposition de transaction est faite par le préfet du département pour les infractions constatées par un agent placé sous son autorité. Elle est faite par le préfet de région dans les autres cas[165].

L'autorité administrative notifie la proposition de transaction en double exemplaire à l'auteur de l'infraction dans le délai, décompté à partir de la date de la clôture du procès-verbal, « de quatre mois pour les contraventions et d'un an pour les délits ». S'il l'accepte, l'auteur de l'infraction en retourne un exemplaire signé « dans le délai d'un mois à compter de sa réception ». L'autorité administrative transmet alors l'ensemble du dossier de transaction pour accord au procureur de la République. Si l'auteur de l'infraction n'a pas retourné un exemplaire signé dans le délai prévu à l'alinéa précédent, « la proposition de transaction est réputée rejetée »[166].

---

[163] Code rural, art. R. 205-4.

[164] Code rural, art. L. 205-10, III.

[165] Code rural, art. R. 205-3.

[166] Code rural, art. R. 205-5.

IV. Recherches et constatations des infractions

A. Officiers et agents de la police nationale et de la gendarmerie

122.   **Droit commun.** Conformément aux règles de droit commun définies dans le code de procédure pénale, les officiers et agents de police judiciaire sont habilités à constater les infractions relatives aux animaux et à rassembler les preuves permettant d'identifier leurs auteurs. Ils interviennent dans le cadre et aux conditions fixées par le code de procédure pénale.

123.   **Formation.** Les agents et officiers de la police nationale et de la gendarmerie bénéficient d'une formation spécifique sur la maltraitance animale. Celle a pour objet de leur permettre :
- d'une part, de détecter les diverses formes de maltraitance (abandons, actes de cruauté, etc.) ;
- d'autre part, d'intégrer les formes de réponse adaptées à ces situations (constatations, travail d'enquête, recueil de la plainte et partenariat avec les institutions, associations et organismes défenseurs de la cause animale).

B. Agents publics spécialement habilités

124.   **Agents spécialisés.** À côté des OPJ et APJ, des agents spécialisés de l'État sont habilités à rechercher et à constater certaines infractions relatives aux animaux[167]. Disposent de cette compétence[168] :
- les inspecteurs de la santé publique vétérinaire ;
- les ingénieurs ayant la qualité d'agent du ministère chargé de l'agriculture ;
- les techniciens supérieurs du ministère chargé de l'agriculture ;
- les vétérinaires et préposés sanitaires contractuels de l'État ;
- les agents du ministère chargé de l'agriculture compétents en matière sanitaire ou phytosanitaire figurant sur une liste établie par arrêté du ministre chargé de l'agriculture.

D'autres agents sont également habilités à rechercher et constater certaines infractions spécifiques :
- les agents des affaires maritimes, lorsque les infractions concernent l'élevage ;
- les agents assermentés de l'Office national de la chasse et de la faune sauvage,

---

[167] Infractions générales du code pénal (actes de cruauté, atteintes de nature sexuelle, mauvais traitements, mise à mort volontaire) et infractions spécifiques prévues par le code rural dans son Livre II.

[168] Code rural, art. L. 205-1.

lorsqu'elles concernent la faune sauvage.

125.   Procès-verbaux. Le code rural prévoit que les infractions sont constatées par des procès-verbaux « qui font foi jusqu'à preuve contraire »[169].

Ces procès-verbaux sont adressés, sous peine de nullité, dans les huit jours qui suivent leur clôture au procureur de la République. Sauf instruction contraire de ce dernier, une copie en est également transmise à l'intéressé, dans le même délai, lorsqu'il est connu.

Lorsqu'un agent mentionné à l'article L. 205-1 entend dresser procès-verbal à l'encontre d'une personne qui refuse ou se trouve dans l'impossibilité de justifier de son identité, « l'agent en rend compte immédiatement à tout officier de police judiciaire territorialement compétent », qui peut lui ordonner de la retenir sur place ou de la conduire dans un local de police à fin de vérification de son identité.

126.   Visite des lieux. Le code rural détermine les lieux dans lesquels les agents spécialisés sont autorisés à pénétrer, et à quelles conditions[170]. Trois situations sont distinguées.

La première concerne les lieux où « l'accès est autorisé au public » : les agents peuvent y pénétrer librement.

La deuxième situation concerne :

- les établissements d'abattage et leurs annexes, ainsi que les lieux ou véhicules utilisés à des fins professionnelles où des produits d'origine animale, des denrées alimentaires en contenant, des aliments pour animaux ou des sous-produits animaux sont produits, manipulés, entreposés, transportés, détruits ou offerts à la vente ;

- les moyens de transport à usage professionnel et tous les lieux où se trouvent des animaux.

Ces lieux peuvent être visités après que les agents aient informé de leur déplacement le procureur de la République, « qui peut s'y opposer ». L'accès est ouvert entre 8 heures et 20 heures ou en dehors de ces heures lorsqu'une activité est en cours.

La troisième situation concerne les lieux à usage d'habitation. Ceux-ci ne peuvent être visités qu'entre 8 heures et 20 heures, « en présence de l'occupant et avec son accord », « ou en présence d'un officier de police judiciaire agissant conformément aux dispositions du code de procédure pénale relatives aux perquisitions, visites domiciliaires et saisies de pièces à conviction ».

Trois régimes sont ainsi définis selon la plus ou moins grande sensibilité des lieux visités : absence de formalité, déclaration préalable et autorisation préalable.

---

[169] Code rural, art. L. 205-3 et L. 205-4.
[170] Code rural, art. L. 205-5.

127.   Visite des véhicules. Le code rural détermine les conditions auxquelles les agents spécialisés peuvent procéder au contrôle des véhicules contenant des animaux vivants[171].

Ces visites interviennent sur réquisitions écrites du procureur de la République, dans les lieux et pour une période de temps que ce magistrat détermine et qui ne peut excéder 24 heures.

Dans ce cadre, les agents assermentés peuvent :

- faire sommer de s'arrêter par un officier ou agent de police judiciaire, un agent de police judiciaire adjoint ou un agent des douanes, revêtus des marques et insignes de leur qualité, tout véhicule de transport à usage professionnel ;

- faire ouvrir et visiter tout véhicule de transport à usage professionnel arrêté dans un lieu dont l'accès est autorisé au public, afin de procéder aux contrôles utiles à la vérification du respect des exigences sanitaires et de la protection animale.

128.   Autres procédés. Le code rural présente les autres pouvoirs dont disposent les agents compétents[172].

En premier lieu, ils peuvent :

- sur place ou sur convocation, recueillir tout renseignement, toute justification et se faire remettre copie des documents de toute nature, quel que soit leur support et en quelques mains qu'ils se trouvent, nécessaires aux contrôles ;

- accéder, sur les véhicules soumis à l'obligation d'en être équipés, au chrono-tachygraphe et à toutes ses composantes afin d'en vérifier l'intégrité ou de copier, par tout moyen, les informations enregistrées par l'appareil ;

- procéder, sur convocation ou sur place, aux auditions de toute personne susceptible d'apporter des éléments utiles à leurs constatations.

En deuxième lieu, ils peuvent procéder à des prélèvements aux fins d'analyse sur des produits ou des animaux soumis à leur contrôle.

En troisième lieu, les agents peuvent procéder à la saisie :

- des documents utiles à la constatation de l'infraction ;

- des produits, objets, estampilles, marques, documents susceptibles d'avoir contribué à la réalisation d'une infraction ou de résulter de l'accomplissement d'une infraction.

Dans tous les cas, les documents et objets saisis sont transmis au procureur de la République avec les procès-verbaux constatant les infractions.

En quatrième lieu, les agents compétents peuvent dissimuler leur identité pour les besoins de leurs recherches :

- d'une part, lorsque l'établissement de la preuve de l'infraction en dépend et

---

[171] Code rural, art. L. 205-6.

[172] Code rural, art. L. 205-7.

qu'elle ne peut être établie autrement, ils peuvent ne décliner leur qualité qu'au moment où ils informent la personne contrôlée de la constatation d'une infraction ; - d'autre part, pour le contrôle de la vente de biens et de la fourniture de services sur internet, ils peuvent faire usage d'une identité d'emprunt.

129. **Récompense.** Il arrive, exceptionnellement, que des organisations de défense des animaux offrent des récompenses à toute personne qui apporterait des informations déterminantes permettant d'identifier l'auteur d'un acte de maltraitance. Par exemple, en 2022, après qu'un orque ait été retrouvé avec une balle dans la tête, l'association *Sea Sheperd* avait offert « une récompense de 10 000 euros contre des informations qui pourront aboutir à l'identification et aux poursuites de l'auteur de ces faits »[173].

V. Rôle des communes et relation avec l'autorité judiciaire

130. **Absence de pouvoir d'action.** Les communes ne disposent pas du pouvoir d'agir directement en présence d'une infraction commise à l'encontre d'un animal.

131. **Pouvoir de constat.** Les agents de la police municipale disposent du pouvoir de constater par procès-verbal les atteintes volontaires ou involontaires et les mauvais traitements (prévus par les articles R. 653-1, R. 654-1 et R. 655-1 du code pénal)[174].
Il faut en outre mentionner que si le maire et ses adjoints, en leur qualité d'officiers de police judiciaire[175], peuvent théoriquement « constater les infractions » à toute loi pénale[176] et le cas échéant « requérir directement le concours de la force publique pour l'exécution de leur mission »[177], ce pouvoir n'est en pratique pas exercé. En effet, les maires ne disposent ni des moyens matériels ni de la connaissance en droit pénal pour exercer ces missions. Leur mise en œuvre ne se conçoit que de façon exceptionnelle, en zones rurales et en attendant que les services de police ou de gendarmerie prennent la main sur une affaire.

---

[173] https://www.francetvinfo.fr/animaux/orque-retrouvee-morte-dans-la-seine-l-association-sea-sheperd-offre-10-000-euros-de-recompense-pour-connaitre-l-identite-du-tireur_5261458.html.

[174] CPP, art. R. 15-33-29-3, 7°. Ce même pouvoir peut également être exercé pour la divagation d'animaux dangereux, prévue par l'article R. 622-2 du code pénal (1°) et l'excitation d'animaux dangereux, prévue par l'article R. 623-3 du même code (3°).

[175] CPP, art. 16.

[176] CPP, art. 14.

[177] CPP, art. 17.

132.   Pouvoir d'information. Lorsque les agents de la commune ont connaissance d'une infraction commise à l'encontre d'un animal, ils peuvent la signaler aux forces de police, à l'autorité judiciaire, à la préfecture ou à la Direction Départementale de Protection des Populations, qui prendront les mesures nécessaires.

CHAPITRE 5. ÉLEMENTS DE DROIT ETRANGER

133.   États-Unis. Deux régimes particuliers peuvent être relevés aux États-Unis.

En premier lieu, en 2017, le Connecticut est devenu le premier État américain à prévoir, devant les juridictions pénales, une sorte de représentation des intérêts d'animaux victimes d'actes de cruauté. Il s'agit, plus exactement de défendre, selon les termes utilisés par la loi, les « intérêts de la justice », l'activité consistant à donner un avis au juge en rassemblant des éléments factuels et juridiques de nature à l'éclairer dans sa prise de décision. La tâche est assurée, bénévolement, par des juristes sélectionnés par la cour (soit des avocats intervenant *pro bono*, soit des professeurs de droit, soit des étudiants en droit travaillant sous la supervision de leur professeur). La cour choisit au cas par cas d'utiliser cette faculté ; sa mise en œuvre s'avère tout à fait exceptionnelle[178].

En second lieu, lorsqu'un acte de cruauté a été commis sur un animal, et que l'auteur des faits est inconnu, une association, l'*Animal Legal Defense Fund* (ALDF), a pour habitude de proposer une récompense de 5 000 dollars à toute personne pouvant apporter une information décisive pour permettre son identification[179].

134.   Peines encourues. Dans certains pays, les actes de maltraitance sont punis de peines plus sévères qu'en France. En Grèce, par exemple, le délit de maltraitance animale, qui recouvre « les empoisonnements » ou encore « le fait de pendre, de brûler ou de mutiler des animaux », est puni d'une peine d'emprisonnement comprise entre un an (qui est le minimum) et dix ans[180].

---

[178]   V.   not.   https://www.npr.org/sections/thetwo-way/2017/06/02/531283235/in-a-first-connecticuts-animals-get-advocates-in-the-courtroom?t=1535645204741   ;
https://aldf.org/article/unique-connecticut-law-allows-court-appointed-advocates-to-represent-animals/

[179] https://aldf.org/tag/rewards/

[180] https://www.lefigaro.fr/flash-actu/en-grece-la-maltraitance-animale-desormais-passible-de-dix-ans-de-prison-20201105.

TITRE 2. DROIT PRIVE

135. **Champ.** Le droit privé recouvre l'ensemble des relations entre personnes privées : non seulement les relations civiles (biens, famille, contrats, responsabilité) mais aussi les relations d'autres natures (comme les relations marchandes).

CHAPITRE 1. STATUT

136. **Renvoi.** En l'état actuel de la législation française, le statut de l'animal est fixé par le code civil. Toutefois, rien ne l'impose, ni en droit, ni en théorie, du fait du caractère transdisciplinaire de la question. En outre, la qualification retenue par le code civil se veut de portée générale : elle ne se trouve réduite ni aux seules relations civiles, ni à une branche déterminée du droit. Ainsi, du fait de son caractère transversal, la question du statut de l'animal sera abordée dans une partie qui lui est dédiée[181].

137. **Un régime d'appropriation.** À ce stade, on relèvera que l'animal est *assimilé* à un bien. Le sens de cette formule est important à saisir. Elle signifie que l'animal n'est pas exactement considéré *comme* un bien. Il se trouve plutôt soumis *à son régime* (sauf texte contraire) dans l'objectif de permettre son appropriation.

CHAPITRE 2. VENTE

Section 1. Lieu de la vente

138. **Animaux d'élevage ou de rente.** La vente d'animaux d'élevage ou de rente peut être organisée dans des foires ou marchés[182].

Section 2. Vices affectant l'animal

I. L'action pour vices rédhibitoires

139. **Animaux domestiques.** Les articles L. 213-1 et suivants du code rural

---

[181] V. § 521 et s.
[182] V. § 385.

déterminent les règles relatives aux actions en annulation de la vente, ou en réduction de prix, susceptibles d'être exercées par l'acheteur d'un animal domestique pour vices rédhibitoires. Est regardé comme vice rédhibitoire le fait que l'animal soit atteint d'une maladie énoncée par les articles R. 213-1 et R. 213-2 du code rural. Sept maladies sont par exemple listées pour le cheval, parmi lesquelles l'immobilité ou l'emphysème pulmonaire. Quatre maladies sont de même mentionnées pour le chat, notamment le virus de l'immuno-dépression.

140.   Mise en œuvre. Le délai pour introduire l'action est en principe de 10 jours (et, par exception, de 15 et 30 jours pour certaines maladies)[183]. La procédure comporte systématiquement la désignation d'un expert, ce qui facilite la preuve de la pathologie.

II. L'action en garantie des vices cachés et l'action indemnitaire

141.   Retour au droit commun. Les dispositions relatives aux vices rédhibitoires prévoient la possibilité de mener deux autres actions[184].

142.   Garantie des vices cachés. Le régime des vices rédhibitoires s'applique « à défaut de conventions contraires »[185]. Par suite, les parties à la convention disposent de la possibilité de placer celle-ci sous le régime de droit commun, c'est-à-dire la garantie légale des vices cachés prévue par l'article 1641 du code civil. Selon cet article, « Le vendeur est tenu de la garantie à raison des défauts cachés de la chose vendue qui la rendent impropre à l'usage auquel on la destine, ou qui diminuent tellement cet usage que l'acheteur ne l'aurait pas acquise, ou n'en aurait donné qu'un moindre prix, s'il les avait connus ». Il semblerait que ce fondement soit peu, voire pas utilisé[186].

143.   Action indemnitaire. Des dommages et intérêts « peuvent être dus, s'il y a dol »[187]. L'acheteur victime d'une action dolosive (en un mot une tromperie) peut ainsi obtenir une réparation du préjudice en plus de ce qu'il peut rechercher au titre de l'action fondée sur les vices rédhibitoires.

---

[183] V. Code rural, art. R. 213-5 et s.

[184] Code rural, art. L. 213-1.

[185] Code rural, art. L. 213-1.

[186] C. consommation, art. L. 217-2, mod. par ord. n° 2021-1247 du 29 sept. 2021. V. Ch. Hugon, « Pour le droit de la vente, les animaux ne sont plus des objets de consommation ! », *RSDA* 2021/2, p. 43 (spé p. 55 et s.).

[187] Code rural, art. L. 213-1.

III. L'ancienne action pour défaut de conformité

144. Garantie légale de conformité. Les articles L. 217-9 et suivants du code de la consommation[188] instaurent une garantie légale de conformité. En principe, en cas de défaut de conformité d'un bien, l'acheteur choisit « entre la réparation et le remplacement » du bien[189]. Toutefois, le vendeur peut refuser de procéder selon le choix de l'acheteur « si la mise en conformité sollicitée est impossible ou entraîne des coûts disproportionnés »[190]. Ainsi, en principe, l'acheteur dispose d'une option entre la réparation et le remplacement du bien. Toutefois, il se trouve privé de ce choix si le coût de la réparation s'avère manifestement disproportionné au regard de la valeur du bien vendu : en ce cas, le vendeur peut imposer le remplacement du bien acheté au lieu de la réparation.

145. Application à l'achat d'un animal malade. Qu'en est-il en cas d'achat d'un animal de compagnie malade ? Si la « réparation »[191] de l'animal affecté du « défaut » est trop importante, le vendeur pouvait-il imposer l'échange de l'animal au lieu de payer les soins nécessaires ?

La question s'est posée relativement à l'achat d'un chien, à un éleveur canin, pour un prix de 800 euros. Il s'avère, quelques mois après l'achat, que l'animal (répondant au nom de « Delgado ») a besoin d'une opération chirurgicale, pour un montant total de 2 400 €. L'acheteur demande au vendeur de payer l'opération. Le vendeur refuse, estimant que ce coût excède la valeur du produit. Il propose en revanche d'échanger l'animal contre un autre, en s'appuyant sur les dispositions précitées du code de la consommation.

Le tribunal de grande instance, saisi de l'affaire, estime que le vendeur se trouve privé de son option en présence d'un animal de compagnie. La Cour de cassation confirmera sa position. Dans un arrêt du 9 décembre 2015, elle affirme « qu'ayant relevé que le chien en cause était un être vivant, unique et irremplaçable, et un animal de compagnie destiné à recevoir l'affection de son maître, sans aucune vocation économique, le tribunal, qui a ainsi fait ressortir l'attachement de Mme Y pour son chien, en a exactement déduit que son remplacement était impossible, au sens de l'article L. 211-9 du code de la consommation »[192]. Ainsi, l'animal doit être « réparé » ; il ne peut être remplacé (sauf, bien sûr, si l'acheteur l'accepte).

---

[188] Initialement art. L. 211-9.

[189] C. consom., art. L. 217-9, al. 2.

[190] C. consom., art. L. 217-12.

[191] Il a été précisé par une cour d'appel que « La notion de réparation englobe, par analogie, s'agissant d'un animal qualifié juridiquement de bien meuble, l'ensemble des soins nécessaires au retour à une situation de santé normale » (CA Rouen, 17 mars 2021, n° 20/00928).

[192] Civ 1, 9 déc. 2015, n° 14-25910, *Bull.*

On relèvera que cette solution ne repose pas sur l'intérêt de l'animal mais sur celui de son propriétaire. Dans une perspective anthropocentrée, seul le lien d'affection qu'il a noué avec l'animal se trouve ici protégé.

146.   Exclusion des animaux de compagnie. La réforme intervenue en 2021 a exclu les animaux de compagnie du champ de la garantie légale de conformité[193] et décidé une application exclusive de la garantie portant sur les vices rédhibitoires[194].

CHAPITRE 3. BAIL D'HABITATION

147.   Droit à un animal familier. La loi relative aux relations entre bailleurs et locataires prévoit que « Sauf dans les contrats de location saisonnière de meublés de tourisme, est réputée non écrite toute stipulation tendant à interdire la détention d'un animal dans un local d'habitation dans la mesure où elle concerne un animal familier »[195]. Cela signifie qu'une clause d'un contrat de location interdisant la présence d'un animal de compagnie est inopposable. Même si celle-ci se trouve inscrite noir sur blanc dans l'engagement contractuel, elle ne peut pas être opposée par le propriétaire au locataire. Par suite, le propriétaire ne saurait par exemple mettre fin de façon prématurée au contrat en se basant sur une clause de celui-ci qui interdirait la présence d'un tel animal.
La même disposition précise néanmoins que la « détention est (…) subordonnée au fait que ledit animal ne cause aucun dégât à l'immeuble ni aucun trouble de jouissance aux occupants de celui-ci ».

148.   Cas des chiens dangereux. La même loi prévoit qu'« Est licite la stipulation tendant à interdire la détention d'un chien » d'attaque[196]. Par suite, une telle clause peut régulièrement figurer dans un contrat de location. Elle produira tous ses effets en cas de méconnaissance et pourra donc justifier, le cas échéant, une résiliation anticipée du contrat.

---

[193] C. consommation, art. L. 217-2, mod. par ord. n° 2021-1247 du 29 sept. 2021. Sur ce changement, v. Ch. Hugon, « Pour le droit de la vente, les animaux ne sont plus des objets de consommation ! », *RSDA* 2021/2, p. 43.

[194] Sur ce régime, v. § 139. et s.

[195] Loi n° 70-598 du 9 juillet 1970 modifiant et complétant la loi du 1er septembre 1948 portant modification et codification de la législation relative aux rapports des bailleurs et locataires ou occupants de locaux d'habitation ou à usage professionnel, art. 10, II, al. 1er.

[196] Loi préc., art. 10, II, al. 2.

CHAPITRE 4. RESPONSABILITE

149. **Réparation des dommages.** Le droit de la responsabilité est, pour l'essentiel, un droit de la réparation des dommages. S'agissant des animaux, sont concernés tant les dommages causés à un animal que ceux causés par un animal.

Section 1. Dommage causé à un animal

150. **Préjudice matériel.** La perte d'un animal ouvre droit à réparation du préjudice matériel subi par son propriétaire lorsque l'animal présentait un intérêt ou une valeur économique pour celui-ci. Tel est le cas, par exemple :

- du décès de lapins dans un élevage en raison d'un aliment engendrant une surmortalité[197] ;
- du décès d'une jument en raison d'une faute commise lors d'un examen médical, privant le propriétaire d'une chance de tirer des revenus de la reproduction de celle-ci[198].

151. **Préjudice moral.** Alors que la jurisprudence exclut que la perte d'un objet ouvre un droit à réparation d'un préjudice moral au profit de son propriétaire[199], la Cour de cassation a jugé que la perte d'un animal peut fonder une telle réparation lorsqu'il existe un lien d'affection entre le propriétaire et son animal[200]. Ainsi, lorsque celui-ci décède du fait d'un tiers, son propriétaire pourra demander l'allocation de dommages-intérêts destinés à compenser la tristesse éprouvée.

On notera que le juge protège par ce biais, non pas la valeur même de la vie animale mais, dans une perspective anthropocentrée, les émotions ou sentiments de son propriétaire.

---

[197] Civ. 1ère, 12 juil. 2007, n° 05-13.704, inédit (manquement du vendeur à son obligation d'information et de conseil).

[198] Civ. 1ère, 5 déc. 2006, n° 05-17.629, inédit.

[199] Civ 3ème, 12 févr. 1974, *JCP* 1975, II, 18016, note Despax.

[200] Civ., 16 janv. 1962, *Lunus* ; *D.* 1962, II, p. 199, note Rodière ; *RTDciv* 1962, p. 316, note A. Tunc, n° 13 ; *JCP* 1962, II, 12557, obs P. Esmein ; *S.* 1962, p. 281, note C.-I. Foulon-Piganiol. Pour une application, v Civ. 1ère, 27 janv. 1982, *JCP* 1983, II, 19923, obs. F. Chabas. V. aussi J.-P. Marguénaud, « La réparation du préjudice consécutif à la mort d'un animal », *D.* 1993, p. 353.

Section 2. Dommage causé par un animal

I. Responsabilité du fait d'un contact

152. **Animal placé sous la garde d'une personne.** La réparation des dommages causés par un animal placé sous la garde d'une personne physique ou morale est régie par l'article 1243 du code civil (anciennement 1385), aux termes duquel « Le propriétaire d'un animal, ou celui qui s'en sert, pendant qu'il est à son usage, est responsable du dommage que l'animal a causé, soit que l'animal fût sous sa garde, soit qu'il fût égaré ou échappé ».

153. **Un régime général de responsabilité du fait des choses.** Le régime défini à l'article 1243, sur la responsabilité du fait des animaux, suit exactement celui défini par l'article 1242 du code civil (anciennement article 1384) sur la responsabilité du fait des choses. Comme cela a pu être souligné, « l'article 1243 n'est plus aujourd'hui considéré que comme une application particulière de l'article 1242, alinéa 1er, sa seule spécificité résidant dans l'existence d'un texte exprès. Autrement dit, lorsqu'un dommage est causé par une chose, il y a lieu d'appliquer l'article 1242, alinéa 1er, si cette chose est inanimée (ou bien l'art. 1244 dans son domaine, puisqu'il y déroge), et l'article 1243 s'il s'agit d'une chose animée. Malgré la différence de fondement textuel, les conditions générales de ces responsabilités, comme leurs effets, sont identiques »[201]. Le fait que la réparation des dommages causés par les animaux fasse l'objet d'un article spécifique, alors qu'il était sérieusement envisagé de le supprimer, est néanmoins significatif sur un plan symbolique en ce qu'il traduit une différenciation entre ces derniers et les simples objets.

154. **Mise en œuvre.** Pour mettre en œuvre ce régime de responsabilité, trois conditions sont requises : la présence d'un animal ; une garde de celui-ci ; un rôle actif de l'animal dans le préjudice subi (lequel résultera le plus souvent du contact entre l'animal et la victime[202]).
Lorsque ces conditions sont satisfaites, s'applique un régime de responsabilité objective, sans qu'il soit besoin d'établir une faute du gardien ou, en d'autres termes, sans que son absence de faute ne l'exonère de sa responsabilité. Seuls la force majeure, le fait d'un tiers ou le fait de la victime sont susceptibles de l'exonérer totalement ou partiellement de sa responsabilité.

---

[201] J. Julien, « Responsabilité du fait des animaux », *Encyclopédie civile Dalloz*, 2018, § 4.

[202] En l'absence de contact avec la victime, « le rôle actif de l'animal résulte soit de l'anomalie de sa position, soit de son comportement » (Civ. 2ème, 17 janv. 2019, n° 17-28.861, *Bull.*).

155.   Exemples. Ce régime s'applique par exemple :
- à la piqûre par une abeille provenant des ruches d'un apiculteur[203] ;
- aux dégâts causés par des pigeons provenant d'un colombier[204] ;
- à une morsure par des chiens[205] ;
- à une chute d'un cavalier, son cheval ayant été effrayé par l'arrivée de deux chiens courant en sa direction[206].

II. Responsabilité du fait d'un trouble

156.   Trouble anormal de voisinage. Les bruits et odeurs produits par les animaux, et plus largement leur présence, peuvent être une source de nuisances pour les voisins. Pour les faire cesser, ceux-ci peuvent mettre en œuvre une action en justice au titre du trouble anormal de voisinage[207].

157.   Trouble reconnu (exemples). À titre d'exemple, le trouble est reconnu en raison :
- des odeurs d'excréments et d'urine de chats se propageant dans les parties communes d'un immeuble, incommodant les occupants et les empêchant d'ouvrir les fenêtres[208] (propriétaire condamné à réduire à dix le nombre de chats vivant dans son appartement) ;
- des odeurs nauséabondes se dégageant d'un appartement dans lequel vivent six chiens[209] ;
- des odeurs liées à la présence de onze chiens et onze chiots dans un appartement[210] ;
- du chant d'un coq qui s'exerce sans discontinuer la nuit à partir de 4h[211] ;
- d'aboiements répétés de quatre chiens dans un lotissement à usage résidentiel[212] ;

---

[203] Civ. 2ème, 6 mai 1970 ; *D.* 1970, p. 528

[204] Civ. 2ème, 8 nov. 1984 ; *Bull.* Voir également Civ. 2ème, 24 mai 1991, n° 90-12.912, *Bull.*

[205] CA Bordeaux, 29 juin 2009, Juris-Data, n° 377 855, cité par J. Julien, « Responsabilité du fait des animaux », *Encyclopédie civile Dalloz*, 2018, § 27.

[206] Civ. 2ème, 17 janv. 2019, n° 17-28.861, *Bull.*

[207] Ce régime de responsabilité, dégagé par la jurisprudence (Civ. 2ème, 19 nov. 1986 ; *Bull.* civ. II, n° 172), peut être mis en œuvre à quatre conditions : un trouble dommageable, causé par un voisin, présentant un caractère anormal (c'est-à-dire excessif) et causant un préjudice direct et personnel.

[208] CA Paris, 27 sept. 1998, JurisData n° 1998-023176, inédit.

[209] CA Lyon, 28 juin 2005, JurisData n° 2005-284214, inédit.

[210] CA Bordeaux, 28 juin 2005, JurisData n° 2005-282952, inédit.

[211] CA Bordeaux, 29 févr. 1996, JurisData n° 1996-042496, inédit.

[212] Civ. 2ème, 21 mars 1984, JurisData n° 1984-700428, inédit.

- d'aboiements incessants et d'attitudes menaçantes et féroces de chiens[213] ;
- du comportement agressif et menaçant de Rottweillers (propriétaire condamné à enfermer son chien dans sa maison ou dans un chenil)[214].

158.   Trouble non reconnu (exemples). À titre d'exemple, le trouble n'est pas reconnu :
- l'élevage de trois poules au fond d'un jardin[215] ;
- le chant d'un coq qui, constaté par huissier de justice à trois reprises, n'intervient qu'entre 6h30 et 7h et avec niveau sonore raisonnable (affaire du coq Maurice, sur l'île d'Oléron)[216].

CHAPITRE 5. HÉRITAGE

159.   Un refus de principe. L'animal étant un bien, il est habituellement considéré, dans tous les ordres juridiques, qu'il ne peut recevoir d'héritage. Un bien ne peut hériter d'un bien[217].

160.   Les techniques alternatives. Plusieurs techniques juridiques peuvent être mobilisées pour permettre à un propriétaire de provisionner une somme d'argent qui sera utilisée, s'il décède, pour prendre soin de son animal de compagnie.
La première est celle du legs avec charge de s'occuper de l'animal. Comme l'explique Jean-Pierre Marguénaud, « Elle consiste à léguer à une personne physique ou à une personne morale une partie de ses biens avec charge d'entretenir l'animal survivant spécialement désigné »[218]. Il relevait toutefois les deux inconvénients que présente cette formule. D'une part, comme l'animal n'a pas de représentant, il n'est pas prévu de contrôle spécifique de l'exécution de la charge par le légataire. D'autre part, les créanciers du défunt pourraient se servir sur la somme ainsi léguée.
La deuxième technique est celle de la fiducie, qui est l'équivalent du « trust » anglo-saxon (on parle de « *pet trust* » aux États-Unis). La fiducie est un contrat par lequel une personne (le constituant) transfère tout ou partie de ses biens à une

---

[213] CA Aix-en-Provence, 4 févr. 1988, JurisData n° 1988-045300, inédit.

[214] CA Paris, 2 juin 2006, JurisData n° 2006-304035, inédit.

[215] CA Lyon, 9 juin 2005, JurisData n° 2005-278691, inédit.

[216] TI Rochefort-sur-Mer, 5 sept. 2019, n° 11-19-000233, inédit ; *Responsabilité civile et assurances* 2019, alerte 21, com. L. Bloch. On notera que dans cette affaire, les demandeurs ont été condamnés pour exercice abusif du droit d'agir en justice.

[217] CA Lyon, 20 oct. 1958, *D.* 1959, p. 111.

[218] J.-P. Marguénaud, « Choupette et l'héritage de son maître », *RSDA* 2019/1-2, p. 16.

autre personne (le fiduciaire), à charge pour celui-ci d'agir au profit d'un ou plusieurs bénéficiaires (qui peut être un animal). Cette technique présente deux avantages : d'une part, les fonds ne peuvent pas être saisis par les créanciers ; d'autre part, un tiers peut être désigné pour contrôler que les fonds sont utilisés conformément à la volonté du constituant. Le procédé est mis en œuvre aux États-Unis pour les animaux. Par exemple, l'Arizona a reconnu dans les années 1990 la possibilité, pour le propriétaire d'un animal, de créer un trust destiné à subvenir aux besoins de l'animal à la mort du propriétaire. Les sommes dédiées sont réservées à l'animal et ne peuvent être utilisées à d'autres fins[219]. Les 49 autres États américains prévoient également dans leur législation la possibilité de *pet trusts*. En revanche, le procédé ne peut pas être utilisé en France dans la mesure où le code civil n'admet pas la fiducie-libéralité[220].

CHAPITRE 6. SEPARATION D'UN COUPLE

161.   Données du problème. Dans le cadre d'un divorce ou plus largement d'une séparation d'un couple, il appartient de déterminer lequel des deux partenaires conservera la garde d'un animal de compagnie. En l'absence d'accord des ex-partenaires, quels sont les principes applicables ?

162.   Cadre général : un bien à partager. La plupart des pays ne prévoient pas de dispositions spécifiques au sort de l'animal. La garde de l'animal, après un divorce, est donc soumise aux règles applicables aux biens[221].
Ainsi, en France, il convient de distinguer en fonction du régime matrimonial. Dans celui de la séparation de biens, l'animal demeure la propriété de l'époux qui l'a acquis. Sous le régime de la communauté, le juge aux affaires familiales prend en compte différents paramètres pour attribuer l'animal à l'un ou l'autre des époux : leur situation financière respective, les soins et l'attention que chacun d'eux a porté à l'animal, les éventuels liens entre les enfants et l'animal.
De façon significative, la Cour de cassation souligne que le juge statue sur « l'attribution » d'un animal, et non la « garde » de celui-ci[222].

163.   Législations spécifiques : l'intérêt de l'animal comme paramètre.
Certains pays ont introduit des dispositions imposant au juge de tenir compte de

---

[219] A. R. S. § 14-2907 ; et A. R. S. § 14-10408.

[220] V., sur ce point, l'article précité de Jean-Pierre Marguénaud, p. 18.

[221] V. M. Pirrotta et M.-C. Lasserre, « L'animal dans la procédure de divorce », *RSDA* 2022/1, p. 583.

[222] Civ. 1ère, 20 nov. 2013, n° 12-29174, inédit.

l'animal pour déterminer celui des conjoints qui en conservera la garde.

L'Alaska a ouvert la voie en 2016, en imposant au juge « prendre en compte le bien-être de l'animal »[223]. L'Illinois a adopté une législation analogue en 2017[224]. Les législations des deux États admettent en outre la possibilité d'une garde alternée de l'animal de compagnie.

L'Espagne prévoit également des dispositions sur l'attribution d'un animal de compagnie à l'occasion d'une procédure de séparation. Les ex-partenaires fixent par voie de convention l'attribution de l'animal, ce « en tenant compte des intérêts des membres de la famille et du bien-être de l'animal » ; ils peuvent également se prononcer sur un partage de l'animal entre les deux résidences et la répartition des charges liées aux soins de l'animal[225]. À défaut d'accord sur ces différents points, le juge statue sur chacun d'entre eux au regard des mêmes critères[226].

CHAPITRE 7. VOIES D'EXECUTION

164. **Principe : un bien saisissable.** Les animaux, en tant qu'ils sont soumis au régime des biens, sont en principe saisissables[227]. La circonstance que le code civil les ait reconnus comme des êtres sensibles n'a pas remis en cause cette solution[228].

165. **Exception : les animaux insaisissables.** Un créancier impayé ne peut pas saisir certains animaux de son débiteur.

Plus précisément, le code des procédures civiles d'exécution prévoit que présentent un caractère insaisissable les « biens mobiliers nécessaires à la vie et au travail du saisi et de sa famille »[229]. Cette formule, précisée par voie

---

[223] Sec. 19. AS 25.24.160.

[224] Section 750 ILCS 5/503: « (n) If the court finds that a companion animal of the parties is a marital asset, it shall allocate the sole or joint ownership of and responsibility for a companion animal of the parties. In issuing an order under this subsection, the court shall take into consideration the well-being of the companion animal ». Pour un panorama plus large et une présentation des solutions jurisprudentielles, v. A. Fiorentino, « La garde de l'animal de compagnie en droit américain : le bien pas comme les autres des couples divorcés », RSDA 2020-2, pp. 189-202.

[225] C. civ. espagnol, art. 90, 1, b bis.

[226] C. civ. espagnol, art. 91.

[227] R. Laher et S. Dorol, « Procédures civiles d'exécution et animal », *RSDA* 2021/2, p. 641.

[228] CA Colmar, 28 juin 2021, n° 20/03627, inédit ; *RSDA* 2021/2, p. 31, note F. Marchadier.

[229] CPCE, art. L. 112-2, 5°. Ces biens redeviennent cependant saisissables « s'ils se trouvent dans un lieu autre que celui où le saisi demeure ou travaille habituellement, s'ils sont des biens de valeur, en raison notamment de leur importance, de leur matière, de leur rareté, de leur ancienneté ou de

réglementaire, recouvre deux catégories d'animaux :

- d'une part, « les animaux d'appartement ou de garde »[230] (ce qui semble correspondre aux animaux de compagnie) ;
- d'autre part, « les animaux destinés à la subsistance du saisi » [231] (ce qui inclut par exemple les poules, car leurs œufs peuvent être consommés).

Par ailleurs, présente également un caractère insaisissable :

- l'animal légué ou donné déclaré insaisissable par l'auteur d'une libéralité[232] ;
- et celui indispensable aux personnes handicapées ou destiné aux soins des personnes malades[233].

CHAPITRE 8. PROPRIETE INTELLECTUELLE

166.   **Affaire du selfie.** En 2011, un photographe britannique (David Slater) se rend en Indonésie pour prendre des photos d'animaux dans une réserve naturelle. Ne parvenant pas à approcher un groupe de macaques dont il souhaite faire le portrait, il laisse son appareil sur un trépieds et s'éloigne. L'un des singes, qui voit son reflet dans l'objectif, se positionne face à l'appareil et appuie sur le déclencheur. Ce selfie fera le tour du monde.

Il va aussi générer un contentieux sur la question de savoir qui, du photographe ou du singe, dispose du droit d'auteur sur la photographie. Le procès a été initié par l'association PETA, au nom du singe (dénommé Naruto), en vue que soient versées à ce dernier les recettes liées à l'exploitation de cette photographie.

La justice américaine va retenir que, de manière générale, les animaux ne peuvent bénéficier de droits d'auteur[234]. La même solution se serait imposée en droit français[235].

167.   **Rétribuer les créations animales.** L'idée d'associer les animaux aux bénéfices d'une œuvre qu'ils ont créés a été avancée. Elle pourrait prendre la

---

leur caractère luxueux, s'ils perdent leur caractère de nécessité en raison de leur quantité ou s'ils constituent des éléments corporels d'un fonds de commerce ».

[230] CPCE, art. R. 112-2, 14°.

[231] CPCE, art. R. 112-2, 15°.

[232] CPCE, art. L. 112-2, 4°.

[233] CPCE, art. L. 112-2, 7°.

[234] United States Court of Appeals for the Ninth Circuit, 23 avr. 2018, n° 16-15469, *Naruto c/ David John Slater.* V. not. L. Neyret et N. Reboul-Maupin, « Droit des biens », *D.* 2018. 1772 ; *RSDA* 2018/1, p. 158, chron. A. Zollinger.

[235] V. en ce sens C. Bernault et A. Lebois, « Propriété littéraire et artistique. Titulaires du droit d'auteur », *Jcl. Civil Annexes*, fasc. 1185, 2023, § 6.

forme d'un intéressement global. Par exemple, dans l'affaire du selfie, un accord a été trouvé entre le photographe et PETA, par lequel le premier s'est engagé à reverser 25 % de ses droits à une association ayant pour objet de protéger l'habitat de Naruto et d'autres macaques indonésiens.

TITRE 3. DROIT ADMINISTRATIF

168. **Entre protection de l'animal et protection de la collectivité.** L'une des principales caractéristiques du droit administratif général est d'envisager l'animal comme une menace – menace à laquelle il convient de répondre par des mesures de police administrative appropriées. Si les préoccupations de bien-être animal ne sont pas indifférentes au droit administratif, celles-ci sont surtout présentes dans les règles du droit administratif spécial applicables à certains animaux ou certains domaines[236].

CHAPITRE 1. PROTECTION CONTRE LES ANIMAUX DANGEREUX

169. **Des pouvoirs de police administrative spéciale.** Le code rural confère au maire et au préfet divers pouvoirs spéciaux pour préserver la société des dangers que peuvent représenter les animaux[237].

Section 1. Protection contre les animaux représentant un danger

170. **Fondement.** L'article L. 211-11 du code rural reconnaît au maire, ou à défaut au préfet, un certain nombre de pouvoirs si un animal représente un danger pour l'ordre public.

171. **Deux situations.** L'article L. 211-11 du code rural distingue selon l'intensité du danger.

172. **Danger simple.** Dans la première situation, l'animal est susceptible de présenter « un danger », pour les personnes ou les animaux domestiques, compte

---

[236] V. § 241 et s. S'agissant spécifiquement de la responsabilité de la puissance publique en raison de la prolifération d'une espèce protégée, v. § 444.

[237] V. P. Combeau, « Le maire face aux animaux dangereux », *RSDA* 2019/1-2, p. 57 ; S. Platon, « Droit administratif et animaux dangereux », *RSDA* 2012/2, p. 469.

tenu des modalités de sa garde[238].

Dans cette hypothèse, deux phases sont prévues.

Première phase : le maire peut « prescrire à son propriétaire ou à son détenteur de prendre des mesures de nature à prévenir le danger »[239]. Par exemple, il peut ordonner de mettre en place ou de réparer une clôture[240], ou encore de tenir un chien en laisse. S'il s'agit d'un chien catégorisé, le maire peut, à la suite de l'évaluation comportementale du chien, imposer à son propriétaire ou à son détenteur de suivre la formation et d'obtenir l'attestation d'aptitude requises[241].

Seconde phase : en cas d'inexécution des mesures prescrites, « le maire peut, par arrêté, placer l'animal » dans « un lieu de dépôt adapté à l'accueil et à la garde de celui-ci ». Il peut s'agir d'une fourrière. Toutefois, si l'animal ne peut y accueilli compte tenu de ses caractéristiques (vache, serpent, etc.), il sera confié à une autre structure (par exemple un éleveur avec qui une convention va être conclue, un zoo ou encore un refuge)[242].

Si, au bout de huit jours, le propriétaire ou le détenteur ne présente pas toutes les garanties quant à l'application des mesures prescrites, le maire autorise le gestionnaire du lieu de dépôt, après avis d'un vétérinaire désigné par le préfet[243] :
- soit à faire procéder à l'euthanasie de l'animal ;
- soit à en faire don à une association ou une fondation.

En pratique, l'avis portera spécialement, afin d'éclairer le maire dans l'exercice de son pouvoir de décision, sur la situation médicale de l'animal (est-il porteur d'une maladie ?) et sur son comportement (présente-t-il des troubles

---

[238] Code rural, art. L. 211-11, I.

[239] Il peut à ce titre, à la suite de l'évaluation comportementale d'un chien réalisée en application de l'article L. 211-14-1, imposer à son propriétaire ou à son détenteur de suivre la formation et d'obtenir l'attestation d'aptitude prévues au I de l'article L. 211-13-1.

[240] V. p. ex. CAA Bordeaux, 8 févr. 2019, *Van de Walle*, n° 17BX01862, inédit : mesure prescrivant la réfection de clôtures sur des terres non clôturées pour empêcher la divagation de plusieurs poneys.

[241] C. rural, art. L. 211-11, I, al. 1er.

[242] V. code rural, art. R. 211-4 : « Le lieu de dépôt adapté mentionné à l'article L. 211-11 est :
1° Pour les animaux appartenant à des espèces domestiques, un espace clos aménagé de façon à satisfaire aux besoins biologiques et physiologiques de l'espèce. Le lieu de dépôt peut être une fourrière au sens de l'article L. 211-24. Il doit être gardé ou surveillé dans les conditions définies à l'article R. 273-5 du code de la sécurité intérieure ;
2° Pour les animaux appartenant à des espèces non domestiques, un établissement d'élevage ou de présentation au public d'animaux vivants régi par les dispositions des articles L. 211-11 à L. 211-27 du présent code ».

[243] C'est le responsable du lieu de dépôt qui propose au préfet un ou plusieurs vétérinaires en vue de leur désignation (code rural, art. R. 211-4-2).

comportementaux ? représente-t-il un danger ?).

La seconde phase ne peut pas être mise en œuvre en l'absence de la première[244].

173. **Danger grave et immédiat.** La seconde situation envisagée par l'article L. 211-11 est celle où l'animal représente un « danger grave et immédiat ». La loi établit sur ce point une présomption de danger grave et immédiat pour les chiens catégorisés ne respectant pas les règles qui leur sont applicables[245].

En présence d'un tel danger grave et immédiat, le maire « peut ordonner par arrêté que l'animal soit placé dans un lieu de dépôt adapté à la garde de celui-ci et, le cas échéant, faire procéder à son euthanasie »[246].

À la différence de la première situation (danger simple), aucune phase préalable n'est ici prévue. Comme la situation est plus grave, elle implique une réaction immédiate. Le maire agit donc directement sans inviter au préalable le gardien de l'animal à prendre les mesures qui s'imposent[247].

Plus précisément, l'article L. 211-11 prévoit que l'euthanasie « peut intervenir sans délai, après avis d'un vétérinaire désigné par le préfet. Cet avis doit être donné au plus tard quarante-huit heures après le placement de l'animal. À défaut, l'avis est réputé favorable à l'euthanasie »[248].

Une exigence de proportionnalité s'impose au maire dans l'exercice de ses pouvoirs[249]. Il en résulte que l'euthanasie, du fait de son caractère grave et

---

[244] CAA Bordeaux, 30 janv. 2017, *Lassois*, n° 15BX03055, inédit : illégalité des mesures ordonnées au propriétaire sans que celui-ci ait été au préalable invité à agir.

[245] V. § 343.

[246] Code rural, art. L. 211-11, II, al. 1er.

[247] CAA Nantes, 4 janv. 2019, *Cne de Sainte-Reine-de-Bretagne*, n° 18NT00069, inédit : « Compte tenu du danger grave et immédiat que représentait ce bovin pour la sécurité des personnes et de l'urgence à y remédier, le maire était ainsi légalement fondé à mettre en œuvre la procédure dérogatoire prévue par les dispositions du II de l'article L. 211-11, et à faire procéder sans délai ni autre condition à la capture de l'animal et à son placement dans un lieu de dépôt adapté ».

[248] Code rural, art. L. 211-11, II, al. 3.

[249] M. Bahouala, « Les pouvoirs de police du maire en matière d'animaux errants et d'animaux dangereux », *AJCT* 2020, p. 121 : « L'euthanasie doit s'entendre comme la prescription extrême, celle qui apparaît absolument nécessaire pour éviter le danger. La jurisprudence à ce sujet est claire et constante : la mise à mort de l'animal n'est immédiatement ordonnée que si elle constitue la seule mesure propre à parer le danger. Autrement dit, même en présence d'un danger grave et immédiat, l'euthanasie doit apparaître comme la seule solution pour mettre fin à la dangerosité de la situation. Si d'autres mesures paraissent plus adaptées et appropriées, elles sont à privilégier. Ainsi, le maire doit légalement justifier que la mise à mort de l'animal sans délai n'excède pas les mesures nécessaires pour prévenir le danger représenté par celui-ci ».

irréversible, doit être réservée aux seules hypothèses dans lesquelles aucune autre mesure ne permet de s'assurer d'une protection contre le danger que représente l'animal. La formule employée par la jurisprudence est la suivante : « lorsqu'il ressort des circonstances de fait existant à la date à laquelle ladite autorité statue, notamment de l'avis du vétérinaire qui aurait été recueilli en application des dispositions du II de l'article L. 211-11 précité, que le danger présenté par l'animal n'est pas tel que seule sa mise à mort puisse le parer, il lui appartient de prescrire les mesures appropriées au propriétaire ou au gardien de l'animal dans les conditions prévues au I de l'article précité, et de n'ordonner l'euthanasie que dans le cas où les prescriptions alors énoncées n'auraient pas été observées ». En conséquence le juge administratif annule les décisions d'euthanasie prises à titre initial sans avoir tenté de remédier à la situation d'une manière moins radicale et alors que les circonstances ne l'exigeaient pas[250].

174.   Frais à la charge du propriétaire. Les frais afférents aux opérations de capture, de transport de garde et d'euthanasie de l'animal sont « intégralement et directement » mis à la charge de son propriétaire ou de son détenteur[251].

175.   Conséquences de l'annulation d'une mesure. Une décision du juge annulant ou suspendant un arrêté municipal ordonnant l'euthanasie d'un chien placé en fourrière n'implique pas nécessairement la restitution de l'animal à son propriétaire[252].

Section 2. Protection contre les animaux divagants

I. Interdiction de la divagation

176.   Interdiction. Le code rural interdit de laisser divaguer les animaux domestiques et les animaux sauvages apprivoisés ou tenus en captivité[253]. Par conséquent, les propriétaires d'animaux sont soumis à une obligation d'empêcher la divagation de ces derniers (ce qui n'implique pas de les maintenir à leur

---

[250] V. ainsi, à propos d'un chien : CAA Bordeaux, 30 mars 2010, *Min. Intérieur*, n° 09BX00439, inédit – CAA Marseille, 8 juil. 2010, *Cne de Saint-Cyprien*, n° 08MA04943, inédit – CAA Paris, 29 janv. 2013, *Brunet*, n° 11PA00343, inédit. V. de même, à propos d'une vache échappée d'un élevage : CAA Nantes, 4 janv. 2019, n° 18NT00069, *Cne de Sainte-Reine-de-Bretagne*, inédit.

[251] Code rural, art. L. 211-11, III. V. également art. R. 214-4-1 (y ajoutant les frais de « séjour »).

[252] CE, 8 févr. 2006, *Cne de Ste-Maxime*, n° 276047, inédit ; *BJCL* 2006, p. 288, concl. Th. Olson et obs. P. Cassia.

[253] Code rural, art. L. 211-19-1.

domicile ou sur leur terrain mais seulement d'empêcher qu'ils ne s'éloignent trop de ceux-ci). Cette obligation se justifie par le fait que la divagation est de nature à provoquer un risque de troubles à l'ordre public (chiens fouillant des poubelles ou agressant d'autres chiens ou des passants ; risques de provoquer des accidents de la circulation ; propagation de maladies, etc.). Elle est d'ailleurs pénalement réprimée lorsque les animaux divagants sont susceptibles de représenter un danger[254].

II. Notion de divagation

177.   Chien. Un chien est considéré comme en état de divagation dans deux cas de figure[255] :
- d'une part, s'il « n'est plus sous la surveillance effective de son maître, se trouve hors de portée de voix de celui-ci ou de tout instrument sonore permettant son rappel, ou qui est éloigné de son propriétaire ou de la personne qui en est responsable d'une distance dépassant cent mètres »[256] ;
- d'autre part, s'il se trouve « abandonné, livré à son seul instinct »[257].

178.   Chat. Un chat est considéré comme en état de divagation dans trois hypothèses[258] :
- s'il n'est pas identifié et trouvé à plus de 200 mètres des habitations ;
- s'il est trouvé à plus de 1000 mètres du domicile de son maître et n'est pas sous la surveillance immédiate de celui-ci ;
- si son propriétaire n'est pas connu et qu'il est saisi sur la voie publique ou sur la propriété d'autrui.

179.   Herbivores. Pour les herbivores, la divagation est caractérisée dans deux cas de figure[259] :
- lorsque ces animaux n'ont pas de détenteur ;
- lorsque leur détenteur refuse de se faire connaître.
Il faut en outre que ces animaux soient trouvés pacageant (c'est-à-dire en train de

---

[254] V. § 74.

[255] Code rural, art. L. 211-23, al. 1er.

[256] Une exception est prévue pour le chien de berger (durant la protection du troupeau) et le chien de chasse (durant l'action de chasse).

[257] Une exception est prévue pour le chien de chasse, s'il est démontré que son propriétaire ne s'est pas abstenu de tout entreprendre pour le retrouver et le récupérer, y compris après la fin de l'action de chasse.

[258] Code rural, art. L. 211-23, al. 1er.

[259] Code rural, art. L. 211-20, al. 1er.

paître ou de brouter, ce qui concerne donc les moutons, les chèvres, les vaches ou encore les chevaux) « sur des terrains appartenant à autrui, sur les accotements ou dépendances des routes, canaux, chemins ou sur des terrains communaux »[260].

180. **Animaux sauvages apprivoisés ou tenus en captivité.** Pour les animaux sauvages placés sous la main de l'homme, la divagation est caractérisée dans deux situations[261] :
- soit ils ont échappé à leur détenteur ;
- soit celui-ci les a laissé divaguer.

III. Pouvoir du maire et obligation d'agir

A. Pouvoir du maire

181. **Rôle.** Le code rural confie au maire la mission de lutter contre les divagations d'animaux.

182. **Fondement juridique.** Les mesures que peut prendre le maire pour empêcher la divagation des animaux peuvent être rattachées à trois bases juridiques :
- l'article L. 211-11 du code rural, relatif aux animaux représentant un danger[262] ;
- les articles du code rural, détaillés ci-dessous, qui lui attribuent diverses compétences en la matière mais sans nécessairement viser tous les animaux ;
- le 7° de l'article L. 2212-2 du CGCT, qui permet au maire de prendre des mesures dans le but « d'obvier ou de remédier aux événements fâcheux qui pourraient être occasionnés par la divagation des animaux malfaisants ou féroces » (selon l'interprétation retenue par le Conseil d'État, ce point 7° autorise le maire « à organiser le dépôt, dans un lieu désigné, du bétail en état de divagation »[263]).

183. **Réglementation.** Les maires « prescrivent » (sous-entendu doivent prescrire) :
- d'une part, « que les chiens et les chats errants et tous ceux qui seraient saisis sur le territoire de la commune sont conduits à la fourrière »[264].
- d'autre part, « que les animaux d'espèce sauvage apprivoisés ou tenus en

---

[260] Code rural, art. L. 211-20, al. 1er.

[261] Code rural, art. L. 211-21, al. 2.

[262] V. § 170 et s.

[263] CE, 10 nov. 2021, *Orenga*, n° 439350, inédit.

[264] Code rural, art. L. 211-22, al. 1er.

captivité, trouvés errants et qui sont saisis sur le territoire de la commune, sont conduits à un lieu de dépôt désigné par eux »[265].

Il résulte de ces dispositions que les maires doivent prendre un arrêté prescrivant que les animaux retrouvés errants seront conduits à la fourrière ou à un lieu de dépôt. La population se trouve, par ce biais, informée des mesures qui seront prises si un animal est retrouvé en situation d'errance.

184. **Information.** Le détail des mesures prises doit également être porté à la connaissance des citoyens.

En ce sens, le code rural prévoit que « Le maire informe la population, par un affichage permanent en mairie, ainsi que par tous autres moyens utiles, des modalités selon lesquelles les animaux (…) trouvés errants ou en état de divagation sur le territoire de la commune, sont pris en charge »[266]. Il précise que doivent être notamment portées à la connaissance du public les informations suivantes[267] :

- les coordonnées des services compétents pour la capture et la prise en charge de ces animaux, ainsi que les conditions dans lesquelles il peut être fait appel à ces services ;
- l'adresse, le numéro de téléphone, les jours et les heures d'ouverture de la fourrière et du lieu de dépôt ;
- les conditions dans lesquelles les animaux peuvent être remis à leur propriétaire, notamment le montant des frais de garde et d'identification susceptibles d'incomber à celui-ci ;
- les modalités de prise en charge des animaux trouvés errants ou en état de divagation en dehors des heures d'ouverture de la fourrière ou des lieux de dépôt, ou qui sont accidentés.

En outre, lorsque des campagnes de capture des chiens et des chats errants sont envisagées sur tout ou partie du territoire de la commune, « le maire est tenu d'informer la population, par affichage et publication dans la presse locale, des lieux, jours et heures prévus, au moins une semaine avant la mise en œuvre de ces campagnes »[268].

185. **Chiens et chats.** S'agissant spécifiquement des chiens et des chats, l'article L. 211-22 pose, de la manière la plus large, que « Les maires prennent toutes dispositions propres à empêcher la divagation des chiens et des chats »[269].

---

[265] Code rural, art. L. 211-21, al. 1er.

[266] Code rural, art. R. 211-12, al. 1er.

[267] Code rural, art. R. 211-12, al. 2 à 6.

[268] Code rural, art. R. 211-12, al. 7.

[269] Code rural, art. L. 211-22, al. 1er.

Au titre des pouvoirs dont ils disposent à cet égard, les maires « peuvent ordonner que ces animaux soient tenus en laisse (…) »[270].

B. Obligation d'agir du maire

186. **Les moyens d'action.** Le maire se trouve soumis à une obligation d'agir, spécialement lorsqu'un animal errant représente une menace. Il a pu par exemple, à ce titre, requérir trois chasseurs pour abattre deux chiens qui s'étaient échappés du terrain de leur propriétaire et avaient attaqué un troupeau de moutons situés à 8 kms, tuant deux d'entre eux[271]. Dans cette affaire, la mesure a été jugée légale du fait tant de l'agressivité avérée des chiens que de la présence de cas de rage sur le territoire de la commune.

187. **Responsabilité en cas d'inaction.** La carence du maire dans l'exercice de ses pouvoirs est susceptible d'engager la responsabilité de la commune.
Tel est le cas, par exemple, s'il s'abstient de prendre les mesures permettant d'empêcher la divagation dans la commune :
- d'animaux d'élevage[272] ;
- de chiens errants causant des dommages à des troupeaux[273] ;
- ou de tout autre animal errant[274].
En revanche, la responsabilité de la commune n'est pas retenue si des mesures adéquates ont été prises, même non couronnées de succès (car pèse sur elle une obligation de moyens et non de résultat). Tel est le cas, par exemple, pour des

---

[270] Code rural, art. L. 211-22, al. 1er.

[271] CAA Nancy, 25 oct. 2001, *Bonfanti*, n° 99NC02177, inédit.

[272] CE, 25 juil. 2007, *Min. de l'Intérieur*, n° 293882 ; *Lebon T.* p. 705 : alors que des animaux d'élevage erraient régulièrement dans la commune depuis des années, le maire s'est borné à prendre un arrêté interdisant la divagation sans engager aucune démarche pour tenter d'assurer le respect effectif de celui-ci. V. également TA Bastia, 3 mai 1985, *Marchetti*, *Lebon T.* p. 768 : carence du maire à prendre les mesures d'ordre juridique ou matériel susceptibles d'empêcher la divagation dans la commune de porcs errants. V. également CE, 10 nov. 2021, *Orenga*, n° 439350, inédit : accident de la circulation causé par une vache qui divaguait sur la voie publique ; carence du maire, d'autant que trois accidents ont été provoqués en 15 jours par la divagation d'animaux sur la voie publique.

[273] CE, 27 avr. 1962, *De la Bernardie*, *Lebon* : insuffisance des mesures prévues pour empêcher la divagation des chiens.

[274] CAA Marseille, 13 avr. 2006, *Min. de l'Intérieur*, n° 04MA00365, inédit : droit à indemnisation pour réparer le mur et la clôture endommagés par des animaux errants.

dommages causés par des chiens errants[275].

IV. Prise en charge des animaux errants

A. Les chiens et chats

188.   Recueil des animaux. Les chiens et chats errants sont en principe recueillis par l'autorité publique (plus exactement les agents qualifiés, normalement ceux de la fourrière). Toutefois, « Les propriétaires, locataires, fermiers ou métayers peuvent saisir ou faire saisir par un agent de la force publique, dans les propriétés dont ils ont l'usage, les chiens et les chats que leurs maîtres laissent divaguer »[276]. Dans tous les cas, les animaux saisis « sont conduits à la fourrière »[277].

189.   Sort des animaux recueillis. Le code rural détermine le sort des chiens et chats recueillis par la fourrière[278].
Si le propriétaire de l'animal est identifié, il est contacté par la fourrière pour lui être rendu. S'il ne l'est pas, des recherches sont entreprises pour l'identifier[279].
À l'issue d'un délai de garde de huit jours, si l'animal n'a pas été réclamé par son propriétaire, il est considéré comme abandonné et devient la propriété du gestionnaire de la fourrière.

---

[275] CAA Bordeaux, 25 oct. 2016, Rieux, n° *15BX00635*, inédit : le maire a pris différentes mesures sur plusieurs années en vue de gérer et d'améliorer la lutte contre la divagation des chiens errants sur le territoire communal. Il a confié cette mission de service public à des prestataires spécialisés et les a accompagnés lors des missions de capture et d'acheminement des animaux jusqu'à la fourrière, en prévoyant l'assistance systématique d'un agent municipal du service de l'environnement et du cadre de vie ou d'un agent de la police municipale. Il a également décidé l'organisation d'une campagne de stérilisation de ces animaux et a élaboré une plaquette d'information à destination de la population concernant la réglementation et la déclaration des chiens dangereux. La cour relève « que l'ensemble de ces missions ont permis la capture d'un nombre important d'animaux errants de 2005 à mars 2013. Dans ces conditions, et ainsi que l'a estimé à bon droit le tribunal administratif, le maire de la commune du Lamentin ne peut être regardé comme ayant pris des mesures de police insuffisantes ou inadaptées pour remédier à la divagation des chiens errants ».

[276] Code rural, art. L. 211-22, al. 2.

[277] Code rural, art. L. 211-22, al. 2.

[278] Code rural, art. L. 211-25 et L. 211-26.

[279] Toutefois, dans les départements infectés de rage, il est procédé immédiatement « à l'euthanasie des chiens et des chats non identifiés admis à la fourrière » (code rural, art. L. 211-26, III).

Celui-ci dispose alors de trois options :

- il peut garder les animaux dans la limite de la capacité d'accueil de la fourrière ;
- après avis d'un vétérinaire, il peut céder les animaux à titre gratuit à des fondations ou des associations de protection des animaux disposant d'un refuge ou à des associations sans refuge ;
- il peut procéder à l'euthanasie de l'animal « si le vétérinaire en constate la nécessité » (c'est-à-dire si l'état de santé de l'animal le justifie[280])[281].

190. Restitution de l'animal. Les animaux ne peuvent être restitués à leur propriétaire qu'après paiement des frais de fourrière. En cas de non-paiement, le propriétaire est passible d'une amende forfaitaire[282].

Par dérogation, l'animal trouvé errant et identifié peut être restitué « sans délai » à son propriétaire s'il n'a pas été gardé à la fourrière. Dans ce cas, l'animal est restitué après paiement d'un versement libératoire forfaitaire dont le montant est fixé par arrêté du maire[283].

B. Les animaux sauvages apprivoisés ou tenus en captivité

191. Recueil de l'animal. Les propriétaires, locataires, fermiers ou métayers « peuvent saisir ou faire saisir par un agent de la force publique, dans les propriétés dont ils ont l'usage, les animaux » concernés. Les animaux saisis « sont conduits à un lieu de dépôt désigné par le maire. Ils y sont maintenus, le cas échéant, aux frais du propriétaire ou du détenteur »[284].

192. Sort de l'animal. À l'issue d'un délai de garde de huit jours, si l'animal n'a pas été réclamé par son propriétaire, « il est alors considéré comme abandonné et le maire peut le céder ou, après avis d'un vétérinaire, le faire euthanasier »[285].

---

[280] V. ainsi, validant une mesure d'euthanasie d'un chat prise au vu d'un avis soulignant la « souffrance physique insupportable » éprouvée par celui-ci, TA Caen, 7 févr. 2020, *Gautier*, n° 1800120, inédit.

[281] En outre, dans les départements officiellement déclarés infectés de rage, « il est procédé à l'euthanasie des animaux non remis à leur propriétaire à l'issue du délai de garde » (code rural, art. L. 211-25, III).

[282] Code rural, art. L. 211-24, al. 5.

[283] Code rural, art. L. 211-24, al. 6.

[284] Code rural, art. L. 211-21, al. 2.

[285] Code rural, art. L. 211-21, al. 3.

C. Les herbivores

193.   Recueil de l'animal. Lorsque des herbivores sont en situation d'errance, « le propriétaire lésé » (celui sur le terrain duquel se trouve l'animal), ou son représentant, « a le droit de les conduire ou de les faire conduire immédiatement au lieu de dépôt désigné par l'autorité municipale »[286].

194.   Sort de l'animal. Le maire donne avis au propriétaire ou au détenteur des animaux des dispositions mises en œuvre[287].

Si les animaux ne sont pas réclamés, ils sont considérés comme abandonnés et le maire fait procéder[288] :

- soit à leur euthanasie ;

- soit à leur vente ;

- soit à leur cession, à titre gratuit, à une fondation ou à une association de protection animale.

Les frais résultant de l'ensemble des mesures prises « sont mis à la charge du propriétaire ou du détenteur des animaux »[289].

V. Les fourrières

195.   Définition. Juridiquement, la fourrière se définit sur la base de deux critères.

Du point de vue de son objet, il s'agit d'une structure « apte à l'accueil et à la garde, dans des conditions permettant de veiller à leur bien-être et à leur santé, des chiens et chats trouvés errants ou en état de divagation »[290]. La fourrière assure ainsi la prise en charge, la garde et l'entretien des animaux errants ou saisis. Elle procède à la recherche des propriétaires des animaux trouvés, et à leur restitution quand ils sont réclamés.

Du point de vue de sa nature, la fourrière constitue un service public. Elle se distingue ainsi du refuge, qui constitue un établissement à but non lucratif géré par une association ou une fondation[291].

---

[286] Code rural, art. L. 211-20, al. 1er.

[287] Code rural, art. L. 211-20, al. 2.

[288] Code rural, art. L. 211-20, al. 3.

[289] Code rural, art. L. 211-20, al. 3.

[290] Code rural, art. L. 211-24, al. 1er.

[291] V. § 303. V., sur cette distinction, Rép. Min. à QE n° 3408, JO AN 12 juin 2018, p. 5108 : « la fourrière animale constitue un service public relevant des collectivités territoriales. En revanche, un refuge tel que défini dans l'article L. 214-6 du CRPM consiste en un établissement à but non lucratif

196. **Obligation d'avoir une fourrière.** Chaque commune ou, lorsqu'il exerce cette compétence en lieu et place de ladite commune, chaque EPCI, « dispose d'une fourrière » (ce qui signifie : doit disposer d'une fourrière)[292]. Il s'agit d'un service public obligatoire, au même titre que la distribution d'eau, l'assainissement ou l'enlèvement des ordures ménagères. La commune ou l'EPCI est donc tenu de l'instaurer.

La fourrière « peut être mutualisée » avec un EPCI ou avec un syndicat mixte fermé[293].

Lorsque l'obligation pèse sur la commune (donc lorsqu'aucun EPCI n'exerce la compétence), celle-ci « peut mettre en place une fourrière communale sur son territoire ou disposer du service d'une fourrière établie sur le territoire d'une autre commune, avec l'accord de cette commune »[294]. Elle dispose donc d'une option : soit ouvrir une fourrière sur son territoire, soit conclure une convention avec une commune proche qui dispose d'une fourrière et prendra en charge les animaux errants sur le territoire des deux communes (ou de toutes les communes signataires si elles sont plusieurs).

197. **Modes de gestion.** Deux modes de gestion sont envisagés[295] :
- soit la gestion en régie (avec les agents, le personnel et les moyens de la commune) ;
- soit la délégation de service public (la commune confiant dans ce cas la gestion du service public de la fourrière « à des fondations ou associations de protection des animaux disposant d'un refuge »)[296].

Lorsqu'elle décide de recourir à la délégation de service public, la commune a la possibilité d'imposer au prestataire de gérer à la fois la fourrière et un refuge qui en constitue le prolongement. La jurisprudence a en effet admis qu'une commune peut passer une délégation de service public pour cette mission de « fourrière-refuge », ce qui impose aux candidats, soit de disposer d'un refuge, soit de

---

géré par une fondation ou une association et accueillant des animaux en provenance de la fourrière ou de leurs propriétaires. À ce titre, si un refuge peut remplir une mission d'intérêt général, il ne gère pas pour autant un service public (Conseil d'Etat, 26 février 2003, *Société protectrice des animaux*) ».

[292] Code rural, art. L. 211-24, al. 1er.

[293] Code rural, art. L. 211-24, al. 1er.

[294] Code rural, art. L. 211-24, al. 1er.

[295] Code rural, art. L. 211-24, al. 1er.

[296] Avant que le recours à la délégation de service public ait été reconnu par la loi du 30 novembre 2021, il avait été admis par la doctrine administrative (Rép. Min. à QE n° 3408, JO AN 12 juin 2018, p. 5108) et la jurisprudence (CE, 13 juill. 2012, *Cne d'Aix-en-Provence*, n° 358512, *Lebon*).

s'associer, par la voie d'un groupement ou d'un contrat de sous-traitance, avec une fondation ou une association habilitée à gérer la partie refuge de l'activité déléguée[297].

198.   Capacité de la fourrière. La fourrière « a une capacité adaptée aux besoins de chacune des communes pour lesquelles elle assure le service d'accueil des animaux »[298]. La capacité d'accueil est généralement déterminée en fonction des données disponibles pour les années antérieures concernant le nombre d'animaux pris en charge, le temps de séjour moyen et l'impact de la saisonnalité des entrées. La capacité de la fourrière est donc corrélée au nombre d'habitants et il est usuellement admis qu'il faut compter en moyenne 1 animal perdu par an pour 250 habitants[299].

La capacité de la fourrière « est constatée par arrêté du maire de la commune où elle est installée »[300]. Cette mesure permettra de savoir à partir de quel nombre d'animaux recueillis la capacité d'accueil se trouve atteinte.

199.   Obligation de prendre en charge rapidement un animal. Il appartient au maire de prendre « toutes dispositions de nature à permettre une prise en charge rapide de tout animal errant ou en état de divagation qui serait trouvé accidenté ainsi que de tout animal qui serait trouvé errant ou en état de divagation en dehors des heures et des jours ouvrés de la fourrière (…) »[301]. Ainsi, même le soir et le week-end, une prise en charge des animaux errants ou en état de divagation doit être assurée. À cette fin, le maire « peut, le cas échéant, passer des conventions avec des cabinets vétérinaires pour assurer la prise en charge de ces animaux ainsi que rechercher et contacter leur propriétaire lorsque l'animal est identifié »[302]. Le cabinet conventionné prendra en charge les animaux errants ou accidentés lorsque les services de la fourrière ne sont pas en mesure d'intervenir.

200.   Informations sur le délit de cruauté et sévices graves. Dans leurs contrats de prestations, « les fourrières sont tenues de mentionner les sanctions encourues pour sévices graves ou actes de cruauté envers des animaux,

---

[297] CE, 13 juill. 2012, *Cne d'Aix-en-Provence*, n° 358512, *Lebon*.

[298] Code rural, art. L. 211-24, al. 2.

[299] Min. Agr. et min. Intér., École nationale des Services vétérinaires, « Fourrière animale. Guide à l'attention des maires », oct. 2012, p. 6.

[300] Code rural, art. L. 211-24, al. 2.

[301] Code rural, art. R. 211-11, al. 1er.

[302] Code rural, art. R. 211-11, al. 2. Pour un modèle de convention, v. Min. Agr. et min. Intér., École nationale des Services vétérinaires, « Fourrière animale. Guide à l'attention des maires », oct. 2012, annexe, fiche 12.

mentionnées à l'article 521-1 du code pénal »[303]. Cette obligation d'information se limite curieusement à une seule des infractions prévues par le code pénal. Elle a pour objet de porter à la connaissance des propriétaires négligents (qui ont laissé divaguer leur animal) les sanctions auxquelles ils s'exposent en cas de maltraitance.

201. **Formalités.** Comme toute activité en lien avec les animaux, la fourrière doit faire l'objet d'une déclaration d'activité au préfet, disposer d'installations conformes aux règles sanitaires et de protection animale et compter parmi ses membres une personne qualifiée[304]. Comme pour toutes ces activités, il est également exigé qu'un règlement sanitaire soit établi et des contrôles réalisés[305] et que soit tenu un registre des entrées et sorties[306]. De façon plus spécifique, les fourrières sont en outre soumises à la réglementation sur les ICPE (installations classées au titre de la protection de l'environnement), ce qui subordonne leur ouverture à un régime de déclaration préalable ou d'autorisation préalable selon le nombre de chiens qu'elle a vocation à accueillir.

202. **Formation du gestionnaire.** Le gestionnaire de la fourrière « est tenu de suivre une formation relative au bien-être des chiens et des chats »[307]. Il doit ainsi justifier d'un titre établissant sa connaissance en la matière. Cela peut se faire de deux manières possibles[308] :
- soit en suivant « une formation » dans un établissement habilité par le ministre de l'agriculture afin d'acquérir les connaissances relatives aux besoins biologiques, physiologiques, comportementaux et à l'entretien des chiens et des chats ;
- soit en possédant une « certification professionnelle », à condition que la formation suivie pour son obtention comporte un enseignement relatif au bien-être des chiens et des chats d'une durée au moins égale à six heures.

Section 3. Protection contre les animaux malades

203. **Moyens.** La protection contre les animaux malades passe par la mise en place d'une surveillance et l'adoption de mesures lorsqu'une maladie contagieuse

---

[303] Code rural, art. L. 211-24, al. 4.
[304] V. § 256 et s.
[305] V. § 258.
[306] V. § 261.
[307] Code rural, art. L. 211-24, al. 7.
[308] Code rural, art. D. 211-12-2.

ou une épizootie est détectée.

I. Épizootie

204. **Information et réaction.** Les maires « avisent d'urgence le préfet de tous cas d'épizootie qui leur seraient signalés dans le territoire de la commune ». Ils peuvent prendre « les mesures provisoires qu'ils jugent utiles pour arrêter la propagation du mal »[309].

II. Maladies contagieuses

205. **Veille sanitaire.** Une veille sanitaire est mise en œuvre afin de pouvoir détecter immédiatement la survenance de maladies contagieuses. À cette fin, une obligation est imposée aux propriétaires et détenteurs d'animaux, ainsi qu'aux chasseurs (pour les animaux de la faune sauvage) et aux professionnels de prendre des mesures de prévention et de surveillance et d'informer l'autorité administrative (plus exactement le vétérinaire sanitaire) de l'existence d'un animal atteint d'une telle maladie[310]. L'animal doit être isolé et il est interdit de le déplacer. S'il est mort, son cadavre ne doit pas être déplacé ni enfoui[311].

206. **Pouvoirs du maire.** Le maire s'assure du respect des obligations précitées, en particulier la mise à l'isolement de l'animal contaminé[312].

207. **Pouvoirs du préfet.** Dès qu'il a connaissance d'un animal atteint d'une maladie contagieuse, le préfet peut prendre un arrêté de mise sous surveillance[313]. Il prend, s'il est nécessaire, un arrêté portant déclaration d'infection remplaçant éventuellement un arrêté de mise sous surveillance[314].
Cette déclaration peut entraîner, dans le périmètre qu'elle détermine, l'application de toute une série de mesures, en particulier :
- l'isolement, la séquestration, la visite, le recensement et la marque des animaux et troupeaux dans ce périmètre ;
- la mise en interdit de ce même périmètre ;
- l'interdiction momentanée ou la réglementation des foires et marchés, du

---

[309] Code rural, art. L. 223-1.

[310] V. code rural, art. L. 223-4 et L. 223-5.

[311] Code rural, art. L. 223-5, al. 2 et 4.

[312] Code rural, art. L. 223-6.

[313] Code rural, art. L. 223-6-1.

[314] Code rural, art. L. 223-8.

transport et de la circulation de tous les animaux d'espèces susceptibles de contamination ;
- les prélèvements nécessaires au diagnostic ou aux enquêtes épidémiologiques ;
- des désinfections et désinsectisations de lieux et de véhicules ;
- l'abattage des animaux malades ou contaminés ou des animaux ayant été exposés à la contagion, ainsi que des animaux suspects d'être infectés ou en lien avec des animaux infectés ;
- le traitement ou la vaccination des animaux.

C. Exigence de proportionnalité

208. **Jurisprudence.** La jurisprudence a dégagé une exigence de proportionnalité qui s'impose à l'autorité publique dans la mise en œuvre de ces mesures.

209. **Condition remplie.** Satisfait à cette exigence la décision d'abattre l'ensemble d'un troupeau :
- lorsque celui-ci est contaminé à un taux de 25 % et que des exploitations avoisinantes sont elles aussi infectées[315] ;
- lorsqu'un cas d'ESB a été découvert au sein de celui-ci[316].

210. **Condition non remplie.** Est illégal l'arrêté ordonnant l'abattage de deux éléphantes du parc de la tête d'Or soupçonnées d'être atteintes de la tuberculose, du fait de la disproportion de la mesure adoptée à l'objectif de prévention des risques pour la santé publique[317]. En effet, cette maladie peut se soigner et les deux éléphantes pouvaient, dans l'attente, être isolées.

D. Indemnisation du propriétaire

211. **Critères.** Le propriétaire dont les animaux ont été abattus sur ordre de l'administration au titre de la lutte contre les maladies contagieuses a droit à une indemnisation. Celle-ci peut être diminuée en tout ou partie s'il a commis une

---

[315] CE, 6 févr. 1998, *Épx Georges*, n° 154394, *Lebon T.*
[316] CE, ord., 1er juin 2001, *Ploquin*, n° 234321, *Lebon T.* ; CE 15 mars 2006, *Min. de l'agriculture c/ GAEC de Beauplat*, n° 234321, *Lebon T.*
[317] TA Lyon, 21 mai 2013, *Sté Promogil*, n° 1207996, *D.* 2013, p. 2020, note F. Blanco (décision au fond). Sur la décision en référé, v. CE, 27 févr. 2013, *Sté Promogil*, n° 364751 ; *Procédures* 2013, n° 13, p. 38, note S. Deygas ; *LPA* 8 avr. 2013, note O. Le Bot.

infraction[318].

E. Mesures préventives

212.   Trois mesures. Pour prévenir des maladies contagieuses, le préfet peut ordonner trois séries de mesures[319] :
- ordonner, sur toute propriété, des chasses et battues destinées à réduire des populations de la faune sauvage ;
- interdire, sur les territoires et pour la durée qu'elle détermine, le nourrissage d'animaux de la faune sauvage ;
- imposer à toute personne qui constate la mort d'animaux de la faune sauvage dans des conditions anormales laissant suspecter l'apparition de maladies de la déclarer sans délai au maire ou à un vétérinaire sanitaire.

Section 4. Protection contre les animaux mordants

213.   Mise sous surveillance. Tout animal ayant mordu ou griffé une personne « est, si l'on peut s'en saisir sans l'abattre, soumis par son propriétaire ou détenteur et à ses frais à la surveillance du vétérinaire sanitaire »[320].

214.   Rappel des obligations. Dès qu'elle a connaissance de faits de morsure, l'autorité investie des pouvoirs de police (le maire ou le préfet) « rappelle au propriétaire ou détenteur » ses obligations « et, en tant que de besoin, le met en demeure de les observer dans les vingt-quatre heures »[321].

215.   Morsure par un chien catégorisé. Lorsque la morsure a été faite par un chien catégorisé, son propriétaire est tenu de le soumettre, pendant la période de surveillance, à l'évaluation comportementale, qui est communiquée au maire[322]. À la suite de cette évaluation, le maire peut imposer au propriétaire du chien de suivre la formation et d'obtenir l'attestation d'aptitude[323].
Faute pour l'intéressé de s'être soumis à ces obligations, le maire « peut ordonner par arrêté que l'animal soit placé dans un lieu de dépôt adapté à la garde de celui-ci. Il peut, en cas de danger grave et immédiat et après avis d'un vétérinaire

---

[318] V. code rural, art. L. 221-2.

[319] Code rural, art. L. 223-6-2.

[320] Code rural, art. L. 223-10, al. 1er.

[321] Code rural, art. L. 223-10, al. 2.

[322] Code rural, art. L. 211-14-2, al. 2.

[323] Code rural, art. L. 211-14-2, al. 3.

désigné par le préfet, faire procéder à son euthanasie »[324].

Section 5. Protection contre les pigeons

216.   Nuisances. Les pigeons sont volontiers considérés comme générant une atteinte à l'ordre public, tant en termes d'hygiène que de nuisances sonores.

217.   Mesures. Traditionnellement, les mesures prises à l'encontre des pigeons prenaient la forme d'éliminations physiques.

Toutefois, la montée en puissance de l'exigence de proportionnalité, dans la mise en œuvre des pouvoirs de police à l'égard des animaux, conduit à revoir cette approche létale du fait de l'existence de mesures moins radicales permettant d'atteindre l'objectif poursuivi de protection de l'ordre public. Ces moyens sont les suivants :

- stérilisation des pigeons et de leurs œufs ;
- capture des pigeons pour les relâcher à un autre endroit ;
- pigeonnier civil implanté en dehors de la ville (qui attire les oiseaux par la nourriture proposée, et permet ensuite de contrôler les populations)[325].

218.   Responsabilité. Le maire se trouve soumis à une obligation d'agir pour remédier à une situation de troubles à l'ordre public. Une carence sur ce point engage la responsabilité de la commune. Dans un arrêt rendu en 2015, le Conseil d'État a estimé que le maire, qui a pris des mesures destinées à enrayer la multiplication des pigeons sur la commune, en recourant à un procédé contraceptif, n'engage pas la responsabilité de sa commune relativement aux dommages causés par ceux-ci aux cultures d'un agriculteur[326].

Section 6. Protection contre les opérateurs ne respectant pas les règles de salubrité et de traçabilité

219.   Renvoi. Le préfet dispose du pouvoir d'ordonner la suspension d'une activité portant sur des animaux de compagnie et le placement des animaux lorsque les règles relatives à la salubrité et à la traçabilité ne sont pas respectées[327].

---

[324] Code rural, art. L. 211-14-2, al. 4.

[325] On notera que les pigeons pourraient, de ce fait, être regardés comme basculant de la catégorie des animaux sauvages à ceux placés sous la main de l'homme.

[326] CE, 4 déc. 1995, *Delavallade*, n° 133880, *Lebon T.*

[327] V. § 311.

CHAPITRE 2. PROTECTION DE L'ANIMAL EN DANGER

Section 1. Absence de pouvoir du maire

220.   Absence de pouvoir propre. Une situation de danger pour l'animal lui-même (prenant, en l'occurrence, la forme d'une maltraitance) ne permet pas au maire d'utiliser ses pouvoirs de police[328].

221.   Simple pouvoir d'information. Le maire peut, s'il a connaissance d'un acte de maltraitance, en informer le préfet ou l'autorité judiciaire afin que ceux-ci mettent en œuvre les pouvoirs dont ils disposent pour le faire cesser.

Section 2. Existence d'un pouvoir du préfet

222.   Pouvoir spécial. Plusieurs articles du code rural confèrent au préfet et à ses agents le pouvoir d'intervenir dans des situations de maltraitance d'un animal domestique, apprivoisé ou tenu en captivité ou, plus largement, de non-respect des règles. Ces pouvoirs concernent les hypothèses dans lesquelles l'animal, soit fait l'objet d'une activité économique (en particulier l'élevage), soit se trouve dans un refuge ou une fourrière[329].

---

[328] CAA Nancy, 15 nov. 2010, Speth, n° 09NC01433, inédit : « Considérant que par l'arrêté attaqué en date du 20 décembre 2006, le *maire* de Didenheim a, à la demande de la Société protectrice des animaux, chargé l'association Equisauve de procéder, afin de les placer, à l'enlèvement du veau et du poney appartenant à M. Patrice S. ; qu'en prenant cette décision sur le fondement des articles L. 2212-1 et L. 2212-2 précités du code général des collectivités territoriales, le maire de Didenheim a entendu mettre un terme aux maltraitances constatées sur les animaux ; que, toutefois, les mauvais traitements envers les animaux ne relèvent ni du bon ordre ni de la sécurité ou de la salubrité publiques ; qu'ainsi, la mesure litigieuse n'est pas au nombre de celles que le maire peut prendre dans le cadre de ses pouvoirs de police municipale ; que, par suite, la décision litigieuse qui a été prise par une autorité incompétente, ne peut qu'être annulée ».

[329] D'une part, l'article L. 206-2 évoque le pouvoir de faire cesser une « activité » et renvoie aux dispositions sur les refuges et fourrières. D'autre part, l'article L. 214-23, non seulement se trouve dans le code rural mais, en outre, se réfère, par les termes employés, à une utilisation de l'animal dans le cadre d'une activité professionnelle.

I. Injonction de respecter les règles et ordre de suspendre l'activité

A. Situations concernées

223. **Champ d'application.** Le pouvoir d'ordonner le respect des règles et de suspendre une activité peut être pris dans les situations suivantes[330] :
- maltraitance d'un animal domestique apprivoisé ou tenu en captivité ;
- manquement aux règles sur les refuges et les fourrières ;
- manquement aux règles sur les maladies animales contagieuses ;
- manquement aux règles relatives aux transports d'animaux au sein de l'UE ;
- manquement aux règles d'exercice de la pharmacie, de la chirurgie vétérinaire ou de la médecine vétérinaire.

B. Ordre de respecter les règles et de cesser l'activité

224. **Deux temps en l'absence d'urgence.** En l'absence d'urgence, le préfet agit en deux temps[331].
Dans un premier temps, il « met en demeure l'intéressé de satisfaire à ces obligations dans un délai qu'elle détermine ». Il doit inviter l'intéresser « à présenter ses observations écrites ou orales dans le même délai en se faisant assister, le cas échéant, par un conseil de son choix ou en se faisant représenter ».
Dans un second temps, si l'intéressé n'a pas obtempéré à l'injonction dans le délai qui lui a été accordé, le préfet peut « ordonner la suspension de l'activité en cause jusqu'à ce que l'exploitant se soit conformé à son injonction ».

225. **Cessation immédiate en cas d'urgence.** En cas d'urgence, le préfet ordonne immédiatement la suspension de l'activité en cause, sans mise en demeure préalable de se conformer aux règles applicables[332].

II. Mesures visant à réduire la souffrance des animaux

226. **Champ d'application.** L'article R. 214-17 du code rural présente un champ d'application plus large que l'article L. 206-2. Il correspond à l'hypothèse dans laquelle, « du fait de mauvais traitements ou d'absence de soins », des animaux domestiques ou des animaux sauvages apprivoisés ou tenus en captivité « sont trouvés gravement malades ou blessés ou en état de misère

---

[330] Code rural, art. L. 206-2, I.

[331] Code rural, art. L. 206-2, I, dernier al.

[332] Code rural, art. L. 206-2, I, dernier al.

physiologique »[333]. Ces dispositions ne font pas référence à l'exploitation de l'animal dans le cadre d'une activité économique. Elles sont donc susceptibles de s'appliquer à de simples particuliers. En pratique, elles sont surtout mises en œuvre parallèlement à l'exercice des pouvoirs reconnus au préfet par les articles L. 206-2 et L. 214-23 du code rural (ordre de cesser une activité et retrait des animaux concernés).

227.   Pouvoirs reconnus. Lorsque la situation précitée est caractérisée, « le préfet prend les mesures nécessaires pour que la souffrance des animaux soit réduite au minimum ; il peut ordonner l'abattage ou la mise à mort éventuellement sur place »[334].

228.   Frais reportés sur le propriétaire. Les frais entraînés par la mise en œuvre de ces mesures « sont à la charge du propriétaire »[335]. Cela signifie que l'administration les prend en charge sur son budget, et ordonne ensuite au propriétaire de les rembourser.

III. Saisie ou retrait de l'animal

229.   Texte. Dans l'attente d'une mesure judiciaire de saisie ou de retrait d'un animal, les agents compétents « peuvent ordonner la saisie ou le retrait des animaux et, selon les circonstances de l'infraction et l'urgence de la situation, les confier à un tiers, notamment à une fondation ou à une association de protection animale reconnue d'utilité publique ou déclarée, pour une durée qui ne peut excéder trois mois ou les maintenir sous la garde du saisi »[336].

230.   Précisions. La procédure de retrait consiste à soustraire matériellement les animaux à la garde de leur détenteur défaillant, et à les confier à un tiers, notamment à une fondation ou à une association de protection animale.
La décision de retrait doit être motivée, et sauf urgence, soumise au respect du contradictoire.
Elle constitue un préalable à la décision judiciaire avec laquelle elle doit s'articuler. La décision judiciaire de placement du ou des animaux dans un lieu de dépôt ou auprès d'une fondation ou d'une association de protection animale est prise par le procureur de la République ou par le juge d'instruction en application du I. de l'article 99-1 du CPP. L'opportunité de décider du placement des animaux

---

[333] Code rural, art. R. 214-17, I, dernier al.

[334] Code rural, art. R. 214-17, I, dernier al.

[335] Code rural, art. R. 214-17, I, dernier al.

[336] Code rural, art. L. 214-23, II.

en application de l'article 99-1 du CPP est appréciée par le procureur de la République qui n'est pas tenu par la décision administrative de saisie ou de retrait des animaux maltraités. Il se détermine sur la base du procès-verbal judiciaire en cohérence avec sa décision d'engager des poursuites judiciaires.

La mesure de retrait est prise à titre provisoire. Si le procureur de la République refuse de prendre une ordonnance de placement, ou si le délai de 3 mois s'écoule sans qu'il ait pris de décision, les animaux doivent être restitués à leur propriétaire ou à leur détenteur, sauf si ce dernier manifeste par écrit sa volonté de les laisser à la garde de l'association ou de la fondation à laquelle ils ont été confiés, ou qu'il est établi qu'il s'en désintéresse.

En plus du retrait et de la saisie, le texte évoque la possibilité de maintien de l'animal sous la responsabilité de son propriétaire. Il s'agit d'une faculté exceptionnelle, très peu mise en œuvre, lorsque les conditions de détention des animaux sont particulières et/ou le placement des animaux impossible : défaut de structure ou de locaux adaptés, d'association compétente, espèce animale « exotique » ou de dimension « hors norme », nombre important d'animaux. Dans un tel cas de figure, il est possible de laisser les animaux sur place, tout en confiant leurs soins à une association.

IV. Comment l'administration envisage-t-elle l'exercice de ses pouvoirs ?

231.   Circulaire. L'administration a précisé la façon dont elle conçoit l'exercice des pouvoirs précités dans une circulaire prise en 2015. Il s'agit plus exactement d'une instruction technique, prise par le ministère de l'agriculture mais qui, pour autant, n'est pas uniquement centrée sur les animaux d'élevage[337].

232.   Notion de maltraitance. L'instruction technique donne une définition de la notion de maltraitance[338].

Elle indique que la maltraitance « correspond à un comportement déviant et inadapté aux normes sociales et morales ».

Elle précise qu'elle peut se traduire de diverses manières :

- par des violences et des abus physiques (par exemple, brûlures, coups et blessures, blessures par arme à feu, empoisonnement, noyade, asphyxie, travail excessif, combats d'animaux, surexploitation en matière de reproduction des animaux de compagnie, utilisation de pièges et collets) ;

- par des violences et des abus sexuels ;

- par des violences et des abus émotionnels (privation d'interactions positives,

---

[337] Min. Agr., Instruction technique DGAL/SDSPA/2015-593, 10 juil. 2015.

[338] Min. Agr., instruction préc. pt. 1.1.

interactions négatives...) ;

- ou par de la négligence (privation d'abreuvement, d'alimentation, de soins d'hygiène et vétérinaires, absence ou non-conformité des abris et lieux de détention...).

L'instruction technique précise enfin que ces comportements peuvent « être intentionnels (refus de soins...) ou non (par ignorance, incompétence, inexpérience, incapacité physique ou financière...) ».

233. Établissement des faits. L'instruction indique que, sur place, en inspection (police administrative) comme en recherche et constatation d'infractions (police judiciaire), la situation devra faire l'objet d'une évaluation[339] :

- globale : nombre d'animaux détenus/malades, blessés, taux de mortalité, état général des lieux (caractéristiques et état des installations), tenue des registres, état des stocks d'aliments, etc. ;
- animal par animal : apprécier l'état général (dont maladie et/ou blessure), en étant attentif aux signes physiques, physiologiques et comportementaux. Ces signes peuvent dénoter un mauvais état général, de mauvaises conditions de détention, un niveau insuffisant du respect des besoins physiologiques (notamment eau, nourriture, état de propreté des animaux, etc.), un manque de soins prodigués, etc.

Des conseils précis sont prodigués sur ce point[340].

La rédaction du procès-verbal doit faire « état des faits, éléments constitutifs de l'infraction, exposés de la manière la plus précise et la plus objective possible ».

Concernant spécifiquement les infractions sur les animaux, il doit être fait état, notamment :

- du nombre d'animaux présents sur les lieux et de leur identification lorsqu'elle est connue ;
- du nombre et de l'identification des animaux qui font l'objet de mauvais traitement, et d'un descriptif précis de l'état de chaque animal concerné, en faisant appel aux sens (vision, odorat, ouïe, toucher) ;
- du nombre et de l'identification des animaux qui font l'objet, le cas échéant, d'une mesure de retrait ou de saisie ou d'une mesure d'euthanasie en raison de la gravité de leur état.

La simple référence à un « cheptel » doit être bannie, puisque la décision de justice devra reprendre très précisément le nombre des animaux et les éléments d'identification mentionnés dans le procès-verbal, en cas de confiscation.

---

[339] Min. Agr., instruction préc. pt. 1.3.

[340] Min. Agr., instruction préc. pt. 3.2.

Le procès-verbal pourra utilement être accompagné d'une « note de transmission » au Procureur de la République, dans laquelle pourront notamment être indiqués :

- l'historique du dossier (inspections effectuées, mesures administratives prises, numéro et date des PV établis antérieurement à l'encontre du mis en cause) ;

- les éléments de contexte extérieurs à l'infraction (situation sociale, économique, données financières comme le montant des frais vétérinaires, le coût de l'équarrissage ou le coût de la mise aux normes) ;

- les mesures administratives mises en œuvre antérieurement ou parallèlement au procès-verbal ;

- l'éventuel risque de mauvais traitement à l'encontre des animaux qui n'en n'ont pas encore subis ;

- la suggestion de peines complémentaires.

Des photos, numérotées, illustrant les non-conformité majeures pourront être jointes en annexe à cette note.

234.   Recherche d'un règlement sans prise de mesures. L'instruction évoque, si faire se peut, un règlement de la situation sans édiction de mesures contraignantes[341].

À cet égard, elle indique qu'« Il peut s'avérer opportun dans un premier temps de rechercher l'adhésion du détenteur des animaux permettant de mettre un terme aux manquements (vente d'une partie des animaux par exemple) ».

Elle précise que « Dans le cadre de cette phase préalable de recherche d'adhésion de l'éleveur, la DD(CS)PP, en plus d'informer le propriétaire ou le détenteur des animaux de la réglementation en vigueur (maltraitance, identification, etc.), devra, chaque fois que possible, faire appel à divers partenaires dont le rôle sera déterminant (accompagnement technique, social, etc.). Il pourra s'agir, par exemple, des structures spécialisées dans le conseil agricole ou la gestion des cas difficiles (GDS, etc.), en lien avec le contexte global ». Il peut s'agir, plus précisément :

- des vétérinaires (qui connaissent souvent les éleveurs et peuvent établir les faits de façon incontestable) ;

- des organisations de protection animale (notamment pour les opérations de retrait, de saisie et de placement des animaux) ;

- des organisations professionnelles agricoles (chambre d'agriculture, coopérative, etc.) ;

- des services sociaux (notamment la mutualité sociale agricole).

235.   Mise en œuvre de mesures. Si une phase préalable « ne semble pas

---

[341] Min. Agr., instruction préc. pt. 1.3.

opportune ou en cas d'échec, de cas graves, ou d'urgence pour la sauvegarde des animaux, des mesures administratives ou pénales sont mises en œuvre pour mettre un terme aux manquements constatés ou sanctionner le responsable en fonction de la situation particulière observée »[342].

S'agissant des mesures administratives, l'instruction apporte des précisions sur chacune d'elles.

Concernant la mise en demeure, elle « devra être en rapport direct avec les non-conformités constatées et l'état des animaux, laissera à l'intéressé le choix des mesures à prendre pour respecter la réglementation, au vu du rapport d'inspection et, le cas échéant, de l'expertise du vétérinaire mandaté »[343].

Concernant les mesures prises en vue de réduire la souffrance des animaux, le préfet prend ces mesures « lorsque :
- l'animal est gravement malade, blessé ou état de misère physiologique, c'est-à-dire d'amaigrissement extrême par dénutrition générale ;
- et que cette situation est la conséquence de mauvais traitements ou d'absence de soins (lien de causalité à établir) »[344].

L'instruction précise que le préfet, au vu du rapport d'inspection et le cas échéant de l'expertise du vétérinaire mandaté, » impose les mesures adaptées à l'état de l'animal » :
- soins vétérinaires en cas de maladie ou blessure, intervention du maréchal-ferrant si la souffrance est liée à l'état des sabots (équidés) ;
- adaptation des conditions de détention ;
- apport de nourriture et/ou d'eau en quantité suffisante et régulière en cas de misère physiologique et d'état de carence alimentaire.

« Si le pronostic vital de l'animal est engagé, l'abattage de l'animal ou de préférence sa mise à mort sur place peut être nécessaire (le transport en vue de l'abattage ne doit être envisagé que si cette solution est meilleure) ».

Concernant enfin le retrait, l'instruction indique que « Sa mise en œuvre doit être préparée minutieusement compte tenu de sa complexité »[345]. Elle ajoute qu'il convient de prendre l'attache avec le procureur de la République « avant la mise en œuvre des mesures administratives de placement ou de retrait. En tout état de cause, c'est dans les meilleurs délais qu'il convient de lui donner connaissance du dossier, et de lui transmettre le procès-verbal de constatation d'infraction sur la base duquel il prendra l'ordonnance prévue par l'article 99-1 du CPP »[346].

---

[342] Min. Agr., instruction préc. pt. 1.3.

[343] Min. Agr., instruction préc. pt. 2.1.

[344] Min. Agr., instruction préc. pt. 2.2.

[345] Min. Agr., instruction préc. pt. 2.3.

[346] Min. Agr., instruction préc. pt. 2.3.

236. Articulation avec les autorités pénales. L'instruction précise l'articulation entre les autorités administratives et judiciaires : « Les mesures administratives sont de la seule compétence du préfet ou des agents qui en dépendent hiérarchiquement, et relèvent du contrôle du juge administratif, alors que l'enquête pénale et les actes qui s'y rattachent se déroulent sous la seule direction du procureur de la République. Ce magistrat suit le dossier jusqu'à la comparution du mis en cause devant le tribunal, voire jusqu'à l'exécution de la peine. En conséquence, lorsque les opérations seront conjointes, elles devront être menées en étroite coordination avec le procureur de la République, dans le respect des prérogatives de chacun. Dans le cadre de contacts réguliers, cette coordination peut être mise en place dossier par dossier ou s'inscrire dans un protocole d'action défini à l'avance »[347].

CHAPITRE 3. PROTECTION CONTRE LE MOUVEMENT ANIMALISTE

237. Nouvel objet des services de sécurité. Le mouvement animaliste se caractérise pour l'essentiel par l'utilisation de moyens d'action pacifistes et non-violents. Certains discours appelant à la désobéissance civile ont toutefois attiré l'attention des autorités et conduit les services à mettre en place des mesures de surveillance.

238. Déméter. Créée en octobre 2019 au sein de la gendarmerie nationale, la « cellule Déméter » a notamment pour objectif de fournir des conseils aux professionnels de l'agriculture afin de sécuriser leurs exploitations, de prévenir les infractions pénales telles que les vols de matériel agricole ou les cambriolages, ainsi que, selon un communiqué de presse publié par le ministère de l'intérieur, de lutter contre les « actions de nature idéologique », telles que de « simples actions symboliques de dénigrement du monde agricole », des « actions anti-fourrures » ou des « actions menées par certains groupes antispécistes vis-à-vis du monde de la chasse ».

Saisi par l'association L214, qui avait demandé au ministre de l'Intérieur de dissoudre cette cellule dont l'existence avait été révélée par le communiqué de presse, le tribunal administratif de Paris a jugé qu'une partie des activités de la cellule Déméter était illégale.

Le tribunal a d'abord rappelé que les missions de police administrative et de renseignement de la gendarmerie nationale ne pouvaient avoir pour but que de préserver l'ordre, la sécurité publique et de prévenir les infractions. Il a ensuite

---

[347] Min. Agr., instruction préc. pt. 1.3.

considéré que la prévention des « actions de nature idéologique » ne se rattachait pas aux missions de la gendarmerie nationale, telles que définies à l'article L. 421-1 du code de la sécurité intérieure. En conséquence, il a estimé que ces missions ne reposaient sur aucune base légale et a annulé le refus du ministre d'y mettre fin[348].

TITRE 4. DROIT CONSTITUTIONNEL

239.   Présentation générale. Plusieurs États ont introduit dans leur Constitution une norme de protection de l'animal : l'Inde en 1976, le Brésil en 1988, la Suisse en 1992, la Slovénie en 1991, l'Allemagne en 2002, le Luxembourg en 2007, l'Autriche en 2013, l'Égypte en 2014, la Russie en 2020 et l'Italie en 2022. Ces dispositions sont susceptibles d'emporter sept effets : la reconnaissance d'un droit à l'objection de conscience ; l'annulation d'actes contraires ; un fondement aux limitations des droits fondamentaux ; une incitation à agir pour les autorités constituées ; une limite aux actions attentatoires aux animaux ; un référent pour l'application et l'interprétation du droit ; un fondement pour l'édiction d'infractions pénales.

Un contentieux constitutionnel animalier existe également dans les pays ne disposant pas d'une norme spécifique de protection. Un fondement est alors recherché dans les dispositions déjà existantes. À défaut de reconnaissance, le contentieux constitutionnel animalier s'analyse, dans ces pays, en un contentieux de la constitutionnalité des textes qui visent, soit à protéger l'animal, soit à en encadrer les modalités de son utilisation.

240.   Renvoi. Les règles relatives au droit constitutionnel de l'animal sont examinées en détail dans un ouvrage distinct[349].

---

[348] TA Paris, 1er févr. 2022, *Asso. L214*, n° 2006530, inédit.

[349] O. Le Bot, *Droit constitutionnel de l'animal*, 2ème éd., Independently published, 2023.

PARTIE 2. LES REGLES PROPRES A CERTAINS ANIMAUX OU CERTAINS DOMAINES

241. Diversité des règles. Les animaux sont soumis à règles définies, non pas en considération de leur nature (si tel était le cas, tous les animaux d'une même espèce seraient, a minima, soumis aux mêmes règles) mais eu égard à l'usage auquel ils sont destinés et leur degré de proximité avec l'homme. Ainsi, un même animal (prenons, par exemple, le cas d'un lapin) sera soumis à des règles différentes selon qu'il soit animal de compagnie, animal d'élevage, animal de laboratoire ou encore animal sauvage vivant à l'état de liberté.

242. Plan. Seront successivement examinées les règles applicables à :
- l'animal détenu par l'homme ;
- l'animal de compagnie ;
- l'animal d'élevage ;
- l'animal d'expérimentation ;
- l'animal dans les jeux, sports et spectacles ;
- l'animal sauvage.

In fine, seront mentionnées certaines règles propres aux équidés ainsi qu'aux animaux de traits, de selle ou d'attelage.

TITRE 1. L'ANIMAL DETENU PAR L'HOMME

243. Catégorie. La catégorie la plus large est celle de l'animal détenu par l'homme (que l'on peut également dire placé sous la main de l'homme). Elle englobe les animaux domestiques ainsi que les animaux sauvages qui sont apprivoisés ou tenus en captivité[350].

244. Droit de détenir et d'utiliser un animal. Un article du code rural reconnaît le droit de détenir et d'utiliser un animal et fixe de manière très générale les modalités de cette détention et de cette utilisation. Il s'agit de l'article L. 241-2 qui, en son alinéa 1er, dispose que « Tout homme a le droit de détenir des animaux dans les conditions définies à l'article L. 214-1 et de les utiliser dans les

---

[350] Sur ces notions, voir supra § 40.

conditions prévues à l'article L. 214-3, sous réserve des droits des tiers et des exigences de la sécurité et de l'hygiène publique et des dispositions de la loi n° 76-629 du 10 juillet 1976 relative à la protection de la nature ». Deux droits sont ainsi consacrés.

Le premier est celui de « détenir » un animal, et il est précisé que cette détention doit se faire dans le respect de l'article L. 214-1 qui impose au propriétaire de placer l'animal « dans des conditions compatibles avec les impératifs biologiques de son espèce ».

Le second droit est celui d'« utiliser » un animal. Cette utilisation doit se faire dans le respect de l'article L. 214-3 qui « interdit d'exercer des mauvais traitements envers les animaux domestiques ainsi qu'envers les animaux sauvages apprivoisés ou tenus en captivité ».

Les droits de détenir et d'utiliser un animal s'exercent en outre sous deux autres limites : d'une part, les « droits des tiers » ; d'autre part, les « exigences de la sécurité et de l'hygiène publique »[351].

245. **Conditions de vie et logement.** L'élevage, la garde ou la détention d'un animal ne doit entraîner, en fonction de ses caractéristiques génotypiques ou phénotypiques, « aucune souffrance évitable, ni aucun effet néfaste sur sa santé »[352].

246. **Dispositions pénales.** Le code rural puni de la peine d'amende prévue pour les contraventions de la 4e classe le fait pour toute personne qui élève, garde ou détient des animaux domestiques ou des animaux sauvages apprivoisés ou en captivité, les faits suivants[353] :
- priver les animaux de la nourriture ou de l'abreuvement nécessaires à la

---

[351] La troisième limite mentionnée à l'article L. 214-2 du code rural, correspondant aux « dispositions de la loi n° 76-629 du 10 juillet 1976 relative à la protection de la nature », s'avère en revanche dépourvue de consistance dans la mesure où les articles de cette loi ont été soit abrogés, soit codifiés.

[352] Arrêté du 25 octobre 1982 relatif à l'élevage, à la garde et à la détention des animaux, modifié par arrêté du 30 mars 2000, art. 2.

[353] Code rural, art. R. 215-4. On relèvera que ce même article qualifie de contravention un fait concernant non pas tous les animaux détenus par l'homme mais uniquement les bovins, ovins, caprins ou équidés. La contravention est caractérisée lorsqu'il n'existe pas de dispositifs et d'installations destinés à éviter les souffrances qui pourraient résulter des variations climatiques, ou lorsque l'absence de clôtures, d'obstacles naturels ou de dispositifs d'attache ou de contention en nombre suffisant est de nature à leur faire courir un risque d'accident.

satisfaction des besoins physiologiques propres à leur espèce et à leur degré de développement, d'adaptation ou de domestication ;

- les laisser sans soins en cas de maladie ou de blessure ;

- les placer et de les maintenir dans un habitat ou un environnement susceptible d'être, en raison de son exiguïté, de sa situation inappropriée aux conditions climatiques supportables par l'espèce considérée ou de l'inadaptation des matériels, installations ou agencements utilisés, une cause de souffrances, de blessures ou d'accidents ;

- utiliser, sauf en cas de nécessité absolue, des dispositifs d'attache ou de contention ainsi que de clôtures, des cages ou plus généralement tout mode de détention inadaptés à l'espèce considérée ou de nature à provoquer des blessures ou des souffrances.

247.   Inspections et contrôles. Le code rural, qui définit les règles relatives à l'utilisation des animaux détenus par l'homme, autorise les agents de police et agents spécialement assermentés à s'assurer du respect de celles-ci par différents moyens (accès aux locaux, contrôle des véhicules, remise de documents, saisie de l'animal, etc.)[354].

TITRE 2. L'ANIMAL DE COMPAGNIE DOMESTIQUE

248.   Définition. Le code rural définit l'animal de compagnie comme « tout animal détenu ou destiné à être détenu par l'homme pour son agrément »[355]. La convention européenne pour la protection des animaux de compagnie, qui est dépourvue d'effet direct, ajoute un troisième critère, à savoir la qualité de compagnon : « On entend par animal de compagnie tout animal détenu ou destiné à être détenu par l'homme, notamment dans son foyer, pour son agrément et en tant que compagnon »[356].

Il s'agit le plus souvent d'un animal domestique mais il peut également relever d'une espèce non domestique[357]. Il ne sera ici question que des animaux de compagnie domestiques[358].

Certains textes emploient des notions proches, voire analogues à celle d'animal

---

[354] V. § 124 et s.

[355] Code rural, art. L. 214-6, I.

[356] Convention européenne pour la protection des animaux de compagnie du 13 nov. 1987, art. 1.1.

[357] V. § 454 et s.

[358] Sur les animaux relevant d'une espèce non domestique, v. § 458.

de compagnie, par exemple animal familier[359] ou animal d'appartement[360].

249.   Renvoi. L'animal de compagnie fait l'objet d'une protection pénale ainsi que de règles civiles régissant, notamment, les conditions de vente de l'animal et son régime de responsabilité[361].

CHAPITRE 1. CONDITIONS DE VIE DE L'ANIMAL DE COMPAGNIE

250.   Texte. Les règles de vie de l'animal de compagnie sont définies par un arrêté interministériel du 25 octobre 1982 relatif à l'élevage, à la garde et à la détention des animaux, modifié par un arrêté du 30 mars 2000, plus exactement le chapitre 2 de son annexe I. La méconnaissance de ces règles est pénalement sanctionnée, soit sur le fondement du code pénal (au titre, notamment, des mauvais traitements et de l'abandon), soit sur celui du code rural[362].

251.   Eau et nourriture. Les propriétaires, gardiens ou détenteurs de tous chiens et chats, animaux de compagnie et assimilés « doivent mettre à la disposition de ceux-ci une nourriture suffisamment équilibrée et abondante pour les maintenir en bon état de santé. Une réserve d'eau fraîche fréquemment renouvelée et protégée du gel en hiver doit être constamment tenue à leur disposition dans un récipient maintenu propre » (pt. 3).

252.   Logement. Il est interdit d'enfermer les animaux de compagnie et assimilés « dans des conditions incompatibles avec leurs nécessités physiologiques et notamment dans un local sans aération ou sans lumière ou insuffisamment chauffé ». En outre, un « espace suffisant et un abri contre les intempéries doivent leur être réservés en toutes circonstances, notamment pour les chiens laissés sur le balcon des appartements » (pt. 4).
Pour les chiens de chenils, « l'enclos doit être approprié à la taille de l'animal, mais en aucun cas cet enclos ne doit avoir une surface inférieure à 5 mètres carrés par chien et sa clôture ne devra pas avoir une hauteur inférieure à 2 mètres. Il doit comporter une zone ombragée ». Les niches, les enclos et les surfaces d'ébats doivent « toujours être maintenus en bon état de propreté ». Le sol doit être « en matériau dur, et, s'il est imperméable, muni de pentes appropriées pour

---

[359] V. § 147.

[360] V. § 164.

[361] Sur ces éléments, v. § 135 et s.

[362] V. § 246.

l'écoulement des liquides ». L'évacuation des excréments « doit être effectuée quotidiennement ». Les locaux doivent être « désinfectés et désinsectisés convenablement » (pt. 5).

Les chiens de garde et d'une manière générale tous les animaux de compagnie et assimilés que leurs maîtres tiennent à l'attache ou enfermés dans un enclos « doivent pouvoir accéder en permanence à une niche ou abri destiné à les protéger des intempéries ». L'attache « est interdite pour les animaux n'ayant pas atteint leur taille adulte » (p. 6).

La niche ou l'abri « doit être étanche, protégé des vents et, en été, de la chaleur ». La niche doit être « sur pieds, en bois ou tout autre matériau isolant, garnie d'une litière en hiver et orientée au Sud ». En hiver et par intempéries, « toutes dispositions doivent être prises afin que les animaux n'aient pas à souffrir de l'humidité et de la température, notamment pendant les périodes de gel ou de chaleur excessive ». Les niches « doivent être suffisamment aérées ». Les surfaces d'ébats des animaux « doivent être suffisamment éclairées ». La niche doit être tenue constamment « en parfait état d'entretien et de propreté ». La niche et le sol « doivent être désinsectisés et désinfectés convenablement. Les excréments doivent être enlevés tous les jours ». Devant la niche posée sur la terre ferme, « il est exigé une surface minimale de 2 mètres carrés en matériau dur et imperméable ou en caillebotis pour éviter que l'animal, lorsqu'il se tient hors de sa niche, ne piétine dans la boue ». Cette surface doit être pourvue d'une pente suffisante pour l'évacuation des urines et des eaux pluviales. Les caillebotis doivent être tels qu'ils ne puissent blesser l'animal, notamment les extrémités des pattes (pt. 7).

253.   Attaches. Pour les chiens de garde et d'une manière générale, tous les animaux de compagnie et assimilés que leurs propriétaires tiennent à l'attache « le collier et la chaîne doivent être proportionnés à la taille et à la force de l'animal, ne pas avoir un poids excessif et ne pas entraver ses mouvements » (pt. 8).

Les animaux ne peuvent être mis à l'attache qu'à l'aide d'une chaîne assurant la sécurité de l'attache pour les visiteurs et coulissant sur un câble horizontal, ou à défaut, fixée à tout autre point d'attache selon un dispositif tel qu'il empêche l'enroulement, la torsion anormale et par conséquent, l'immobilisation de l'animal. En aucun cas, le collier ne doit être constitué par la chaîne d'attache elle-même ni par un collier de force ou étrangleur.

La longueur de la chaîne ne peut être inférieure à 2,50 mètres pour les chaînes coulissantes et 3 mètres pour les chaînes insérées à tout autre dispositif d'attache prévu ci-dessus.

La hauteur du câble porteur de la chaîne coulissante doit toujours permettre à l'animal d'évoluer librement et de pouvoir se coucher.

254.   Voitures. Aucun animal « ne doit être enfermé dans les coffres de voitures sans qu'un système approprié n'assure une aération efficace, aussi bien à l'arrêt qu'en marche » ; « les gaz d'échappement, en particulier, ne doivent pas risquer d'intoxiquer l'animal » (pt. 9).

Lorsqu'un animal demeure à l'intérieur d'un véhicule en stationnement prolongé, « toutes dispositions doivent être prises pour que l'animal ait assez d'air pur pour ne pas être incommodé ». Par temps de chaleur ou de soleil, le véhicule « doit être immobilisé dans un endroit ombragé » (pt. 10).

CHAPITRE 2. CONDITIONS DE DETENTION D'UN ANIMAL DE COMPAGNIE

255. **Absence de formalité.** La détention d'un animal de compagnie appartenant à une espèce domestique n'est soumise, ni à déclaration, ni à autorisation.

CHAPITRE 3. ACTIVITES RELATIVES AUX ANIMAUX DE COMPAGNIE

Section 1. Gestion d'une fourrière ou d'un refuge, exercice d'une activité de garde, dressage et présentation

256. **Règles communes.** Le code rural soumet à des règles communes l'exercice des activités suivantes[363] :
- d'une part, la gestion d'une fourrière ou d'un refuge ;
- d'autre part, l'exercice à titre commercial des activités de transit ou de garde, d'éducation, de dressage et de présentation au public d'animaux de compagnie.

257. **Première condition : déclaration préalable.** La première condition tient à l'envoi d'une déclaration préalable au préfet[364].

Les modalités de celle-ci sont fixées par l'article R. 214-28, qui concerne également les déclarations préalables mises en œuvre, d'une part, par les associations sans refuge pour le recours au placement d'animaux de compagnie en famille d'accueil[365] et, d'autre part, par l'organisateur d'une exposition ou de

---

[363] Code rural, art. L. 214-6-1, I.
[364] Code rural, art. L. 214-6-1, I, 1°.
[365] V. § 305.

toute autre manifestation consacrée à des animaux de compagnie[366].

La déclaration doit être déposée auprès du préfet du département où sont situés les lieux, locaux ou installations utilisés en vue de l'exercice de l'activité « au moins trente jours avant le début de celle-ci »[367].

Elle donne lieu à la délivrance d'un « récépissé de déclaration » qui doit être présenté sur demande des services de contrôle dans les lieux où s'exerce l'activité concernée. Un arrêté du ministre chargé de l'agriculture fixe le modèle de la déclaration et du récépissé[368].

258. Deuxième condition : installations. La deuxième condition tient à l'exigence de disposer d'installations « conformes aux règles sanitaires et de protection animale »[369].

Plus spécifiquement, les activités « doivent s'exercer dans des locaux et à l'aide d'installations et d'équipements adaptés, selon les espèces concernées, aux besoins biologiques et comportementaux des animaux ainsi qu'aux impératifs sanitaires de l'activité ». Les règles applicables à l'aménagement et à l'utilisation de ces locaux, installations et équipements sont précisées par arrêté du ministre chargé de l'agriculture compte tenu des caractéristiques de chaque activité[370].

S'agissant du volet sanitaire, la personne responsable de l'activité « doit établir, en collaboration avec un vétérinaire sanitaire, un règlement sanitaire régissant les conditions d'exercice de l'activité afin de préserver la santé et le bien-être des animaux en fonction de leur espèce, ainsi que la santé publique et l'hygiène du personnel »[371]. Un arrêté du ministre chargé de l'agriculture précise le contenu de ce règlement et les modalités d'information du personnel chargé de sa mise en œuvre. La personne responsable de l'activité « fait procéder au moins deux fois par an à une visite des locaux par le vétérinaire sanitaire de son choix. Ce vétérinaire sanitaire est tenu informé sans délai de toute mortalité anormale ou de toute morbidité répétée des animaux. Il propose, le cas échéant, lors de ses visites annuelles, par écrit la modification du règlement sanitaire. Le compte rendu de ses visites ainsi que ses propositions sont portés sur le registre de suivi sanitaire et de santé (…) »[372].

259. Troisième condition : personne qualifiée. La troisième condition

---

[366] V. § 294.

[367] Code rural, art. R. 214-28, al. 1er.

[368] Code rural, art. R. 214-28, al. 2.

[369] Code rural, art. L. 214-6-1, I, 2°.

[370] Code rural, art. R. 214-29.

[371] Code rural, art. R. 214-30, al. 1er.

[372] Code rural, art. R. 214-30, al. 2.

correspond à l'exigence de compter au moins une personne qualifiée parmi celles en contact direct avec les animaux[373].

À cet égard, est regardée comme une personne qualifiée celle qui[374] :

- soit est en possession d'une « certification professionnelle » ;

- soit a « suivi une formation dans un établissement habilité » par le ministre de l'agriculture (afin d'acquérir les connaissances relatives aux besoins biologiques, physiologiques, comportementaux et à l'entretien des animaux de compagnie) et, à la suite de celle-ci et du succès à son évaluation, s'est vue délivrer une « attestation de connaissance » établie par l'autorité administrative[375] ;

- soit possède un « certificat de capacité » (titre qui était délivré par l'autorité administrative jusqu'en 2015[376]).

Les détails sur ces formations et certifications sont fixés dans la partie réglementaire du code rural[377].

260. Transmission d'informations. À des fins de suivi statistique et administratif, les personnes exerçant les activités concernées doivent transmettre à l'administration des informations relatives à leurs capacités d'accueil, à la traçabilité des animaux dont elles ont la charge et à leur suivi sanitaire[378].

261. Tenue de registres. La personne responsable doit tenir à jour et être en mesure de présenter à toute réquisition des services de contrôle les deux registres suivants[379] :

- un « registre d'entrée et de sortie des animaux », dûment renseigné, qui comporte le nom et l'adresse des propriétaires ;

- un « registre de suivi sanitaire et de santé des animaux » qui comporte notamment des informations sur les animaux malades ou blessés, les comptes rendus des visites, et les indications et les propositions du vétérinaire sanitaire en charge du règlement sanitaire.

Un arrêté du ministre de l'agriculture précise le contenu de chaque registre et l'adaptation de ses mentions à la nature et à la taille de l'activité ainsi qu'aux

---

[373] Code rural, art. L. 214-6-1, I, 3°.

[374] Code rural, art. L. 214-6-1, I, 3°.

[375] L'attestation de connaissances relatives aux besoins biologiques, physiologiques, comportementaux et à l'entretien des animaux de compagnie (ACACED) est délivrée par les DRAAF (directions régionales de l'alimentation, de l'agriculture et de la forêt).

[376] Certificat de capacité des animaux de compagnie d'espèces domestiques (CCAD) ou Certificat de capacité des animaux non-domestiques (CCAND).

[377] V. code rural, art. R. 214-25 à R. 214-27-3.

[378] Code rural, art. L. 214-6-4.

[379] Code rural, art. R. 214-30-3, al. 1er à 3.

espèces concernées[380].

Section 2. Vente et élevage de chiens ou de chats

I. Activité d'élevage de chiens ou de chats

262. **Notion.** Le code rural définit l'élevage de chiens ou de chats comme « l'activité consistant à détenir au moins une femelle reproductrice dont au moins un chien ou un chat est cédé à titre onéreux »[381].

263. **Conditions.** Cette activité est soumise à un certain nombre de conditions[382].
D'une part, doivent être respectées les conditions communes à toutes les activités relatives à des animaux de compagnie[383].
D'autre part, il convient de s'enregistrer sous la forme d'une entreprise auprès du registre du commerce et des sociétés (RCS).
Par dérogation, un petit élevage (moins d'une portée par an) n'est soumis, ni à l'obligation de déclarer son activité au préfet, ni à celle de disposer d'une personne qualifiée[384].

264. **Reproduction.** Le code rural interdit la sélection des animaux de compagnie « sur des critères de nature à compromettre leur santé et leur bien-être ainsi que ceux de leurs descendants »[385].

II. Activité de vente d'animaux de compagnie (animalerie)

265. **Notion.** Le code rural définit la vente comme « la cession à titre onéreux d'un animal de compagnie sans détenir la femelle reproductrice dont il est issu »[386].

---

[380] Code rural, art. R. 214-30-3, al. 4.

[381] Code rural, art. L. 214-6, III.

[382] Art. L. 214-6-2, I.

[383] Sur ces conditions, v. § 256.

[384] Art. L. 214-6-2, II et III.

[385] Code rural, art. R. 214-23.

[386] Code rural, art. L. 214-6, III.

A. Exercice de l'activité

266. Conditions. Cette activité est soumise à un certain nombre de conditions[387].

D'une part, doivent être respectées les conditions communes à toutes les activités relatives à des animaux de compagnie[388].

D'autre part, il convient de s'enregistrer sous la forme d'une entreprise auprès du registre du commerce et des sociétés (RCS).

267. Règles sanitaires et de bien-être. L'arrêté du 25 octobre 1982 relatif à l'élevage, à la garde et à la détention des animaux, plus précisément le chapitre 2 de son annexe II, définit certaines règles sur les conditions de vie des animaux de compagnie destinés à la vente (pt. 14).

En premier lieu, il est interdit d'exposer dans les vitrines « des animaux vivants, y compris oiseaux, hamsters, souris, poussins, etc., destinés notamment à la vente », « sans que toutes dispositions soient prises, grâce à tout dispositif efficace, pour éviter à ces animaux une exposition prolongée au soleil, à la chaleur ou au froid excessifs une aération insuffisante, un éclairage excessif ou prolongé ». L'éclairage « doit être éteint au plus tard à l'heure de fermeture de l'établissement », « à l'exception des locaux spécialement aménagés pour la présentation des animaux nocturnes ».

En deuxième lieu, « les dimensions de l'habitat doivent permettre aux animaux d'évoluer librement ».

En troisième lieu, les animaux « doivent être convenablement isolés du public » pour que celui-ci ne puisse pas les troubler ou porter atteinte à leur état de santé.

En quatrième lieu, toutes dispositions doivent être prises durant tout le temps du séjour dans établissement, pour assurer aux animaux « des conditions acceptables d'abri, de litière, de température, d'humidité, d'aération, de nourriture et d'abreuvement ».

268. Interdiction des animaux en vitrine. La présentation en animaleries d'animaux visibles d'une voie ouverte à la circulation publique « est interdite »[389]. Cette interdiction d'exposer des animaux en vitrines visibles depuis la rue a pour objet, tant de protéger les animaux d'une excitation inutile que d'éviter les achats compulsifs (lesquels conduisent, plus souvent que des achats raisonnés, à des abandons).

---

[387] Art. L. 214-6-3.

[388] Sur ces conditions, v. § 256.

[389] C. rural, art. L. 214-6-3, III.

269.   Durée de maintien dans les locaux. Un arrêté du ministre de l'agriculture précise « la durée minimale, adaptée à chaque espèce, durant laquelle un animal de compagnie doit être maintenu dans les locaux (…) dans lesquels il est introduit en vue d'être vendu, de façon à limiter les conséquences du déplacement et du changement de milieu sur son bien-être. S'il est l'objet d'une vente, la livraison ne peut avoir lieu qu'à l'expiration de cette période »[390].

B. Modalités de vente

1. Interdictions

270.   Interdiction de la vente de chiens et de chats. À compter du 1er janvier 2024, « La cession à titre onéreux ou gratuit de chats et de chiens est interdite dans les établissements de vente (…) »[391].

Une dérogation est prévue pour l'adoption des animaux recueillis par des fondations ou associations de protection des animaux. Les animaleries « peuvent présenter des chats et des chiens appartenant à ces fondations ou associations, issus d'abandons ou dont les anciens propriétaires n'ont pas été identifiés ». Ces présentations « s'effectuent en présence de bénévoles desdites fondations ou associations »[392].

271.   Interdiction de la vente dans les foires. La cession, à titre gratuit ou onéreux, des animaux de compagnie est interdite « dans les foires, marchés, brocantes, salons, expositions ou toutes autres manifestations non spécifiquement consacrés aux animaux »[393].

Toutefois, le préfet peut autoriser des opérations de ventes d'animaux de compagnie autres que les chiens et les chats pendant une ou plusieurs périodes prédéfinies, par des professionnels exerçant des activités de vente dans des foires et marchés non spécifiquement consacrés aux animaux. Cette autorisation est subordonnée à la mise en place et l'utilisation d'installations conformes aux règles sanitaires et de protection animale en vigueur[394]. Lors d'une telle manifestation destinée à la présentation à la vente d'animaux de compagnie, la personne responsable de l'activité s'assure de la présence effective d'au moins un

---

[390] Code rural, art. R. 214-30-1, al. 1er.

[391] C. rural, art. L. 214-6-3, II, al. 1er.

[392] C. rural, art. L. 214-6-3, II, al. 2.

[393] C. rural, art. L. 214-7, al. 1er.

[394] C. rural, art. L. 214-7, al. 2.

vétérinaire sanitaire et d'au moins une personne qualifiée[395]. Enfin, un arrêté du ministre de l'agriculture précise la durée minimale, adaptée à chaque espèce, durant laquelle un animal de compagnie doit être maintenu dans les locaux dans lesquels il est introduit en vue d'être vendu, de façon à limiter les conséquences du déplacement et du changement de milieu sur son bien-être. S'il est l'objet d'une vente, la livraison ne peut avoir lieu qu'à l'expiration de cette période[396].

272. Interdiction de la vente en libre-service. Le code rural pose que « La vente en libre-service d'un animal vertébré est interdite »[397].

273. Interdiction de la vente aux mineurs. La cession à titre gratuit ou onéreux aux mineurs d'un animal de compagnie « est interdite en l'absence de consentement des parents ou des personnes exerçant l'autorité parentale »[398].

274. Interdiction de la vente de chiots et de chatons. Seuls les chiens et les chats âgés de plus de huit semaines peuvent faire l'objet d'une cession à titre gratuit ou onéreux[399]. On notera également qu'un chien ne peut être importé ou introduit sur le territoire national « que s'il dispose d'au moins une dent d'adulte »[400].

275. Interdiction de la vente en ligne. En principe, « L'offre de cession en ligne d'animaux de compagnie est interdite »[401].
Par dérogation, une offre de cession en ligne d'animaux de compagnie est autorisée sous de strictes conditions.
En premier lieu, elle doit être « présentée dans une rubrique spécifique aux animaux de compagnie »[402]. En outre, le site doit : imposer à l'auteur que l'offre de cession contienne toutes les informations exigées[403] ; mettre en œuvre un système de contrôle préalable afin de vérifier la validité de l'enregistrement de l'animal sur le fichier national des carnivores domestiques ; labelliser chaque annonce[404].

---

[395] Code rural, art. R. 214-31, al. 1er.

[396] Code rural, art. R. 214-30-1, al. 2.

[397] Code rural, art. L. 214-8, al. 1er.

[398] Code rural, art. L. 214-8, II, al. 2.

[399] Code rural, art. L. 214-8, II, al. 1er.

[400] Code rural, art. L. 236-1, al. 2.

[401] Code rural, art. L. 214-8, VI, al. 1er.

[402] Code rural, art. L. 214-8, VI, 1°.

[403] Sur ces informations, v. § 278 et s.

[404] Code rural, art. L. 214-8-2. L'annonce est labellisée après vérification des éléments suivants : la

En deuxième lieu, cette rubrique spécifique doit comporter « des messages de sensibilisation et d'information du détenteur relatif à l'acte d'acquisition d'un animal »[405].

En troisième lieu, la vente en ligne « ne peut être réalisée que par les personnes exerçant les activités mentionnées aux articles L. 214-6-2 et L. 214-6-3 »[406], donc les animaleries et les éleveurs.

276. Interdiction des envois postaux. « L'expédition par voie postale d'animaux vertébrés vivants est interdite »[407]. Un animal ne peut donc pas être expédié par colis.

277. Interdiction de la mention « satisfait ou remboursé ». « La mention "satisfait ou remboursé" ou toute technique promotionnelle assimilée est interdite »[408].

2. Contenu de l'offre de cession

278. Identification de l'animal. Toute publication d'une offre de cession d'animaux de compagnie fait figurer les éléments suivants permettant d'identifier l'animal[409] :
- les noms scientifique et vernaculaire de l'espèce, de la race et de la variété auxquelles appartiennent les animaux ;
- leur sexe, s'il est connu ;
- leur lieu de naissance ;
- le nombre de femelles reproductrices au sein de l'élevage et le nombre de portées de ces femelles au cours de l'année écoulée, sauf élevages de poissons et

---

validité de l'enregistrement de l'animal sur le fichier national d'identification des carnivores domestiques ; l'identité du propriétaire de l'animal ; la mention des informations prévues à l'article L. 214-8-1 (article définissant le contenu de l'offre de cession : v. § 278 et s.)

[405] Code rural, art. L. 214-8, VI, 2°. Ces messages « concernent les moyens, y compris financiers, nécessaires à la satisfaction des besoins des animaux relatifs à la santé, l'alimentation, les conditions d'hébergement, l'identification, la socialisation, le sevrage et l'éducation » (code rural, art. R. 214-32, II, al. 1er). Ils doivent être « présentés de manière accessible, aisément lisible et sont clairement distinguables des offres qui les accompagnent » (code rural, art. R. 214-32, II, al. 2). Un arrêté du ministre chargé de l'agriculture précise le contenu de ces messages. L'annonce publiée comporte, après vérification, la mention « annonce vérifiée » (code rural, art. R. 214-32, II, al. 4).

[406] Code rural, art. L. 214-8, VI, al. 6.

[407] Code rural, art. L. 214-8, VII.

[408] Code rural, art. L. 214-8, VIII.

[409] Code rural, art. L. 214-8-1, I.

d'amphibiens ;

- le numéro d'identification des animaux, lorsque ceux-ci sont soumis à l'obligation d'identification en application du présent code ;
- l'âge des animaux ;
- l'existence ou l'absence d'inscription de ceux-ci à un livre généalogique reconnu par le ministre de l'agriculture, le cas échéant, le numéro d'identification de la femelle ayant donné naissance aux animaux, le nombre d'animaux de la portée.

279. Identification du vendeur. Toute publication d'une offre de cession à titre onéreux de chats ou de chiens, quel que soit le support utilisé, doit mentionner[410] :
- leur SIREN ;
- ou, pour les éleveurs, le numéro de portée[411].

280. Indication du caractère gratuit de la cession. Toute publication d'une offre de cession à titre gratuit « doit mentionner explicitement le caractère de don ou de gratuité »[412].

281. Indication de l'appartenance à une race. La publication d'une offre de cession de chiens ou de chats doit contenir la mention « de race » lorsque les chiens ou chats sont inscrits sur un livre généalogique[413].

Dans tous les autres cas, la mention « n'appartient pas à une race » doit clairement être indiquée. Dans ce dernier cas, la mention « d'apparence » suivie du nom d'une race peut être utilisée lorsque le vendeur peut garantir l'apparence morphologique de cette race à l'âge adulte[414].

3. Remise de documents à l'acheteur

a. Documents exigés en cas de vente

282. Trois documents. Toute vente d'animaux de compagnie doit

---

[410] Code rural, art. L. 214-8-1, II.

[411] Le numéro de portée est attribué aux éleveurs par l'inscription sur le livre généalogique reconnu (LOF ou LOOF), lors de la déclaration de naissance de l'ensemble des chiens ou chats de la portée. La forme du numéro précise le rang de la portée dans l'année civile. Un accès public aux coordonnées des éleveurs à partir du numéro de portée est assuré par le livre généalogique (code rural, art. R. 214-28-1).

[412] Code rural, art. L. 214-8-1, III.

[413] Code rural, art. R. 214-32-1.

[414] Code rural, art. R. 214-32-1.

s'accompagner, au moment de la livraison à l'acquéreur, de la délivrance des trois documents mentionnés ci-dessous[415]. Les mêmes obligations s'imposent en cas de cession, à titre gratuit ou onéreux, par une association ou une fondation de protection des animaux[416].

283.   Attestation de cession. La vente donne lieu à la délivrance d'une « attestation de cession »[417]. On notera qu'en cas de vente réalisée entre professionnels, « la facture tient lieu d'attestation de cession »[418].

284.   Document d'information sur les caractéristiques et les besoins de l'animal (DICBA). La vente donne lieu à la délivrance d'un « document d'information sur les caractéristiques et les besoins de l'animal » contenant également, au besoin, des conseils d'éducation[419]. Le contenu de ce document est défini par arrêté du ministre de l'agriculture[420].
La remise de ce document ne s'impose toutefois pas lorsque l'acquéreur de l'animal signe le « certificat d'engagement et de connaissance » des besoins spécifiques de l'espèce[421].

285.   Certificat vétérinaire. Pour les ventes de chiens ou de chats, un « certificat vétérinaire » doit être établi par le cédant et remis à l'acquéreur[422]. L'obligation s'impose également en cas de cession « à titre gratuit »[423].
Le certificat est délivré, par un vétérinaire, au plus tard trois mois avant la cession[424].
S'agissant de la méthode pour l'établir, le vétérinaire tient compte, d'une part, des informations portées à sa connaissance et, d'autre part, de l'examen de l'animal[425].
Concernant les informations, celles-ci portent sur sept points[426] :
- l'identité, l'adresse, le cas échéant, la raison sociale du cédant ;
- le document justifiant de l'identification de l'animal ;

---

[415] Code rural, art. L. 214-8, I, 1° à 3°.

[416] Code rural, art. L. 214-8, I, al. 6.

[417] Code rural, art. L. 214-8, I, 1°.

[418] Code rural, art. L. 214-8, I, al. 5

[419] Code rural, art. L. 214-8, I, 2°.

[420] Code rural, art. R. 214-30-2.

[421] Sur ce certificat, v. § 286 et s.

[422] Code rural, art. L. 214-8, I, 3°.

[423] Code rural, art. D. 214-32-2, I.

[424] Code rural, art. D. 214-32-2, I.

[425] Code rural, art. D. 214-32-2, I.

[426] Code rural, art. D. 214-32-2, II.

- le cas échéant, le numéro du passeport européen pour animal de compagnie ;
- le cas échéant, un certificat vétérinaire de stérilisation ;
- le cas échéant, les vaccinations réalisées ;
- pour les chiens et chats de race, une copie de la déclaration de naissance inscrite au livre généalogique ;
- pour les chiens, la date et le résultat de la dernière évaluation comportementale si elle a été réalisée.

Concernant l'examen de l'animal[427] :
- le vétérinaire procède à un examen de l'état de santé apparent du chien ou du chat ;
- il vérifie la cohérence entre la morphologie et le type racial figurant dans le document justifiant de l'identification de l'animal ;
- le cas échéant, il détermine, pour les chiens, la catégorie à laquelle il appartient, au sens de l'article L. 211-12[428] (dans le cas où il ne peut pas établir que le chien n'appartient pas à la première catégorie, il mentionne qu'une détermination morphologique devra être réalisée lorsque le chien aura entre 8 et 12 mois) ;
- lorsque le document justifiant de l'identification de l'animal n'est pas produit, le vétérinaire indique sur le certificat que le chien ou le chat n'appartient pas à une race. La mention « d'apparence » suivie d'un nom de race peut être inscrite sur la base des informations données par le cédant.

Le vétérinaire reporte sur le certificat vétérinaire les informations mentionnées au II et au III, il y précise éventuellement la race du chien ou du chat sur la base du document justifiant de l'identification de l'animal. Il mentionne la date d'examen et y appose son cachet et sa signature[429]. Dans le cas où le type racial n'est pas cohérent avec celui précisé sur le document d'identification, le vétérinaire l'indique sur le certificat[430].

La procédure est plus sommaire pour les animaux de compagnie autres que les chiens et les chats. À leur égard, le certificat vétérinaire est délivré « à l'issue d'un examen visuel de l'animal »[431].

Le cédant ou le refuge ou l'association sans refuge qui confie un animal de compagnie à une famille d'accueil « garde une copie du certificat qui doit être produite à la demande des autorités de contrôle »[432].

---

[427] Code rural, art. D. 214-32-2, III.

[428] Chien de 1ère ou de 2nde catégorie.

[429] Code rural, art. D. 214-32-2, IV, al. 1er.

[430] Code rural, art. D. 214-32-2, IV, al. 2.

[431] Code rural, art. D. 214-32-2, V.

[432] Code rural, art. D. 214-32-2, VI.

b. Certificat d'engagement et de connaissance (CEC) et délai de réflexion

286. Obligation. « Toute personne physique qui acquiert à titre onéreux ou gratuit un animal de compagnie signe un certificat d'engagement et de connaissance des besoins spécifiques de l'espèce (…) »[433].

En contrepartie, toute personne cédant un animal de compagnie à titre onéreux ou gratuit « s'assure que le cessionnaire a signé le certificat d'engagement et de connaissance (…) »[434].

En outre, la cession de l'animal « ne peut intervenir moins de sept jours après la délivrance du certificat au cessionnaire »[435].

287. Animaux concernés. Les animaux concernés par ces obligations « sont les chats et les chiens ainsi que les animaux de compagnie précisés par décret »[436] (en l'occurrence les furets et les lapins de compagnie[437]).

288. Objectifs. L'existence de ce certificat, et le délai de réflexion de sept jours imposé avant l'acquisition de l'animal, ont pour objet d'empêcher les achats irréfléchis qui accroissent les risques d'abandon ou de maltraitance involontaire.

289. Nature du certificat. Le certificat se présente comme un document *d'information*. Son objectif n'est ni de certifier le niveau de connaissance du récipiendaire, ni d'ouvrir un droit à la détention d'un animal. C'est le récipiendaire qui certifie sa propre connaissance des besoins de l'animal et son engagement en signant le certificat d'engagement et de connaissance. Ce certificat se distingue ainsi du « permis de détention » d'un animal de compagnie qui existe en Wallonie[438].

290. Contenu du certificat. Le certificat précise pour l'espèce considérée les

---

[433] Code rural, art. L. 214-8, V, al. 1er.

[434] Code rural, art. L. 214-8, V, al. 2.

[435] Code rural, art. L. 214-8, V, al. 2.

[436] Code rural, art. L. 214-8, V, al. 3.

[437] Code rural, art. D. 214-32-4, I.

[438] Code wallon du bien-être animal, art. D. 6. Cet article indique que toute personne dispose de plein droit du permis de détention mais peut en être privé par décision des autorités judiciaires ou administratives. Elle perd alors la possibilité d'acquérir un animal de compagnie puisque la présentation de ce permis est exigée lors de l'achat d'un tel animal. On notera que cet article envisage la possibilité d'instaurer un régime d'autorisation préalable (v. § 2, al. 2 : « Sur avis du Conseil wallon du bien-être des animaux, le Gouvernement peut arrêter des règles relatives aux compétences et capacités nécessaires des personnes qui détiennent un animal. Il peut notamment soumettre la détention d'un animal à un régime d'autorisation »).

points suivants[439] :

- les besoins physiologiques, comportementaux et médicaux en tenant compte de l'état des connaissances scientifiques ;
- les obligations relatives à l'identification de l'animal ;
- les implications financières et logistiques liées à la satisfaction des besoins physiologiques, comportementaux et médicaux de cette espèce tout au long de la vie de l'animal.

Des modèles de certificats sont proposés dans une instruction technique élaborée par le ministère de l'agriculture[440].

291.   Délivrance du certificat. Le certificat « est délivré pour chaque espèce, par une personne » qualifiée[441].

292.   Engagement. Le certificat est signé par le nouvel acquéreur et comporte une mention manuscrite par laquelle il s'engage expressément à respecter les besoins de l'animal[442].

III. Contrôles administratifs

293.   Présentation de justificatifs. Toute personne exerçant une activité d'élevage ou de vente d'un animal de compagnie est tenue de pouvoir présenter certains documents à la demande des services de contrôle[443] :

- le justificatif de l'immatriculation au RCS ou, pour les éleveurs, le justificatif de l'attribution du numéro spécifique à la portée par le livre généalogique ;
- le justificatif de la personne qualifiée ;
- la copie du registre d'entrée et de sortie de l'établissement ou de l'élevage concerné.

Section 3. Expositions d'animaux

294.   Conditions. L'organisateur d'une exposition ou de toute autre manifestation consacrée à des animaux de compagnie est tenu à deux exigences[444].

---

[439] Code rural, art. D. 214-32-4, II, 1° à 3°.

[440] Min. agr., Instruction technique DGAL/SDSBEA/2022-835, 14 nov. 2022, annexes.

[441] Code rural, art. D. 214-32-4, II, al. 1er.

[442] Code rural, art. D. 214-32-4, II, al. 2.

[443] Code rural, art. R. 214-31, al. 2.

[444] Code rural, art. L. 214-7, al. 3.

D'une part, il doit en faire préalablement la déclaration au préfet[445].

D'autre part, il doit veiller à la mise en place et à l'utilisation d'installations conformes aux règles sanitaires et de protection animale. Sur ce point, un article réglementaire du code rural précise que lors d'une manifestation destinée à la présentation à la vente d'animaux de compagnie ou lors d'une exposition ou de toute autre manifestation consacrée à des animaux de compagnie, « la présentation d'animaux malades ou blessés est interdite ». Il ajoute que les installations présentant les animaux doivent être conçues et utilisées de manière à « respecter les impératifs liés au bien-être des animaux » et à « éviter toute perturbation et manipulation directe par le public », conformément aux conditions fixées par arrêté du ministre chargé de l'agriculture. En outre, les animaux malades ou blessés « doivent être retirés de la présentation au public et placés dans des installations permettant leur isolement et leurs soins, le cas échéant, par un vétérinaire »[446].

295.   Interdiction des présentations dans la rue. En dehors des manifestations régulièrement déclarées, « la présentation des animaux de compagnie en vue d'une cession à titre gratuit ou onéreux ne peut avoir lieu ni sur le trottoir, ni sur la voie publique »[447].

296.   Présentation d'un animal depuis un véhicule. La présentation des animaux « ne peut dans tous les cas avoir lieu dans des véhicules que si ceux-ci sont spécifiquement aménagés » pour se conformer aux exigences applicables en matière d'installation[448].

Section 4. Activités d'éducation et de dressage

297.   Pas de blessures ou souffrances « inutiles ». Il est interdit d'exercer des activités d'éducation et de dressage d'un animal de compagnie « dans des conditions de nature à lui infliger des blessures ou des souffrances inutiles »[449].

---

[445] Sur le régime de cette déclaration préalable, v. § 257.

[446] Code rural, art. R. 214-31-1, al. 1er.

[447] Code rural, art. R. 214-31-1, al. 2.

[448] Code rural, art. R. 214-31-1, al. 3.

[449] Code rural, art. R. 214-24 du code rural, dont la rédaction maladroite semble admettre *a contrario* la légitimité des souffrances ou blessures utiles.

Section 5. Activités médicales

I. Interventions chirurgicales

298. **Finalités admises.** Une intervention chirurgicale peut être réalisée sur un animal de compagnie par un vétérinaire « soit dans l'intérêt propre de l'animal, soit pour empêcher sa reproduction »[450].

En revanche, les interventions chirurgicales « à des fins non curatives » sont interdites (exceptées la coupe de la queue)[451]. En conséquence, est également interdite la vente ou la présentation (lors d'une manifestation destinée à la présentation à la vente d'animaux de compagnie ou lors d'une exposition ou de toute autre manifestation consacrée à des animaux de compagnie) d'animaux ayant subi une intervention chirurgicale non curative[452].

299. **Euthanasie.** L'euthanasie d'un animal de compagnie ne peut être réalisée que par des personnes « détenant les compétences nécessaires » (à savoir des vétérinaires) et « dans des conditions limitant les souffrances infligées ». Un arrêté du ministre de l'agriculture précise ces deux points[453].

III. Activité de soins vétérinaires gratuits

300. **Conditions.** Seules les associations de protection des animaux reconnues d'utilité publique ou les fondations ayant pour objet la protection des animaux peuvent gérer des établissements dans lesquels les actes vétérinaires sont dispensés gratuitement aux animaux des personnes dépourvues de ressources suffisantes. La gestion de ces établissements est subordonnée à une déclaration auprès du préfet[454]. Un vétérinaire intervenant au sein d'une telle structure manque à ses obligations déontologiques s'il impose une participation financière aux propriétaires des animaux soignés[455].

---

[450] Code rural, art. R. 214-21, al. 1er.

[451] Code rural, art. R. 214-21, al. 1er.

[452] Code rural, art. R. 214-21, al. 2.

[453] Code rural, art. R. 214-22.

[454] Code rural, art. L. 214-6-1, III.

[455] CE, 4 avr. 2023, n° 453598, *Berthelier*, *Lebon T.* (confirmation de la sanction disciplinaire prononcée à l'encontre du praticien par son ordre professionnel). V. dans le même sens CE, 26 mai 2023, *Sement*, n° 459342, inédit.

Section 6. Activité de toilettage

301. **Installations.** L'activité de toilettage des chiens et des chats « doit être exercée dans des installations conformes aux règles sanitaires et de protection animale applicables à ces animaux »[456].

Section 7. Refuges et familles d'accueil

302. **Deux modes de placement.** Un animal proposé à l'adoption peut, dans l'attente de celle-ci, être recueilli soit dans un refuge, soit dans une famille d'accueil.

I. Les protagonistes

303. **Refuge.** Le refuge est défini comme « un établissement à but non lucratif géré par une fondation ou une association de protection des animaux désignée à cet effet par le préfet, accueillant et prenant en charge des animaux soit en provenance d'une fourrière à l'issue des délais de garde, soit donnés par leur propriétaire »[457].

304. **Famille d'accueil.** La famille d'accueil est « une personne physique accueillant à son domicile, sans transfert de propriété, un animal de compagnie domestique confié par un refuge ou une association sans refuge (…) »[458]. La technique de la famille d'accueil a été reconnue par la loi n° 2021-1539 du 30 novembre 2021. Elle existait déjà auparavant mais sans cadre juridique, donc avec des incertitudes juridiques et autant de risques potentiels.

305. **Association sans refuge.** Les associations sans refuge sont des associations de protection des animaux n'exerçant pas d'activité de gestion de refuge et ayant recours au placement d'animaux de compagnie auprès de familles d'accueil. Ces associations accueillent et prennent en charge des animaux soit en provenance d'une fourrière à l'issue des délais de garde, soit donnés par leur propriétaire, soit à la demande de l'autorité administrative ou judiciaire[459].
Pour pouvoir détenir, même temporairement, des animaux de compagnie ou avoir recours au placement d'animaux en famille d'accueil, une association sans refuge

---

[456] Code rural, art. L. 214-6-1, IV.

[457] Code rural, art. L. 214-6, II.

[458] Code rural, art. L. 214-6, V.

[459] Code rural, art. L. 214-6-5, I.

doit remplir trois conditions[460] :

- elle doit avoir fait l'objet d'une déclaration au préfet[461] ;
- l'un des membres du conseil d'administration ou du bureau doit avoir la qualité de personne qualifiée ;
- elle doit avoir établi un règlement sanitaire.

La liste des associations sans refuge est tenue et actualisée par l'autorité administrative compétente en matière sanitaire, et mise à la disposition du public[462]. Cela permet de garantir une transparence et ouvre aux intéressés la possibilité de vérifier qu'une association satisfait bien aux conditions posées.

II. Le placement d'animaux

A. Refuge

306.   Modalité classique. La première modalité de placement consiste à confier l'animal à un refuge.

B. Famille d'accueil

307.   Nouvelle modalité. La seconde modalité consiste à confier l'animal à une famille d'accueil. Le placement de l'animal en famille d'accueil peut être réalisé, soit par un refuge, soit par une association sans refuge.

308.   Modalités. Le placement en famille d'accueil fait l'objet d'un encadrement précis[463].

- un « contrat d'accueil de l'animal de compagnie » est signé entre la famille d'accueil et l'association[464] ;
- l'association remet à la famille d'accueil le « document d'information sur les caractéristiques et les besoins de l'animal »[465] ;
- l'association transmet à la famille d'accueil et conserve un « certificat vétérinaire », établi dans un délai de sept jours à compter de la remise de l'animal ;
- l'association tient un « registre des animaux confiés à des familles d'accueil », tenu à la disposition de l'autorité administrative à sa demande. Les informations

---

[460] Code rural, art. L. 214-6-5, II.

[461] Sur le régime de cette déclaration préalable, v. § 257.

[462] Code rural, art. L. 214-6-5, III.

[463] Code rural, art. L. 214-6-6.

[464] Sur ce contrat, v. § 309.

[465] V. § 284.

relatives à la famille d'accueil sont enregistrées au fichier national d'identification des animaux prévu à l'article L. 212-2[466] ;

- l'association poursuit les démarches relatives à l'adoption de l'animal, lorsque le placement en famille d'accueil ne revêt pas un caractère définitif aux termes du contrat d'accueil. Dans ce cas, l'association est tenue « de présenter l'animal à l'adoption deux fois par an, le cas échéant au domicile de la famille d'accueil, ou de maintenir l'offre de cession en ligne de l'animal »[467].

309.   Contenu du contrat d'accueil. Les informations essentielles du contrat d'accueil sont détaillées dans le code rural[468] :

- l'identification, la description et la provenance de l'animal au sens du deuxième alinéa du I de l'article L. 214-6-5 ;
- les besoins physiologiques, comportementaux et médicaux de l'animal confié ;
- la dénomination de l'association et son numéro d'inscription au titre du répertoire national des associations ;
- les coordonnées de la famille d'accueil ;
- une attestation d'assurance en responsabilité civile de la famille d'accueil ;
- la durée du placement de l'animal et les modalités de son renouvellement ;
- le nombre, par espèce, d'animaux présents simultanément sur le lieu de détention, au regard des règles sanitaires et de protection animale ;
- les modalités de prise en charge des frais vétérinaires et de leur remboursement lorsqu'ils sont engagés par le détenteur ;
- la fréquence des examens par un vétérinaire de l'animal placé qui ne peut être inférieure à un examen par période de vingt-quatre mois, ce délai est réduit à douze mois pour un chat ou un chien ;
- les modalités de prise en charge des frais résultant de la détention de l'animal dans des conditions compatibles avec ses besoins ;
- les conditions de présentation de l'animal à un potentiel adoptant par la famille d'accueil ;
- les conditions de présentation de l'animal à l'association, notamment les visites domiciliaires qui sont annoncées au plus tard deux jours avant la date de visite ;
- les conditions de restitution de l'animal à l'association, de son placement définitif dans la famille d'accueil ou de son adoption par celle-ci.

---

[466] Pour les chiens et les chats, il s'agira respectivement de l'I-cad (v. § 317).

[467] Code rural, art. D. 214-32-3, II.

[468] Code rural, art. D. 214-32-3, I.

Section 8. Pouvoir de police administrative et sanctions pénales

310. Manquements. Les autorités administratives et judiciaires disposent de prérogatives pour faire cesser et sanctionner les manquements aux règles précitées.

I. Mesures de police administrative

311. Insalubrité. Lorsque, dans des locaux où se pratiquent de façon habituelle les activités mentionnées aux articles L. 214-6-1, L. 214-6-2 et L. 214-6-3 (gestion d'une fourrière ou d'un refuge, transit, dressage ou présentation, élevage et vente), ces activités sont exercées en violation des dispositions relatives aux animaux de compagnie (articles R. 214-29 à R. 214-33, et articles D. 212-63 à D. 212-71, relatifs à la salubrité et à la traçabilité), ou lorsqu'ils abritent des animaux atteints d'une maladie transmissible, « le préfet peut prescrire toute mesure de nature à faire cesser les conditions d'insalubrité »[469].

312. Interdiction de cession. Dans le cas où les locaux abritent des animaux destinés à être cédés, le préfet « peut prononcer l'interdiction de cession des animaux ». Cette décision préfectorale « précise, le cas échéant, la destination des animaux hébergés dans les locaux »[470].

313. Placement des animaux. Lorsque le préfet ordonne la suspension d'une activité et que le responsable de cette activité n'est pas en mesure d'assurer l'entretien des animaux, il « doit procéder à leur placement auprès d'une association de protection des animaux ou d'un autre établissement pouvant les prendre en charge »[471].

II. Sanctions pénales

314. Amendes. La méconnaissance des obligations précitées est passible de sanctions pénales en vertu des articles :
- L. 215-10 et suivants du code rural (en particulier son article L. 215-11, réprimant les mauvais traitements) ;
- et R. 215-5 et suivants du même code (absence d'installations conformes, de

---

[469] Code rural, art. R. 214-33, al. 1er.

[470] Code rural, art. R. 214-33, al. 2.

[471] Code rural, art. R. 214-33, al. 3.

déclaration ou encore de « personne qualifiée »).

Section 9. Sensibilisation de la jeunesse

315.   Éducation. À l'école primaire, au collège et au lycée, l'enseignement moral et civique sensibilise les élèves « au respect des animaux de compagnie. Il présente les animaux de compagnie comme sensibles et contribue à prévenir tout acte de maltraitance animale »[472]. Une sensibilisation similaire est également prévue pour les volontaires du service civique universel[473]. On note que le travail de sensibilisation est limité aux animaux de compagnie. En conséquence de la catégorisation qui prévaut en droit animalier, les autres animaux sont exclus de cette démarche éducative.

CHAPITRE 4. OBLIGATION D'IDENTIFICATION

316.   Animaux concernés. Les chiens, les chats et les furets sont soumis à une obligation d'identification.
L'obligation s'impose en cas de cession de l'animal (à titre gratuit ou onéreux). L'identification est alors à la charge du cédant.
L'identification s'impose également, en dehors de toute cession, lorsque l'animal atteint un certain âge : 4 mois pour les chiens, 7 mois pour les furets et pour les chats[474].

317.   Modalités. L'identification consiste à attribuer un numéro à l'animal (il s'agit d'un code, composé de 15 chiffres). Elle est réalisée sur l'animal lui-même, soit par un tatouage (dans l'oreille ou à l'intérieur de la cuisse), soit par l'injection d'une puce sous la peau (puce qui pourra être lue par un lecteur spécial). L'animal est ensuite enregistré dans le fichier national d'identification des carnivores domestiques (l'« I-cad »).

318.   Intérêt. L'identification permet de trouver facilement le propriétaire d'un animal égaré. Elle est en outre obligatoire pour voyager avec son animal à l'étranger.

319.   Contrôle. Le respect de l'obligation d'identification peut être contrôlé par

---

[472] Code de l'éducation, art. L. 312-15, dernier al.

[473] Loi n° 2021-1539 du 30 novembre 2021 visant à lutter contre la maltraitance animale et conforter le lien entre les animaux et les hommes, art. 25.

[474] Code rural, art. L. 212-10.

les agents et officiers de police judiciaire. Il peut également l'être par les policiers municipaux et gardes champêtres[475].

320.   Sensibilisation. Dans les établissements de soins vétérinaires, une signalisation apparente doit rappeler les obligations d'identification des animaux[476].

CHAPITRE 5. REGLES PROPRES AUX CHIENS

Section 1. Les chiens en général

321.   Collier. L'ancien article R. 211-3 du code rural disposait que tout chien circulant sur la voie publique, en liberté ou même tenu en laisse, « doit être muni d'un collier portant, gravés sur une plaque de métal, les nom et adresse de son propriétaire ». Cet article a été abrogé en 2022[477].

322.   Muselière. Les maires « peuvent ordonner que (…) les chiens soient muselés »[478]. Malgré le caractère très général de l'énoncé, une telle obligation ne semble pouvoir être instituée que si des motifs particuliers, tirés de la protection de l'ordre public, le justifient, et uniquement pour certaines catégories de chiens.

323.   Conditions de vie. Des règles sont prévues sur les conditions de vie des chiens. Elles portent sur le logement, l'accès à l'eau et à la nourriture, les dispositifs d'attache et la présence en voitures[479].

324.   Aboiements. La marge de liberté des maires pour interdire les aboiements de chiens est réduite.
Une interdiction générale apparaît difficilement envisageable. En effet, une mesure réglementaire d'interdiction ne serait légale que s'il existe une menace avérée de trouble à l'ordre public, ce qui impliquerait un niveau de nuisances sonores insupportable. Faute de respecter cette exigence, est illégal l'arrêté du maire qui, en vue d'assurer la tranquillité publique, décide de façon générale et absolue que « seraient réprimés les aboiements et les hurlements des chiens » sur

---

[475] Code rural, art. L. 212-13, al. 2.

[476] Code rural, art. L. 212-12-1.

[477] Décret n° 2022-1354 du 24 octobre 2022 relatif à la protection des animaux de compagnie, art. 2, 1°.

[478] Code rural, art. L. 211-22, al. 1er.

[479] V. § 250 et s.

tout le territoire de la commune[480].

Une action au niveau individuel apparaît en revanche possible. Ainsi, un tribunal administratif a estimé qu'un maire tient des dispositions des articles L. 2212-1 et L. 2212-2 du CGCT, relatives à la répression des bruits de voisinage, le pouvoir de mettre en demeure les propriétaires de chiens de les empêcher d'aboyer[481].

325.   Position couchée sur la voie publique. Il n'est pas rare qu'une personne en situation de nomadisme ou de vagabondage vive avec un ou plusieurs chiens à ses côtés[482]. Et il peut arriver que leur présence sur les trottoirs incommode les riverains et les passants. À un maire, qui avait interdit (à côté d'autres activités) « le regroupement de plus de deux chiens effectuant une ou plusieurs stations couchées sur la voie publique », le Conseil d'État a rappelé qu'une telle interdiction présente un caractère disproportionné, faute d'être suffisamment circonscrite dans le temps et dans l'espace[483].

326.   Installations en cas de nombre élevé de chiens. Les personnes qui, sans exercer les activités d'élevage ou de vente de chiens, détiennent plus de neuf chiens sevrés « doivent mettre en place et utiliser des installations conformes aux règles sanitaires et de protection animale pour ces animaux »[484].

327.   Chiens de race. Ne « peuvent être dénommés comme chiens (…)

---

[480] CE 5 févr. 1960, *Cne de Mougins*, *Lebon*.

[481] TA Lille, 26 juin 2002, *Sculba*, n° 002270, *Lebon T*. Le jugement précise que l'arrêté ne peut toutefois prévoir que le non-respect de la mise en demeure entraînera la mise en fourrière de l'animal.

[482] V. not. L. Borocz, « Les punks à chien et les marginaux à chien », *Empan* 2014/4 (n° 96), p. 130.

[483] CE, 16 juil. 2021, *Ligue française pour la défense des droits de l'homme et du citoyen*, n° 434254, *Lebon T.* : « Les dispositions de l'article 1er de l'arrêté attaqué prohibent comme étant de nature à porter par soi-même atteinte à l'ordre public le seul fait de laisser plus de deux chiens stationner, même temporairement, sur la voie publique, ainsi que, de manière générale, le fait pour un groupe de plus de trois personnes d'émettre des bruits de conversation et de musique "audibles par les passants", sans en préciser la durée ni l'intensité. Les mesures ainsi édictées par l'arrêté litigieux pour une durée de trois mois, sans aucune limitation de plage horaire et tous les jours de la semaine, dans un vaste périmètre géographique correspondant à l'ensemble du centre-ville de la commune, doivent être regardées, alors même que la commune de Saint-Etienne invoque une augmentation de la délinquance et des incivilités dans son centre-ville, comme portant, du fait du caractère général et absolu des interdictions ainsi prononcées, une atteinte à la liberté personnelle, en particulier à la liberté d'aller et venir, qui est disproportionnée au regard de l'objectif de sauvegarde de l'ordre public poursuivi ».

[484] Code rural, art. L. 214-6-1, II.

appartenant à une race que les chiens (…) inscrits à un livre généalogique reconnu par le ministre chargé de l'agriculture »[485]. Il s'agit du LOF (Livre des origines françaises), qui est géré par une fédération nationale (la société centrale canine), laquelle bénéficie pour ce faire d'une délégation du ministère de l'agriculture. Les détails concernant la gestion de ce livre généalogique sont fixés dans la partie réglementaire du code rural[486].

328.   Dressage au mordant. Le dressage au mordant désigne « toute activité destinée à faire mordre ou attaquer, avec ou sans muselière, un chien »[487]. Cette activité fait l'objet d'un encadrement strict.

Premièrement, le dressage au mordant n'est autorisé que dans le cadre des activités de sélection canine (en vue de compétitions) et des activités de surveillance, de gardiennage et de transport de fonds[488].

Deuxièmement, seuls les dresseurs détenant un certificat de capacité peuvent exercer cette activité et acquérir des objets et des matériels destinés à ce dressage (jambière mordante, manchette mordante, coussin mordant, etc.)[489].

Ces dispositions ne s'appliquent pas aux services et unités de la police nationale, des armées, de la gendarmerie, des douanes, des polices municipales et des services publics de secours, utilisateurs de chiens[490].

Section 2. Les chiens catégorisés (chiens dits dangereux)

A. Une législation spécifique

329.   Historique. Les règles relatives aux chiens dits dangereux trouvent leur origine dans la loi du 6 janvier 1999 « relative aux animaux dangereux et errants et à la protection des animaux », ainsi qu'aux dispositions réglementaires prises pour son application.

Cette législation spécifique a été adoptée à la fin des années 1990 dans un contexte d'utilisation croissante de ces chiens comme moyens d'intimidation ou armes par destination, notamment par des trafiquants de drogue. À la suite de plusieurs

---

[485] Code rural, art. L. 214-8, III.

[486] V. Code rural, art. D. 214-8 et s.

[487] Arrêté du 26 octobre 2001 relatif à l'exercice de l'activité de dressage des chiens au mordant et aux modalités de demande et de délivrance du certificat de capacité s'y rapportant, NOR : AGRG0101701A.

[488] Code rural, art. L. 211-17, al. 1er ; arrêté précité, art. 1er, al. 4.

[489] Code rural, art. L. 211-17, al. 2 et 3 ; arrêté précité, art. 1er, al. 5.

[490] Code rural, art. L. 211-18, al. 1er.

attaques de chiens ayant fait la une des médias, des maires avaient pris des arrêtés limitant ou interdisant la présence de ces chiens dans l'espace public. Toutefois, leur validité apparaissant incertaine, le législateur a souhaité donner une base juridique claire à l'intervention des autorités publiques en la matière[491].

330. Dispositions. Les dispositions relatives aux chiens dangereux sont codifiées dans le code rural, aux articles L. 211-12 et suivants.

B. Champ d'application

331. Chiens concernés. La législation sur les chiens dangereux distingue deux types de chiens[492] :
- d'une part les chiens d'attaque (chiens dits de la première catégorie) ;
- d'autre part les chiens de garde et de défense (chiens dits de la seconde catégorie).
Un arrêté ministériel précise les races de chiens qui en relèvent, et définit en annexe les caractéristiques morphologiques de celles-ci[493].
Relèvent de la première catégorie :
- les chiens non lofés[494] ressemblant à un Staffordshire terrier ou à un American Staffordshire terrier (communément appelés « pit-bulls ») ;
- les chiens non lofés ressemblant à un Mastiff ;
- et les chiens non lofés ressemblant à un Tosa.
Relèvent de la seconde catégorie :
- les chiens de race Staffordshire terrier ;
- les chiens de race American Staffordshire terrier ;
- les chiens de race Rottweiler et les chiens non lofés ressemblant à des Rottweiler
- les chiens de race Tosa.

332. Activités exclues. Les dispositions sur les chiens dangereux ne s'appliquent pas aux services et unités de la police nationale, des armées, de la gendarmerie, des douanes, des polices municipales et des services publics de

---

[491] V. M. Moliner-Dubost, « Encadrement des chiens dangereux : rôle du maire », *AJCT* 2020, p. 126.

[492] Code rural, art. L. 211-12.

[493] Arrêté du 27 avril 1999 pris pour l'application de l'article 211-1 du code rural et établissant la liste des types de chiens susceptibles d'être dangereux, faisant l'objet des mesures prévues aux articles 211-1 à 211-5 du même code, NOR : AGRG9900639A.

[494] Un chien est dit « lofé » s'il constitue un chien de race, c'est-à-dire enregistré au « livre des origines françaises » (LOF). V. § 327.

secours, utilisateurs de chiens[495].

C. Régime applicable

1. Conditions pour détenir un chien dangereux

a. Disposer d'un permis de détention

333.   Permis de détention. La détention des chiens de la première ou deuxième catégorie est subordonnée à la délivrance d'un permis de détention par le maire de la commune où le propriétaire de l'animal réside[496].

334.   Conditions pour obtenir le permis de détention. Plusieurs conditions doivent être satisfaites pour obtenir le permis de détention[497] :
- établir l'identité du chien ;
- sa vaccination ;
- la souscription d'une responsabilité civile ;
- la stérilisation du chien s'il relève de la première catégorie ;
- l'attestation d'aptitude ;
- l'évaluation comportementale (plus exactement une évaluation comportementale établissant l'absence de danger de l'animal, à défaut de quoi le maire refuse la délivrance du permis).
Le permis de détention est délivré par arrêté du maire. Il précise le nom et l'adresse ou la domiciliation du propriétaire ou du détenteur, l'âge, le sexe, le type, le numéro d'identification et la catégorie du chien[498].

335.   L'attestation d'aptitude. L'attestation d'aptitude que doit posséder le propriétaire du chien sanctionne « une formation portant sur l'éducation et le comportement canins, ainsi que sur la prévention des accidents »[499].
La formation, d'une durée d'une journée[500], est assurée par une personne agréée par le préfet[501].

---

[495] Code rural, art. L. 211-18, al. 1er.

[496] Code rural, art. L. 211-14.

[497] Code rural, art. L. 211-14, I, al. 1er. En cas de changement de commune de résidence, le permis doit être présenté à la mairie du nouveau domicile.

[498] Code rural, art. R. 211-5, al. 1er.

[499] Code rural, art. L. 211-13-1, I, al. 1er.

[500] Code rural, art. R. 211-5-3.

[501] Sur les conditions à remplir pour en bénéficier, v. code rural, art. R. 211-5-5.

Elle comporte deux parties[502] :

- une partie théorique, relative à la connaissance des chiens et de la relation entre le maître et le chien, aux comportements agressifs et à leur prévention ;
- une partie pratique consistant en des démonstrations et des mises en situation.

Il incombe au propriétaire du chien de payer lui-même cette formation[503].

L'attestation lui est remise à l'issue de la formation[504].

336. **L'évaluation comportementale.** L'évaluation comportementale doit être mise en œuvre lorsque le chien est âgé entre 8 et 12 mois[505]. Elle doit être renouvelée dans certaines circonstances :

- d'une part, si le chien a été désigné par le maire, au titre de l'article L. 211-1, comme représentant un danger[506] ;
- d'autre part, si l'évaluation comportementale conclut que le chien est classé au niveau de risque 2, 3 ou 4 (elle doit alors être renouvelée dans un délai maximum de 3 ans dans le premier cas, 2 ans dans le deuxième et 1 an dans le troisième)[507].

S'agissant de ses modalités, l'évaluation comportementale est réalisée dans le cadre d'une consultation vétérinaire. Elle a pour objet d'apprécier le danger potentiel que peut représenter un chien. Elle est effectuée par un vétérinaire inscrit sur une liste départementale établie par le Conseil national de l'ordre des vétérinaires[508].

Le vétérinaire classe le chien à l'un des quatre niveaux de risque de dangerosité suivants[509] :

- niveau 1 (« le chien ne présente pas de risque particulier de dangerosité en dehors de ceux inhérents à l'espèce canine ») ;
- niveau 2 (« le chien présente un risque de dangerosité faible pour certaines personnes ou dans certaines situations ») ;
- niveau 3 (« le chien présente un risque de dangerosité critique pour certaines personnes ou dans certaines situations ») ;
- niveau 4 (« le chien présente un risque de dangerosité élevé pour certaines personnes ou dans certaines situations »).

---

[502] Code rural, art. R. 211-5-3. Le programme est fixé par arrêté conjoint des ministres de l'agriculture et de l'intérieur.

[503] Code rural, art. L. 211-13-1, I, al. 2.

[504] Sur les informations qu'elle comporte, v. code rural, art. R. 211-5-4.

[505] Code rural, art. L. 211-13-1, II, al. 1er.

[506] Code rural, art. L. 211-13-1, II, al. 2 ; art. L. 211-14-1.

[507] Code rural, art. L. 211-13-1, II, al. 2 ; art. D. 211-3-3.

[508] Code rural, art. D. 211-3-1.

[509] Code rural, art. D. 211-3, 2, al. 1 à 5.

Selon le niveau de classement du chien, le vétérinaire « propose des mesures préventives visant à diminuer la dangerosité du chien évalué » et « émet des recommandations afin de limiter les contacts avec certaines personnes et les situations pouvant générer des risques »[510]. Il peut « conseiller de procéder à une nouvelle évaluation comportementale » et « indiquer le délai qui doit s'écouler entre les deux évaluations »[511].

En cas de classement du chien au niveau de risque 4, le vétérinaire « informe son détenteur ou son propriétaire qu'il lui est conseillé de placer l'animal dans un lieu de détention adapté ou de faire procéder à son euthanasie » (un lieu de détention adapté est un « lieu dans lequel, sous la responsabilité du propriétaire ou du détenteur, l'animal ne peut pas causer d'accident »)[512].

À l'issue de la visite, le vétérinaire communique les conclusions de l'évaluation comportementale au maire ainsi qu'au fichier national canin[513].

b. Ne pas faire partie des personnes privées du droit de détenir un chien catégorisé

337.   Personnes concernées. Ne peuvent détenir les chiens catégorisés[514] :
- les mineurs ;
- les majeurs sous tutelle (à moins qu'ils n'y aient été autorisés par le juge des tutelles) ;
- les personnes condamnées pour crime ou à une peine d'emprisonnement avec ou sans sursis pour délit inscrit au bulletin n° 2 du casier judiciaire ;
- les personnes auxquelles la propriété ou la garde d'un chien a été retirée en application de l'article L. 211-11 (le maire peut toutefois accorder une dérogation à l'interdiction en considération du comportement du demandeur depuis la décision de retrait, à condition que celle-ci ait été prononcée plus de dix ans auparavant).

2. Règles applicables aux chiens catégorisés

338.   Disparition des chiens d'attaque. L'article L. 211-15 du code rural comporte deux dispositions ayant pour objet d'organiser la disparition des chiens de la première catégorie. D'une part, il impose la stérilisation des animaux, mâles

---

[510] Code rural, art. D. 211-3, 2, al. 6.

[511] Code rural, art. D. 211-3, 2, al. 7.

[512] Code rural, art. D. 211-3, 2, al. 8.

[513] Code rural, art. D. 211-3, 2, al. 9.

[514] Code rural, art. L. 211-13.

et femelles (II). D'autre part, il interdit leur acquisition ou leur cession, à titre gratuit ou onéreux (I).

Malgré ces dispositions, les chiens relevant de la première catégorie n'ont pas disparu. En effet, il suffit qu'une caractéristique d'une race qui en relève soit manquante pour que le chien concerné soit considéré comme n'appartenant pas à celle-ci.

339.   Lieux interdits aux chiens d'attaque. Certains lieux sont interdits aux chiens de la première catégorie[515] :
- les transports en commun ;
- les lieux publics (à l'exception de la voie publique) ;
- les locaux ouverts au public.

Leur stationnement dans les parties communes des immeubles collectifs est également interdit[516].

340.   Laisse et muselière. Les chiens catégorisés doivent porter une muselière et être tenus en laisse par une personne majeure[517].

Ces obligations s'imposent aux deux catégories de chiens :
- sur la voie publique ;
- et dans les parties communes des immeubles collectifs.

Pour les chiens de la deuxième catégorie, elles s'imposent également dans les lieux publics, les locaux ouverts au public et les transports en commun (les chiens de la première catégorie ne sont pas évoqués ici car leur accès à ces lieux est en tout état de cause interdit[518]).

341.   Chien dangereux présent dans un logement. Un bailleur ou un copropriétaire peut saisir le maire en cas de dangerosité d'un chien résidant dans un des logements dont il est propriétaire. Le maire peut alors procéder, s'il le juge nécessaire, à l'application des mesures prévues à l'article L. 211-11[519].

3. Sanctions et mesures de police administrative

a. Sanctions pénales

342.   Infractions. La méconnaissance des interdictions et obligations relatives

---

[515] Code rural, art. L. 211-16, I,

[516] Code rural, art. L. 211-16, I,

[517] Code rural, art. L. 211-16, II.

[518] V. § 339.

[519] Code rural, art. L. 211-16, III.

aux chiens dangereux est réprimée par diverses infractions[520]. Les peines prévues vont de l'emprisonnement à l'amende. Peuvent également être prononcées la confiscation du chien et l'interdiction de détenir un chien catégorisé ou tout animal.

b. Mesures de police administrative

343. **Prévenir un trouble.** Divers pouvoirs de police administrative peuvent être exercés en cas de manquement à la législation sur les chiens catégorisés.

344. **Danger grave et immédiat.** Est réputé présenter un « danger grave et immédiat », au sens de l'article 211-11 (justifiant l'exercice par le maire de pouvoirs pour le faire cesser[521]) tout chien de la première ou deuxième catégorie qui[522] :
- est détenu par une personne qui ne devrait pas en avoir la garde[523] ;
- se trouve dans un lieu où sa présence est interdite[524] ;
- circule sans être muselé et tenu en laisse lorsque cela est requis[525] ;
- ou dont le propriétaire ou le détenteur n'est pas titulaire de l'attestation d'aptitude[526].

345. **Défaut de permis.** En cas de constatation du défaut de permis de détention, le maire met en demeure le propriétaire du chien de procéder à la régularisation dans le délai d'un mois au plus. En l'absence de régularisation dans le délai prescrit, le maire peut ordonner que l'animal soit placé dans un lieu de dépôt adapté et peut faire procéder sans délai et sans nouvelle mise en demeure à son euthanasie[527].

346. **Morsures.** Tout fait de morsure d'une personne par un chien « est déclaré » par son propriétaire ou par tout professionnel en ayant connaissance dans l'exercice de ses fonctions à la mairie de la commune de résidence du propriétaire

---

[520] V. code rural, art. L. 215-1, L. 215-2, L. 215-2-1 et R. 215-2.

[521] V. § 173.

[522] Code rural, art. L. 211-11, II, al. 2.

[523] V. § 337.

[524] V. § 339.

[525] V. § 340.

[526] V. § 335.

[527] Code rural, art. L. 211-14, IV, al. 1er. L'alinéa second précise que les frais afférents aux opérations de capture, de transport, de garde et d'euthanasie de l'animal « sont intégralement et directement mis à la charge de son propriétaire ou de son détenteur ».

de l'animal[528]. Des mesures complémentaires peuvent être prises[529].

Chapitre 6. Regles propres aux chats

Section 1. Les chats de compagnie

347.   Chats de race. Ne peuvent être « dénommés comme (…) chats appartenant à une race que (…) les chats inscrits à un livre généalogique reconnu par le ministre chargé de l'agriculture »[530]. Il s'agit du LOOF, Livre officiel des origines félines, géré sur délégation du ministère par la fédération pour la gestion du LOOF. Les détails concernant la gestion de ce livre généalogique sont fixés dans la partie réglementaire du code rural[531].

348.   Stérilisation. Une obligation de stérilisation avait été envisagée lors de la discussion de la loi de novembre 2021 relative aux animaux de compagnie. L'idée a finalement été écartée.

Elle a été remplacée par trois mesures. La première tient à la mise en place d'une sensibilisation sous la forme d'un affichage : « Dans les mairies et les établissements de soins vétérinaires, une signalisation apparente présente l'intérêt de la stérilisation des animaux domestiques en termes de santé, de bien-être animal et de préservation de la biodiversité »[532]. Le législateur a par ailleurs prévu l'établissement d'un rapport visant à apprécier l'opportunité et la faisabilité de l'instauration d'une obligation de stérilisation[533]. Il a enfin ouvert la possibilité de mettre en œuvre durant cinq ans une expérimentation conduisant l'État ainsi que les collectivités territoriales et EPCI volontaires à articuler leurs actions dans le cadre de conventions de gestion des populations de chats errants[534].

---

[528] Code rural, art. L. 211-14-2, al. 1er.

[529] V. § 215.

[530] Code rural, art. L. 214-8, III.

[531] V. Code rural, art. D. 214-8 et s.

[532] Code rural, art. L. 211-27, al. 6.

[533] Loi n° 2021-1539 du 30 novembre 2021 visant à lutter contre la maltraitance animale et conforter le lien entre les animaux et les hommes, art. 11.

[534] Loi n° 2021-1539 du 30 novembre 2021 visant à lutter contre la maltraitance animale et conforter le lien entre les animaux et les hommes, art. 12, III.

Section 2. Les chats libres

349.   Notion. La notion de « chats libres » désigne les chats vivant en liberté sur le territoire d'une commune.

350.   Enjeux. Comme l'a souligné un guide établi par l'école nationale des services vétérinaires, leur « extermination n'apporte pas de solution durable car les sites sont recolonisés par d'autres individus après la capture. Il existe une alternative pour éviter ces colonisations et les nuisances possibles pour les habitants de la commune (bruits, odeurs…). Il s'agit d'une gestion durable des populations de chats dits "libres" passant par une identification (au nom de la commune ou d'une association), une stérilisation des animaux et un relâchement sur site. Cette forme de gestion permet de réduire le nombre de chats errants, évite la recolonisation des territoires par de nouveaux individus et favorise l'intégration de l'animal en ville »[535]. Une réglementation spécifique a donc été prévue afin d'organiser cette gestion[536].

351.   Stérilisation et identification. Le maire « peut, par arrêté, à son initiative ou à la demande d'une association de protection des animaux, faire procéder à la capture de chats non identifiés, sans propriétaire ou sans détenteur, vivant en groupe dans des lieux publics de la commune », ce « afin de faire procéder à leur stérilisation et à leur identification (…), préalablement à leur relâcher dans ces mêmes lieux ». Cette identification « doit être réalisée au nom de la commune ou de ladite association »[537].
Les EPCI peuvent « mettre les moyens nécessaires à disposition des maires pour l'exercice de ce pouvoir de police », au moyen d'un service commun[538].

352.   Gestion et suivi. La gestion, le suivi sanitaire et les conditions de la garde de ces populations « sont placés sous la responsabilité du représentant de la commune et de l'association de protection des animaux » précédemment évoqués[539].

353.   Nourrissage des populations. « Pour l'application du présent article »

---

[535] Min. Agr. et min. Intér., École nationale des Services vétérinaires, « Fourrière animale. Guide à l'attention des maires », oct. 2012, p. 13.

[536] C. Vaysse, « Le chat municipal, complexité d'une notion en équilibre entre objet de polices et statut de bien communal », *JCP A* 2023, 2071.

[537] Code rural, art. L. 211-27, al. 1er.

[538] Code rural, art. L. 211-27, al. 2.

[539] Code rural, art. L. 211-27, al. 3.

(donc pour mettre en œuvre les opérations de capture et de stérilisation, mais aussi pour assurer la gestion et le suivi), « le nourrissage de ces populations est autorisé sur les lieux de leur capture »[540].

TITRE 3. L'ANIMAL D'ELEVAGE

354.   Animal de production. L'animal d'élevage est produit pour être consommé. Le titre V du Livre VI du code rural s'intitule significativement « Les productions animales ». Dans la novlangue du code rural, l'élevage correspond à la maîtrise et à l'exploitation d'un « cycle biologique », en d'autres termes d'une vie (art. L. 311-1 du code rural, définissant la notion d'activité agricole).

355.   Enjeu majeur du droit de l'animal. Les règles relatives à l'élevage constituent le principal enjeu du droit de l'animal, et ce pour trois raisons :
- d'une part le nombre d'individus concernés (des milliards chaque année) ;
- d'autre part les conditions d'exploitation (l'industrialisation de l'élevage génère intrinsèquement un mal-être animal au nom de la rentabilité économique) ;
- enfin la durée de celle-ci (à la différence d'un mauvais traitement, d'un transport ou d'un abattage, l'élevage va s'inscrire dans la durée).
Il est possible d'ajouter à ces considérations centrées sur l'intérêt de l'animal, des préoccupations purement humaines tenant à l'impact de cette activité sur notre environnement à travers, notamment, les émissions de CO_2 (15 % du total des émissions au niveau mondial), la consommation de la ressource en eau et la perte de terres cultivables.

356.   L'état du droit. Le droit ne soumet qu'à des règles minimales l'exploitation des animaux d'élevage. Son objectif ne peut être regardé comme visant à assurer le bien-être de ces animaux mais seulement à corriger, de façon marginale, les pratiques de cette industrie.

357.   Textes. Le droit français de l'élevage est formé de textes nationaux et européens.
Les dispositions d'origine interne sont de nature réglementaire. Elles ont été introduites par voie d'arrêtés ministériels et se trouvent pour l'essentiel codifiées dans le code rural. Nombre de ces dispositions ont été adoptées pour transposer des directives européennes.
Les dispositions d'origine européenne se composent de directives et de règlements

---

[540] Code rural, art. L. 211-27, al. 4.

135

de l'UE[541].

Les règlements de l'UE sont obligatoires dans toutes leurs dispositions dès leur publication au Journal officiel de l'Union européenne. Comme une loi nationale, ils produisent un effet direct complet : effet vertical (ils peuvent être opposés aux autorités publiques ; toutefois, cet effet ne revêt qu'un intérêt limité en matière d'élevage car les prescriptions des règlements s'adressent avant tout aux éleveurs) ; effet horizontal (ils peuvent être opposés aux personnes privées et, par suite, s'imposent par eux-mêmes aux acteurs de la filière). Ils déploient leurs effets immédiatement, sans mesures de réception de la part des États membres.

Pour leur part, les directives définissent des objectifs à l'intention des États membres, à qui il appartient de prendre des mesures de transposition en droit interne. La directive fixe des objectifs, les États les transforment en règles aux moyens de lois et règlements. Il en résulte deux conséquences. D'une part, le principal intérêt de la directive tient à ce qu'elle constitue l'origine d'une législation ou réglementation nationale. Celle-ci est prise pour se conformer aux objectifs de la directive. D'autre part, la directive ne peut pas, par elle-même, être invoquée à l'encontre des acteurs de la filière : elle a pour destinataire les États, pas les particuliers[542]. De ce fait, d'un point de vue juridique et concret, le texte

---

[541] La compétence de l'Union pour légiférer en matière d'animal d'élevage avait été critiquée par le Royaume-Uni. La Cour de justice a néanmoins considéré que l'Union (à l'époque les « Communautés européennes ») disposait bien d'un titre pour intervenir, sur le fondement de sa compétence en matière agricole, aux fins d'harmonisation des législations nationales (CJCE, 23 févr. 1988, Royaume-Uni c/ Conseil des Communautés européennes, aff. C-131/86). Cette base juridique correspond aujourd'hui à l'article 43 du TFUE.

[542] Ainsi, si une directive est mal transposée ou non transposée dans les délais, la filière n'est pas soumise à ses dispositions. En effet, dans un tel cas de figure et en vertu du principe *Nemo auditur*, l'État ne peut l'opposer à l'éleveur.

Passé le délai de transposition, il est en revanche possible d'opposer à l'État la directive. Premièrement, tout intéressé peut exiger de lui une transposition correcte (en cas de transposition tardive ou incomplète). Deuxièmement, toute victime d'une transposition incorrecte ou d'une absence de transposition peut chercher à engager sa responsabilité. Cette possibilité, toutefois, ne paraît pas pouvoir être mise en œuvre dans le domaine de l'élevage : il est en effet difficile d'identifier qui serait fondé à se plaindre d'avoir subi un préjudice en raison d'une mauvaise transposition. Troisièmement, un tiers pourrait théoriquement se prévaloir des dispositions précises et inconditionnelles des directives. Toutefois, cette invocation ne pourrait être opposée qu'à l'État, et non pas aux éleveurs. Elle présente de ce fait un intérêt réduit, voire nul. Quatrièmement, la Commission européenne peut engager un recours en manquement contre l'État en cas de transposition incomplète ou d'absence de transposition. Il est possible, à cet égard, de saisir directement la Commission ou ses représentations en France, pour lui demander de déclencher une

national de transposition compte davantage que la directive. Pour cette raison, les directives ne seront ici mentionnées qu'en tant que source d'inspiration de la réglementation nationale pertinente. Dans la mesure où elles ne présentent pas d'invocabilité directe, seules les dispositions internes, prises pour leur transposition, seront analysées.

CHAPITRE 1. L'ELEVAGE

358.   Deux types de règles. Deux types de règles sont applicables : d'une part les règles de suivi des animaux, prises au nom de la santé publique ; d'autre part les règles de protection des animaux, conçues pour assurer leur « bien-être » (en réalité atténuer leur « mal-être »).

Section 1. Les règles de suivi (identification et enregistrement du bétail)

359.   Règles spécifiques pour chaque espèce. Certaines espèces sont soumises à une obligation d'identification des individus concernés. Les modalités d'identification diffèrent selon l'espèce considérée[543]. Par exemple, pour les bovins, une marque auriculaire est prévue.

360.   Traçabilité des individus. L'obligation d'identifier et d'enregistrer les animaux se justifie par des impératifs de sécurité sanitaire des aliments.

361.   Rôle des établissements de l'élevage. Des « établissements de l'élevage », agréés par la puissance publique sont chargés de tenir un registre recensant les animaux d'élevage présents dans son périmètre, qui peut être départemental, interdépartemental, régional ou interrégional[544].

362.   Sanction pénale. Le code rural incrimine le fait de ne pas respecter les règles relatives à l'identification[545].

---

telle action.

[543] Espèces bovine, ovine, caprine et porcine (code rural, art. R. 212-15 et s.) ; équidés et camélidés (art. D. 212-46 et s.) ; carnivores domestiques (art. D. 212-63 et s.).

[544] Code rural, art. L. 653-7. Pour les dispositions réglementaires détaillant son rôle, et les modalités de tarification des opérations d'identification, v. art. R. 212-15 et s. du code rural.

[545] Code rural, art. R. 215-12 à R. 215-15.

Section 2. Les règles de « bien-être »

363. **Règles transversales et par espèces.** Certaines normes relatives au « bien-être » des animaux sont communes à toutes les espèces. D'autres sont propres à des espèces particulières.

I. Les dispositions communes à tous les animaux d'élevage

364. **Dispositions européennes.** Les règles d'origines européennes relatives à tous les animaux d'élevage présentent des effets limités.

D'une part, la convention européenne sur la protection des animaux dans les élevages (10 mars 1976) ne déploie par elle-même aucun effet juridique en droit national, ainsi que cela ressort de son article 2, aux termes duquel « Chaque Partie contractante donne effet aux principes de protection des animaux fixés dans la présente Convention aux articles 3 à 7 ». Il ressort de cette formulation qu'il appartient à l'État de reprendre les stipulations de la convention dans des textes de droit interne mais que celles-ci ne sont, par elles-mêmes, pas opposables.

D'autre part, la directive 98/58/CE du Conseil sur la protection des animaux dans les élevages ne constitue qu'une directive, insusceptible en tant que telle d'être opposée aux acteurs de la filière[546]. Elle fixe un standard minimal.

365. **Dispositions internes.** En droit interne, les règles communes résultent d'un arrêté interministériel du 25 octobre 1982 relatif à l'élevage, à la garde et à la détention des animaux, modifié par un arrêté du 30 mars 2000. Le chapitre 1er de son annexe I détermine les règles applicables aux « animaux élevés ou détenus pour la production d'aliments, de laine, de peau ou de fourrure ou à d'autres fins agricoles et équidés domestiques ». Celui-ci comporte trois séries de dispositions.

Les premières sont relatives aux bâtiments, locaux de stabulation (c'est-à-dire aux enclos) et aux équipements[547].

Les deuxièmes sont relatives à l'élevage en plein air[548].

Les troisièmes sont relatives à la conduite de l'élevage des animaux, tant en plein air qu'en bâtiments[549].

Ces dispositions établissent un standard relativement faible.

On relèvera que le code rural comporte des dispositions sur la monte publique des espèces bovine, ovine, caprine et porcine et des carnivores domestiques. Elles

---

[546] Sur les limites des directives, v. § 357.

[547] Luminosité, propreté, hygiène, ventilation, inspections, etc.

[548] Protection contre les intempéries et les prédateurs.

[549] Alimentation saine et adaptée, accès à l'eau en quantité suffisante, soins, inspections, etc.

détaillent notamment les personnes autorisées à l'organiser et les animaux sélectionnés[550].

366.   Incrimination des mauvais traitements. Le code rural[551] punit de six mois d'emprisonnement et de 7 500 euros d'amende le fait pour toute personne exploitant un établissement d'élevage d'exercer ou de laisser exercer sans nécessité des mauvais traitements envers les animaux placés sous sa garde. Les peines complémentaires d'interdiction de détenir un animal ou d'exercer une activité professionnelle peuvent être prononcées[552].

De façon plus spécifique, est interdit l'usage d'un aiguillon, c'est-à-dire de tout objet terminé à l'une de ses extrémités par une fine pointe métallique ou une lame acérée pour exciter ou faire se déplacer des animaux[553].

II. Les dispositions propres à certains animaux d'élevage

367.   Un nombre limité d'animaux. Seuls certains animaux d'élevage font l'objet de textes qui leurs sont spécifiques : les poules pondeuses ; les porcs ; les veaux ; les poulets ; les espèces bovines, ovines, caprines et équidés. Il est régulièrement regretté que certains animaux ne fassent pas l'objet de législations spécifiques, comme les lapins ou les vaches laitières, ou encore les canards et les dindes, compte tenu tant du nombre d'individus concernés que des conditions dans lesquels ils sont exploités[554].

A. Poules pondeuses

368.   Textes. La réglementation sur les poules pondeuses trouve son origine dans la directive 1999/74/CE, transposée par arrêté du 1er février 2002 établissant les normes minimales relatives à la protection des poules pondeuses. Elle s'applique aux établissements de plus de 350 poules pondeuses. L'arrêté distingue

---

[550] Code rural, art. R. 222-6 et s.

[551] Code rural, art. L. 215-11.

[552] Crim., 15 juin 2021, n° 20-84.271 : peine d'interdiction prononcée à l'encontre d'un éleveur pour prévenir le risque de récidive, la profession d'éleveur de bovins lui ayant permis de commettre les infractions de mauvais traitements sur ses animaux.

[553] Code rural, art. R. 214-36. Son usage est puni d'une peine d'amende prévue pour les contraventions de la 4ème classe (art. R. 215-4, IV).

[554] V. Sur ce point les développements dans Parlement européen, Direction générale des politiques internes, *Le bien-être animal dans l'Union européenne*, 2017, PE 583.114, à partir du point 10.

l'élevage en cages[555] et les systèmes hors cage (systèmes dits « alternatifs », notamment les volières et les élevages au sol, avec ou sans parcours extérieur).

369.   Élevage en cage. L'article 8 de l'arrêté fixe les exigences à satisfaire pour l'élevage en cages aménagées.

D'une part, les poules pondeuses doivent disposer :

- d'au moins 750 centimètres carrés de la superficie de la cage par poule, la cage devant en outre faire au moins 20 centimètres de haut ;
- d'un nid ;
- d'une litière permettant le picotage et le grattage ;
- de perchoirs appropriés offrant au moins 15 centimètres par poule ;
- d'une mangeoire utilisable sans restriction et offrant au moins 12 centimètres par animal présent dans la cage ;
- d'un système d'abreuvement approprié dans chaque cage ;
- de dispositifs appropriés prévenant la pousse excessive des griffes des poules.

D'autre part, pour faciliter l'inspection, l'installation et le retrait des animaux :

- les rangées de cages doivent être séparées par des allées d'une largeur minimale de 90 centimètres ;
- et un espace d'au moins 35 centimètres doit être prévu entre le sol du bâtiment et les cages des rangées inférieures.

La loi Egalim du 30 octobre 2018[556] interdit la construction de nouveaux élevages de poules pondeuses en cage[557]. Le décret d'application nécessaire à l'entrée en vigueur de cette interdiction n'a pas été adopté dans un délai raisonnable. Aussi le Conseil d'État a-t-il, à la demande d'une organisation de défense des animaux, ordonné au gouvernement de prendre ce décret[558], qui a finalement été adopté le 14 décembre 2021[559].

370.   Élevage hors cage. L'article 3 de l'arrêté fixe les exigences à satisfaire

---

[555] Plus exactement en cages dites « aménagées », l'arrêté interdisant les cages non aménagées.

[556] Loi n° 2018-938 du 30 octobre 2018 pour l'équilibre des relations commerciales dans le secteur agricole et alimentaire et une alimentation saine, durable et accessible à tous.

[557] Aux termes de l'article L. 214-11 du code rural, modifié par l'article 68 de la loi, « La mise en production de tout bâtiment nouveau ou réaménagé d'élevage de poules pondeuses élevées en cages est interdite à compter de l'entrée en vigueur de la loi n° 2018-938 du 30 octobre 2018 pour l'équilibre des relations commerciales dans le secteur agricole et alimentaire et une alimentation saine, durable et accessible à tous ».

[558] CE, 27 mai 2021, *Asso. CIWF France*, n° 441660, *Lebon T.*

[559] Décret n° 2021-1647 du 14 décembre 2021 précisant les modalités d'application de l'article L. 214-11 du code rural et de la pêche maritime portant interdiction de la mise en production de tout bâtiment nouveau ou réaménagé d'élevage de poules pondeuses élevées en cages.

dans les systèmes alternatifs.

En premier lieu, les poules doivent disposer :

- de mangeoires appropriées (10 centimètres de longueur par poule en cas de mangeoires longitudinales ; 4 centimètres de longueur par poule en cas de mangeoires circulaires) ;

- d'abreuvoirs appropriés (2,5 centimètres de longueur par poule en cas d'abreuvoirs continus ; 1 centimètre de longueur par poule en cas d'abreuvoirs circulaires) ;

- d'au moins un nid pour 7 poules ;

- de perchoirs appropriés (sans arête acérée et offrant au moins 15 centimètres par poule) ;

- d'au moins 250 centimètres carrés de la surface de la litière par poule, la litière occupant au moins un tiers de la surface au sol.

En deuxième lieu, le sol des installations doit être construit de telle sorte qu'il supporte de manière adéquate chacune des serres antérieures de chaque patte.

En troisième lieu, les modalités de déplacements des poules sont précisées. D'une part, pour les systèmes qui permettent aux poules pondeuses de se déplacer librement entre différents niveaux, un certain nombre d'exigences sont posées : le nombre de niveaux superposés est limité à 4 ; la hauteur libre entre les niveaux doit être de 45 cm au moins ; les équipements d'alimentation et d'abreuvement doivent être répartis de manière à ce que toutes les poules y aient pareillement accès ; les niveaux doivent être installés de manière à empêcher les fientes de tomber sur les niveaux inférieurs. D'autre part, lorsque les poules pondeuses ont accès à des espaces extérieurs, plusieurs trappes de sorties doivent donner directement accès à l'espace extérieur et avoir au moins une hauteur de 35 centimètres et une largeur de 40 centimètres et être réparties sur toute la longueur du bâtiment. Ces espaces extérieurs doivent être pourvus d'abris contre les intempéries et les prédateurs et d'abreuvoirs appropriés.

En quatrième lieu, la densité animale dans les bâtiments d'élevage ne doit pas comporter plus de neuf poules pondeuses par mètre carré de surface utilisable.

B. Porcs

371.   Réglementation. Les règles de parcage des porcs sont fixées par l'arrêté du 16 janvier 2003 établissant les normes minimales relatives à la protection des porcs. Une directive a été adoptée en 2008 (directive 2008/120/CE du Conseil du 18 décembre 2008 établissant les normes minimales relatives à la protection des porcs) mais n'a pas été transposée, l'arrêté de 2003 étant regardé comme satisfaisant déjà à l'ensemble des objectifs énoncés par celle-ci.

372. **Prescriptions générales.** L'article 3 de l'arrêté définit la superficie dont doit disposer chaque animal (I), en fonction de son poids (ex : 15 cm2 par animal pour des porcs de 10 kilos ; 1 m2 par animal pour des porcs de plus de 110 kilos). Des superficies plus importantes sont prévues pour les cochettes après la saillie et les truies gestantes (autour de 2 m2 par animal).

Des dispositions définissent les caractéristiques du revêtement au sol (II) et de leur alimentation (VI et VII). Il est également prévu que les animaux vivent en groupe, sauf nécessité d'isoler temporairement un individu agressif ou blessé (VIII).

373. **Dispositions spécifiques.** Des dispositions spécifiques sont prévues en annexe de l'arrêté.

Certaines concernent tous les animaux (ch 1). Elles portent sur les éléments suivants :

- le bruit (pt. 1 : les niveaux de bruit continu atteignant 85 dB doivent être évités, ainsi que tout bruit constant ou soudain) ;
- la luminosité (pt. 2 : les porcs doivent être exposés à une lumière d'une intensité au moins égale à 40 lux pendant un minimum de huit heures par jour) ;
- le logement (pt. 3 : une aire de couchage confortable, convenablement asséchée et propre, permettant à tous les animaux de se coucher en même temps, permettant de se reposer et de se lever normalement et de voir d'autres porcs) ;
- les activités (pt. 4 : tous les porcs doivent pouvoir accéder en permanence à une quantité suffisante de matériaux permettant des activités de recherche et de manipulation suffisantes, tels que la paille, le foin, la sciure de bois, le compost de champignons, la tourbe) ;
- le sol (pt. 5) ;
- l'alimentation (pt. 6 : au moins une fois par jour) ;
- l'accès permanent à l'eau fraîche (pt. 7).

S'agissant des atteintes à leur intégrité (pt. 8), sont autorisées (à certaines conditions et selon certaines modalités) :
- la réduction des coins ou des défenses, et la section partielle de la queue[560] ;

---

[560] La section partielle de la queue (appelée « caudectomie ») et la réduction des coins ne peuvent être réalisées sur une base de routine, mais uniquement lorsqu'il existe des preuves que des blessures causées aux mamelles des truies ou aux oreilles ou aux queues d'autres porcs ont eu lieu. Avant d'exécuter ces procédures, d'autres mesures doivent être prises afin de prévenir la caudophagie (blessure de la queue) et d'autres vices, en tenant compte du milieu de vie et des taux de charge. Pour cette raison, les conditions d'ambiance ou les systèmes de conduite des élevages doivent être modifiés s'ils ne sont pas appropriés. Les procédures décrites ci-dessus ne sont exécutées que par un vétérinaire ou une personne formée et expérimentée pour mettre en œuvre les techniques concernées avec les moyens appropriés et dans des conditions hygiéniques. Ces procédures doivent

- la castration des porcs mâles ;
- la pose d'anneaux dans le nez (dans les systèmes d'élevage en plein air).
D'autres dispositions sont propres aux différentes catégories de porcs (ch 2) : verrats, truies et cochettes, porcelets, porcelets sevrés et porcs de production.

C. Veaux

374.   Réglementation. Les règles relatives au parcage des veaux sont fixées par un arrêté du 20 janvier 1994 établissant les normes minimales relatives à la protection des veaux. Une directive a été adoptée en 2008 (directive 2008/119/CE du Conseil du 18 décembre 2008 établissant les normes minimales relatives à la protection des veaux). Celle-ci n'a pas fait l'objet de mesures spécifiques de transposition, les dispositions de l'arrêté de 1994 étant considérées comme satisfaisant déjà aux objectifs de la directive. Le texte s'applique aux exploitations comportant au moins 6 veaux.

375.   Cases. L'article 3 bis de l'arrêté précise les caractéristiques des cases dans lesquelles sont enfermés les veaux.
Jusqu'à 8 semaines, ils peuvent être enfermés dans des cases individuelles. La largeur de toute case individuelle est au moins égale à la taille du veau au garrot, et la longueur est au moins égale à la longueur du veau, multipliée par 1,1. Toutes les cases individuelles pour veaux doivent être pourvues de parois ajourées permettant un contact visuel et tactile direct entre les veaux.
À partir de l'âge de 8 semaines, les cases individuelles sont interdites, excepté en cas de maladie. Cette mesure est justifiée par la nature grégaire des bovins. Les cases collectives doivent présenter une taille minimale en fonction du poids des animaux présents :

Poids de l'animal en kg	Surface en m2
- de 150	1,5
De 150 à 220	1,7
+ de 220	1,8

---

faire appel à des techniques de nature à réduire au minimum toute douleur ou stress pour les animaux. Si la castration ou la section partielle de la queue sont pratiquées plus de sept jours après la naissance, une anesthésie complétée par une analgésie prolongée doit être réalisée par un vétérinaire.

En pratique, l'interdiction de pratiquer la coupe de la queue sur une base routinière est très peu respectée. Quasiment tous les élevages la pratiquent mais les condamnations sont extrêmement rares (pour un exemple, v. TJ Moulins, 6 avril 2022, n° 405/22, inédit ; *RSDA* 2022-1, chron. J. Leroy).

376.   Autres dispositions. L'annexe de l'arrêté fixe des prescriptions relatives à la santé, l'alimentation, la surveillance et les niveaux d'éclairage. Il prévoit notamment :
- l'inspection des équipements au moins une fois par jour (pt. 3) ;
- un éclairage entre 9h et 17h (pt. 4) ;
- l'interdiction d'attacher les veaux (pt. 7), à l'exception des veaux logés en groupe, qui peuvent être attachés durant des périodes d'une heure au maximum au moment de la distribution de lait ;
- des exigences sur l'hygiène et la salubrité (pt. 8) ;
- une alimentation appropriée à leur âge et à leur poids et tenant compte de leurs besoins comportementaux et physiologiques pour favoriser un bon état de santé et leur bien-être (pts. 10 et 11) ;
- l'accès à l'eau (pt. 12), en « quantité suffisante » en conditions normales, « à tout moment » lorsque le temps est très chaud ou lorsque les veaux sont malades.

D. Poulets

377.   Réglementation. Les règles relatives au parcage des poulets sont fixées par un arrêté du 28 juin 2010 établissant les normes minimales relatives à la protection des poulets destinés à la production de viande. Cet arrêté transpose la directive 2007/43/CE du Conseil du 28 juin 2007 fixant des règles minimales relatives à la protection des poulets destinés à la production de viande. Il s'applique aux exploitations de plus de 500 poulets.

378.   Formation. L'article 4 de l'arrêté exige la formation du personnel.

379.   Densité. L'article 3 de l'arrêté définit les règles relatives à la densité. Celle-ci ne doit pas dépasser 33 kg/m².

380.   Inspection. Tous les poulets élevés dans l'exploitation doivent être inspectés au moins deux fois par jour (pt. 7 de l'annexe 1).

381.   Autres exigences. L'annexe de l'arrêté comporte des dispositions relatives aux conditions de vie des poulets : abreuvoirs, alimentation, litière, ventilation et chauffage, bruit (les équipements sont conçus de manière à provoquer « le moins de bruit possible », cette prescription n'étant pas des plus contraignantes…), lumière, nettoyage.

E. Les poussins

382.   Broyage des poussins. Pendant longtemps, les poussins mâles étaient broyés à la naissance (ou gazés au CO2) en raison de leur absence de rentabilité (en effet, ils ne peuvent pondre des œufs et il est trop coûteux de les élever pour la consommation). L'opinion publique tolérant de moins en moins cette pratique, une interdiction de procéder au broyage ou au gazage des poussins a été prise par décret en 2022[561]. Pour éviter la naissance de poussins mâles, les exploitants procèdent désormais à une détection du sexe in ovo, et détruisent les œufs qui contiennent un embryon de poussin mâle.

F. Espèces bovine, ovine, caprine et équidés (plein air)

383.   Pas de plein air dans certaines circonstances. Le code rural[562] interdit de garder en plein air des animaux des espèces bovine, ovine, caprine et des équidés dans deux circonstances :
- lorsqu'il n'existe pas de dispositifs et d'installations destinés à éviter les souffrances qui pourraient résulter des variations climatiques ;
- lorsque l'absence de clôtures, d'obstacles naturels ou de dispositifs d'attache ou de contention en nombre suffisant est de nature à leur faire courir un risque d'accident (tel serait le cas, par exemple, en cas de pâturage à proximité d'une route ou d'un précipice)[563].

III. La perspective d'une fin de l'élevage en cage

384.   *End the cage.* À la suite d'une initiative citoyenne européenne, ayant conduit à rassembler 1,4 millions de signatures de citoyens demandant la fin de l'élevage en cage (initiative « *End the cage age* »), la Commission européenne a accueilli cette initiative le 30 juin 2021 et accepté de proposer une réforme législative en vue d'interdire ce procédé[564].

---

[561] Décret n° 2022-137 du 5 février 2022 relatif à l'interdiction de mise à mort des poussins des lignées de l'espèce Gallus gallus destinées à la production d'œufs de consommation et à la protection des animaux dans le cadre de leur mise à mort en dehors des établissements d'abattage, qui a introduit un II à l'article R. 214-17 du code rural. La méconnaissance de cette interdiction est punie de la peine d'amende prévue pour les contraventions de la 5e classe (c. rural, art. R. 215-4, V).

[562] Code rural, art. R. 214-18.

[563] Il est précisé que les animaux gardés, élevés ou engraissés dans les parcages d'altitude ne sont soumis à ces dispositions « qu'en dehors des périodes normales d'estivage ».

[564] V. les détails de la réforme proposée, et du calendrier envisagé, sur le site de la Commission européenne.

CHAPITRE 2. LES FOIRES A BESTIAUX

385.   Règles sanitaires et de bien-être. La vente d'animaux d'élevage ou de rente peut être organisée dans des foires ou marchés, lieux dans lesquels est organisée une mise en relation entre vendeurs et acheteurs, qui peuvent ainsi voir les animaux proposés à la vente, les toucher, les observer et les comparer. Le code rural encadre le déroulement des foires et marchés, notamment en définissant des règles de salubrité et en imposant la présence d'un vétérinaire pour veiller à leur respect[565].

Ces dispositions sont complétées par l'arrêté du 25 octobre 1982 relatif à l'élevage, à la garde et à la détention des animaux, plus précisément le chapitre 1er (« foires et marchés ») de son annexe II, davantage axées sur le « bien-être » des animaux que la salubrité (revêtement au sol, alimentation, litière, etc.).

CHAPITRE 3. LE TRANSPORT

386.   Textes. Les règles relatives au transport des animaux d'élevage résultent du règlement (CE) n° 1/2005 du Conseil relatif à la protection des animaux pendant le transport et les opérations annexes (entré en vigueur le 25 janvier 2005). Ce règlement est complété par des dispositions de droit interne codifiées aux articles R. 214-49 et suivants du code rural. Ces dispositions s'appliquent au transport d'animaux vertébrés vivants à l'intérieur de l'Union[566].

387.   Principes généraux. L'article 3 du règlement fixe les principes généraux du transport :
- nul ne transporte ou ne fait transporter des animaux dans des conditions telles qu'ils risquent d'être blessés ou de subir des souffrances inutiles ;
- toutes les dispositions nécessaires ont été prises préalablement afin de « limiter au minimum » la durée du voyage et de « répondre aux besoins des animaux » durant celui-ci ;
- les animaux sont « aptes » à entreprendre le voyage prévu ;
- le personnel manipulant les animaux possède la formation ou les compétences requises à cet effet et s'acquitte de ses tâches sans recourir à la violence ou à des méthodes susceptibles d'effrayer inutilement les animaux ou de leur infliger des blessures ou des souffrances inutiles ;
- le transport est effectué sans retard jusqu'au lieu de destination et les conditions

---

[565] Code rural, art. L. 214-14 et s.

[566] Art. 1er règlement ; art. R. 214-50 du code rural. V. également les exceptions apportées, comme celle concernant la transhumance.

de bien-être des animaux sont « régulièrement » contrôlées et maintenues « de façon appropriée » ;

- une surface au sol et une hauteur « suffisantes » sont prévues pour les animaux, compte tenu de leur taille et du voyage prévu ;

- de l'eau, de la nourriture et des périodes de repos sont proposés aux animaux à « intervalles réguliers » et sont adaptés, en qualité et en quantité, à leur espèce et à leur taille ;

- toutes les dispositions nécessaires doivent avoir été prises préalablement afin de limiter au minimum la durée du voyage et de répondre aux besoins des animaux durant celui-ci.

Ces formules sont larges, ce qui peut conduire à s'interroger sur leur portée juridique. En tout état de cause, elles fournissent des indications sur la finalité des dispositions plus précises qui les mettent ensuite en œuvre dans le règlement. Elles peuvent ainsi servir de référent pour fixer leur interprétation.

388. Transporteurs. Les transporteurs sont soumis à diverses obligations :
- disposer d'un agrément (valable 5 ans) délivré par le préfet[567] ;
- disposer d'une autorisation administrative pour tous les voyages supérieurs à 65 kms ;
- disposer des documents présentant des informations détaillées sur l'origine et le propriétaire des animaux, la destination et la durée escomptée du voyage prévu ;
- veiller à ce qu'un convoyeur accompagne les animaux, à moins que ceux-ci soient transportés dans des conteneurs pourvus de suffisamment de nourriture et d'eau.

Pour les voyages de longue durée (plus de 8 heures) entre les pays de l'UE et vers des pays hors de l'UE, les transporteurs doivent posséder les autorisations, documents, système de navigation satellite et plans de sécurité requis en cas d'urgence ; les autorités nationales doivent mener des contrôles sur le lieu de

---

[567] Les modalités de cet agrément sont fixées par l'article R. 214-51 du code rural.

Est réputé titulaire de cet agrément tout transporteur titulaire de l'agrément prévu par le règlement de l'UE précité. Pour les transporteurs établis sur le territoire national, cet agrément est délivré par le préfet du département de leur siège social ou de leur principal établissement. L'agrément est accordé pour cinq ans et est renouvelable sur demande de son titulaire. Le contenu du dossier de demande d'agrément est défini par arrêté du ministre chargé de l'agriculture. Ce dossier comprend notamment un document par lequel le transporteur s'engage à :

- respecter les exigences en matière de santé et de protection animales ;
- garantir en permanence la qualification du personnel assurant la fonction de convoyeur au sein de l'entreprise, pour manipuler et transporter les animaux, ainsi que pour donner, en cas de nécessité, les soins appropriés aux animaux transportés.

départ et ensuite de façon aléatoire à tout moment du voyage.

Les transports d'animaux sont interdits les jours de canicule, sauf pour les camions comportant des dispositifs de climatisation[568].

389.   Détenteurs d'animaux et opérateurs des centres de rassemblement. Les détenteurs d'animaux et les opérateurs de centre de rassemblement (exploitations, centres de regroupement et marchés) doivent veiller à ce que les règles et les normes de bien-être soient respectées sur les lieux de départ, de transfert et de destination.

390.   Autorité publique. L'autorité administrative inspecte les véhicules. Elle veille à ce que les transporteurs disposent d'un personnel, d'équipements et de procédures opérationnelles suffisants et appropriés.

En cas d'urgence ou de non-respect des règles de bien-être, les autorités nationales peuvent exiger de la part du transporteur :

- un changement de conducteur ou de convoyeur ;
- une réparation temporaire du moyen de transport ;
- le transfert du lot vers un autre véhicule ;
- le retour des animaux sur leur lieu de départ ;
- le déchargement des animaux et leur hébergement dans un local adéquat.

391.   Sanction pénale. Le manquement aux obligations précitées sont punies de l'amende prévue pour les contraventions de la 4ème classe[569].

CHAPITRE 4. L'ABATTAGE

Section 1. Cadre général

392.   Textes. Les règles relatives à l'abattage des animaux d'élevage résultent du règlement (CE) n° 1099/2009 sur la protection des animaux au moment de leur mise à mort (applicable depuis le 1er janvier 2013)[570] et sur les dispositions législatives et réglementaires du code rural.

393.   Principes généraux. Les principes généraux de l'abattage sont fixés par l'article 3 du règlement européen. Il prévoit que « Toute douleur, détresse ou

---

[568] Arrêté du 22 juillet 2019 restreignant le transport routier d'animaux vertébrés terrestres vivants durant les épisodes caniculaires, NOR : AGRG1921669A.

[569] Code rural, art. R. 215-6 et R. 215-7.

[570] Avant ce règlement s'appliquait la directive 74/577/CEE sur l'étourdissement des animaux avant leur abattage.

souffrance évitable est épargnée aux animaux lors de la mise à mort et des opérations annexes »[571]. À cette fin, les exploitants doivent, en particulier, prendre les mesures nécessaires pour faire en sorte que les animaux :
- bénéficient du confort physique et d'une protection, notamment en étant maintenus propres, dans des conditions thermiques adéquates et en étant protégés contre les chutes ou glissades ;
- soient protégés contre les blessures ;
- soient manipulés et logés compte tenu de leur comportement normal ;
- ne présentent pas de signes de douleur ou de peur évitables, ou un comportement anormal ;
- ne souffrent pas d'un manque prolongé d'aliments ou d'eau ;
- soient empêchés d'avoir avec d'autres animaux une interaction évitable qui pourrait nuire à leur bien-être.

394.   Abattoirs. Les « tueries particulières » (c'est-à-dire pratiquées par un particulier, hors abattoirs) « sont interdites »[572]. L'abattage d'un animal ne peut avoir lieu que dans un abattoir[573], défini comme « tout établissement ou installation agréé par le préfet, utilisé pour l'abattage »[574]. Il en résulte que les abattoirs (donc les structures autorisées par le préfet) disposent d'un monopole pour procéder à l'abattage des animaux d'élevage.

Des règles relatives à l'abattoir sont prévues par les articles L. 654-4 et suivants du code rural. Ces dispositions prévoient notamment que l'activité est assurée par un exploitant unique, et que celui-ci est seul habilité à exécuter les opérations d'abattage. L'abattoir peut être exploité en régie ou faire l'objet d'une délégation.

---

[571] V., dans le même sens, l'article R. 214-65 du code rural : « Toutes les précautions doivent être prises en vue d'épargner aux animaux toute excitation, douleur ou souffrance évitables pendant les opérations de déchargement, d'acheminement, d'hébergement, d'immobilisation, d'étourdissement, d'abattage ou de mise à mort ».

[572] Code rural, art. L. 654-3, al. 1er. L'alinéa second précise que « Sont seules autorisées les tueries de volailles et de lagomorphes » (lapins) « installées dans une exploitation par un éleveur pour son seul usage, dans lesquelles est abattu annuellement un nombre d'animaux inférieur à un seuil fixé par décret ». Ce décret fixe également la destination des animaux abattus ainsi que les conditions d'aménagement, d'équipement et de fonctionnement de ces tueries. V. les articles D. 654-2 et s. du code rural.

[573] Sous réserve des exceptions prévues par les articles R. 214-78 (lutte contre les maladies réglementées ; animaux élevés pour leur fourrure ; poussins et embryons refusés dans les couvoirs) et R. 231-6 (consommation familiale, animaux abattus pour cause d'accident, taureaux mis à mort lors de corridas, animaux mis à mort comme dangereux ou susceptibles de présenter un danger…).

[574] Code rural, art. R. 214-64.

Le règlement européen prévoit que les procédures doivent être constamment contrôlées par les exploitants des abattoirs, qui doivent également désigner un responsable du bien-être des animaux[575] afin de veiller à ce que les procédures soient respectées.

395. **Procédés.** Le règlement européen (art. 4 à 6) et le code rural définissent les procédés d'abattage autorisés.

La suspension des animaux est interdite avant leur étourdissement ou leur mise à mort[576].

L'abattage obéit à une procédure normalisée dont les différentes étapes doivent toujours être effectuées dans le même ordre et selon les mêmes modalités.

Trois étapes doivent être suivies. Les animaux doivent d'abord être immobilisés[577], l'immobilisation consistant à limiter les mouvements de l'animal[578]. Celui-ci est ensuite étourdi, l'étourdissement (défini comme tout procédé qui plonge immédiatement l'animal dans un état d'inconscience[579]) étant « obligatoire avant l'abattage ou la mise à mort »[580]. Vient alors l'étape de l'abattage proprement dit : la saignée « doit commencer le plus tôt possible après l'étourdissement et en tout état de cause avant que l'animal ne reprenne conscience »[581].

Trois exceptions sont prévues à l'exigence d'un étourdissement préalable[582] : pour la pratique de l'abattage rituel, pour la mise à mort du gibier d'élevage, en cas de mise à mort d'urgence.

396. **Compétence des salariés.** Les opérations de mise à mort peuvent être menées uniquement par des personnes possédant le niveau de compétence approprié à cet effet sans causer aux animaux de douleur, détresse ou souffrance évitables. Certaines opérations demandent des certificats individuels de compétence[583] :

---

[575] V. également, de façon redondante, l'article L. 654-3-1 du code rural, créé par la loi n° 2018-938 du 30 octobre 2018 pour l'équilibre des relations commerciales dans le secteur agricole et alimentaire et une alimentation saine, durable et accessible à tous.

[576] Code rural, art. R. 214-69.

[577] Code rural, art. R. 214-69.

[578] Code rural, art. R. 214-64.

[579] Article R. 214-64, ajoutant que « Lorsque ce procédé permet un état d'inconscience réversible, la mise à mort de l'animal doit intervenir pendant l'inconscience de celui-ci ».

[580] Code rural, art. R. 214-70.

[581] Code rural, art. R. 214-71.

[582] Code rural, art. R. 214-70.

[583] Pour une présentation détaillée de la formation permettant de l'obtenir, voir rapport de la

- la manipulation des animaux et les soins qui leur sont donnés avant leur immobilisation ;
- l'immobilisation des animaux en vue de l'étourdissement ou de la mise à mort ;
- l'étourdissement des animaux et l'évaluation de l'efficacité de l'étourdissement ;
- l'accrochage, le hissage ou la saignée d'animaux vivants ;
- l'abattage selon des pratiques religieuses.

397.   Sanction pénale. Le manquement aux règles relatives à l'abattage est puni de l'amende prévue pour les contraventions de la 5e classe[584].

Section 2. La question de l'abattage rituel

398.   Notion. L'abattage rituel, en usage chez les Juifs et les Musulmans[585], consiste à égorger et saigner les animaux de boucherie sans étourdissement préalable, donc sans assommer l'animal[586]. L'artère de la trachée, de l'œsophage et du cou est tranchée d'un seul coup, et la baisse soudaine de la tension artérielle provoque la perte de connaissance de l'animal. La méthode vise à s'assurer que le sang se soit complètement écoulé de l'animal au moment de sa consommation.

399.   Régime. L'abattage rituel est autorisé tant par le règlement européen[587] que par le code rural[588]. Il est toutefois soumis à un certain nombre de conditions. En premier lieu, il ne peut être réalisé que dans un abattoir[589], qui plus est un abattoir s'étant vu autoriser la pratique de l'abattage rituel[590].
En deuxième lieu, l'animal doit être immobilisé par un procédé mécanique[591].

---

commission d'enquête sur les conditions d'abattage des animaux de boucherie dans les abattoirs français, rapp. AN n° 4038, 20 sept. 2016, 316 p., spé p. 164 et s.

[584] Code rural, art. R. 215-8.

[585] *L'Ancien Testament* (Genèse ch. 9, verset 4) et le *Coran* (5ème sourate) interdisent la consommation de sang, car le sang est considéré comme le siège de l'âme.

[586] Certains courants musulmans acceptent néanmoins l'étourdissement par l'électricité.

[587] Plus exactement, le règlement l'envisage mais n'en fait pas un droit (art. 4§4), laissant ainsi aux États membres la possibilité de l'autoriser ou non (v. CJUE, 17 déc. 2020, *Centraal Israëlitisch Consistorie van België e.a. c/ Vlaamse Regering*, aff. C-336/19 : sur cette décision, v. § 402).

[588] Code rural, art. R. 214-70.

[589] Article R. 214-73 : « Il est interdit à toute personne de procéder ou de faire procéder à un abattage rituel en dehors d'un abattoir. La mise à disposition de locaux, terrains, installations, matériel ou équipement en vue de procéder à un abattage rituel en dehors d'un abattoir est interdite ».

[590] Code rural, art. R. 214-70.

[591] Code rural, art. R. 214-74.

En troisième lieu, l'abattage rituel ne peut être effectué « que par des sacrificateurs habilités par les organismes religieux agréés »[592]. Les organismes agréés doivent faire connaître au ministre chargé de l'agriculture le nom des personnes habilitées. Si aucun organisme religieux n'a été agréé, le préfet du département dans lequel est situé l'abattoir utilisé pour l'abattage rituel peut accorder des autorisations individuelles sur demande motivée des intéressés.

400.   Une pratique incompatible avec le label bio. La Cour de justice de l'Union européenne a posé qu'une viande issue d'un abattage rituel ne peut bénéficier du label « biologique », lequel suppose un niveau accru de bien-être animal par rapport à l'élevage non labellisé[593].

401.   Contentieux interne. La possibilité de pratiquer un abattage sans étourdissement s'est trouvée contestée devant les juridictions administratives. Le Conseil d'État a considéré que l'absence d'obligation généralisée d'étourdissement préalable ne méconnaît, ni le droit de l'UE (art. 13 du TFUE et règlement 1099/2009), ni l'article L. 214-3 du code rural interdisant les mauvais traitements envers les animaux domestiques[594], ni le principe de laïcité[595]. En outre, il a admis qu'une collectivité publique puisse aménager un local en abattoir pour le mettre à la disposition d'un culte réalisant un abattage rituel d'animaux[596].

402.   La possibilité d'une obligation généralisée d'étourdissement préalable. Dans une importante décision rendue en 2020, la Cour de justice a estimé qu'un État pouvait édicter une obligation généralisée d'étourdissement préalable, donc sans prévoir de dérogation pour l'abattage pratiqué à des fins

---

[592] Code rural, art. R. 214-75. Ces organismes sont agréés par le ministre chargé de l'agriculture, sur proposition du ministre de l'intérieur.

[593] CJUE, 26 février 2019, Œuvre d'assistance aux bêtes d'abattoirs (OABA) c/ Ministre de l'Agriculture et de l'Alimentation e.a., aff. C-497/17 ; RSDA 2018-2, p. 103, com. O. Dubos.

[594] CE, 4 oct. 2019, Association Œuvre d'assistance aux bêtes d'abattoirs (OABA), n° 423647, Lebon T.

[595] CE, 5 juil. 2013, *Œuvre d'assistance aux bêtes d'abattoirs (OABA)*, n° 361441, *Lebon* ; *Dr. adm.* 2013, comm. 85, note G. Eveillard.

[596] CE, ass., 19 juil. 2011, *Cté urb. du Mans – Le Mans Métropole*, n° 309161, *Lebon*. Cette solution s'inscrit dans la lignée d'un courant jurisprudentiel qui, revenant sur la jurisprudence antérieure (CE, sect., 9 oct. 1992, Cne de Saint-Louis, *Lebon* 358), a admis que la puissance publique puisse, « dans l'intérêt général et dans les conditions prévues par les lois », accorder des subventions au bénéfice d'organismes ayant des activités cultuelles (CE, ass., 19 juill. 2011, *Féd. de libre pensée et de l'action sociale du Rhône*, n° 308817, *Lebon*, concl. E. Geffray).

religieuses[597]. Elle s'est basée, pour cela, sur quatre éléments : une telle mesure n'interdit pas un acte rituel (puisque l'animal est bel et bien vivant au moment où il est égorgé) ; dans la balance des intérêts en présence, le bien-être animal pèse aujourd'hui d'un poids nettement plus important qu'hier ; un texte imposant une obligation généralisée d'étourdissement préalable n'empêche pas de consommer (par l'importation) des animaux abattus sans étourdissement, depuis un pays qui autorise ce mode d'abattage ; la marge de liberté du législateur national, importante au regard du règlement, est encore amplifiée par l'absence de consensus entre les États membres sur la question de l'abattage rituel. Par cette solution, la Cour de justice ouvre aux États la possibilité de poser, dans les ordres nationaux, une obligation généralisée d'étourdissement préalable.

CHAPITRE 5. EFFECTIVITE

403. Les conditions de l'effectivité. Deux éléments apparaissent déterminants pour assurer l'efficacité des règles relatives à l'élevage : d'une part l'organisation de réels contrôles ; d'autre part, et plus encore, la formation du personnel.

404. Contrôles. La mise en œuvre de contrôles est prévue aussi bien les textes européens que par les textes internes. Pour autant, les contrôles sont en pratique très rares, tant sur les conditions de transport que sur les conditions d'abattage. En outre, les contrôles réalisés sont davantage axés sur les aspects sanitaires que le bien-être des animaux[598]. Différentes mesures ont été préconisées pour remédier à ces insuffisances, comme la mise en place de la vidéosurveillance dans les abattoirs[599] ou la répercussion des coûts de contrôle sur les acteurs de la filière[600]. La loi Egalim avait prévu la mise en place à titre expérimental de la vidéosurveillance pour une durée de deux ans, et uniquement sur la base du volontariat[601]. Seuls 2 établissements sur 270 abattoirs de boucherie et 3

---

[597] CJUE, 17 déc. 2020, *Centraal Israëlitisch Consistorie van België e.a. c/ Vlaamse Regering*, aff. C-336/19 ; *RSDA* 2020-2, p. 243, chron. M. Afroukh ; *RDLF* 2021 chron. n° 08, com. M. Oguey. V. également O. Le Bot, « Le bien-être animal et la liberté religieuse dans l'UE : le cas de l'abattage rituel, *Revue du droit de l'Union européenne (RDUE)* 2021, p. 539.

[598] V. Rapport de la commission d'enquête sur les conditions d'abattage des animaux de boucherie dans les abattoirs français, rapp. AN n° 4038, 20 sept. 2016, 316 p., spé p. 195 et s.

[599] V., outre les rapports précités, l'étude du Parlement européen intitulée « Le bien-être animal dans l'Union européenne », 2017, PE 583.114, p. 49, et le dossier à la *RSDA* 2017-2, p. 551 et s.

[600] Rapports précités de la Cour des comptes et de la mission d'inspection de l'Assemblée nationale.

[601] Loi n° 2018-938 du 30 octobre 2018 pour l'équilibre des relations commerciales dans le secteur agricole et alimentaire et une alimentation saine, durable et accessible à tous, art. 71. V. le décret

établissements sur 600 abattoirs de volailles s'étaient portés candidats[602]. La faiblesse de l'échantillon fait qu'il est difficile d'en tirer des conclusions[603].

405.   La formation du personnel. La formation du personnel est considérée comme la principale garantie d'un respect des règles encadrant la pratique de l'abattage[604]. Elle permet de connaître les méthodes autorisées, de savoir comment réagir face à l'animal et, surtout, de comprendre les raisons d'être des différentes règles et procédures instituées.

406.   Les mesures incitatives. Deux mesures sont de nature à inciter les éleveurs à un plus grand respect des règles.
La première tient à la conditionnalité des aides de la politique agricole commune (PAC). Le versement de ces aides est subordonné au respect de la réglementation applicable[605].
La seconde mesure incitative correspond aux labélisations, en particulier la labélisation agriculture biologique, délivrée uniquement aux exploitants se soumettant à des règles plus contraignantes en matière de bien-être animal[606].

---

d'application n° 2019-379 du 26 avril 2019 relatif à l'expérimentation de dispositif de contrôle par vidéo en abattoir.

[602] CGAAER, Rapport du Comité de suivi et d'évaluation de l'expérimentation du dispositif de contrôle par vidéo dans les abattoirs tel que prévu par l'article 71 de la loi du 30 octobre 2018, n° 19075-01, juin 2021, p. 7.

[603] Tout en ayant conscience de cette limite, les auteurs du rapport précité tentaient néanmoins d'en inférer des enseignements. Ils relevaient, en particulier, que « si la mise en place de caméras vidéo se banalisait et se généralisait, elle rentrerait sans doute dans la normalité en en faisant un des outils pertinents, à la disposition des professionnels, qui peut permettre de surveiller efficacement les animaux vivants jusqu'à leur mise à mort et particulièrement pour contrôler l'absence de signes de conscience. Le principe de focaliser les images sur l'animal ne pourra que faciliter son installation, son acceptation et son usage » (rapp. préc., p. 4).

[604] V. Rapport de la commission d'enquête sur les conditions d'abattage des animaux de boucherie dans les abattoirs français, rapp. AN n° 4038, 20 sept. 2016, 316 p., spé p. 163 et s.

[605] V. A. Di Concetto, « Le bien-être animal dans la Politique Agricole Commune : la prise en compte croissante d'une "attente sociétale" », *Droit rural* 2023, étude 1. Sur les critères et les modalités,   v.
https://www1.telepac.agriculture.gouv.fr/telepac/pdf/conditionnalite/2018/technique/Conditionnalite-2018_fiche-technique_bien-etre-animaux.pdf

[606] Règles définies par le règlement (UE) 2018/848 relatif à la production biologique et à l'étiquetage des produits biologiques, notamment son article 14 et les annexes auxquelles il renvoie. V. également le règlement d'exécution (UE) 2020/464 du 26 mars 2020.

CHAPITRE 6. ÉLEMENTS DE DROIT COMPARE

407. **Foie gras.** En Israël, la production du foie gras est interdite depuis 2003 par décision de la Cour suprême[607]. Celle-ci a jugé que le procédé du gavage était contraire à la loi sur la protection des animaux, qui prohibe la torture, la cruauté et la maltraitance (Section 2a). À l'issue d'un contrôle de proportionnalité, elle a estimé que le plaisir du palais n'était pas suffisant pour justifier l'intensité des souffrances infligées. En conséquence a-t-elle annulé le règlement administratif autorisant le gavage.

En 2004, une loi de l'État de Californie a interdit la production de foie gras[608]. Il a toutefois fallu attendre 2019, et l'épuisement des contentieux dont cette loi a fait l'objet, pour que celle-ci puisse déployer ses effets[609].

Pour sa part, la ville de New-York a interdit la vente du foie gras en 2019. L'interdiction a également été contestée.

Enfin, une dizaine d'États, parmi lesquels figure notamment la Suisse, interdisent la production du foie gras mais non sa commercialisation.

TITRE 4. L'ANIMAL D'EXPERIMENTATION

408. **Notion.** On entend par animal d'expérimentation celui qui est utilisé à des fins de recherches, c'est-à-dire sur lequel des recherches sont mises en œuvre.

409. **Deux régimes.** L'expérimentation animale est interdite à des fins cosmétiques. Elle est en revanche autorisée à des fins scientifiques.

---

[607] Cour Suprême d'Israël, 13 août 2003, *Noah vs. The Attorney General*, HCJ n° 9232/01, IsrLR 512.

[608] Health and Safety code – HSC [25980 - 25984]

[609] Pour une présentation synthétique de ce contentieux, v. X, « La Cour suprême valide l'interdiction du foie gras en Californie », *Le Monde*, 8 janv. 2019. Les opposants à ce texte soutenaient qu'un État ne peut pas interdire un ingrédient autorisé au niveau fédéral. Les juridictions ont toutefois considéré que le foie gras ne constitue pas un ingrédient mais une méthode de production.

Chapitre 1. Experimentation a des fins cosmetiques

410. Interdiction. L'expérimentation animale est interdite dans le domaine de la cosmétique par le règlement (CE) n° 1223/2009 du Parlement européen et du Conseil du 30 novembre 2009 relatif aux produits cosmétiques[610]. L'interdiction est double (art. 18). Elle vise :
– d'une part, la mise en vente de produits cosmétiques dont la formulation, ou les ingrédients, ont fait l'objet d'une expérimentation animale ;
– d'autre part, la réalisation, dans l'Union, d'expérimentations animales portant sur des produits cosmétiques ou des ingrédients de ces produits.

411. Interprétation jurisprudentielle. La Cour de justice a précisé la portée de cette interdiction dans un arrêt rendu en 2016[611].
Elle indique que « le règlement (CE) n° 1223/2009 ayant pour objectif d'établir les conditions d'accès au marché de l'Union pour des produits cosmétiques et d'assurer un niveau élevé de protection de la santé humaine, tout en veillant au bien-être des animaux en interdisant les expérimentations animales dans le secteur de ces produits, l'article 18, paragraphe 1, sous b), de ce règlement doit être compris comme conditionnant cet accès au respect de l'interdiction de recourir à l'expérimentation animale » (pt. 35). Ainsi, l'accès au marché de l'Union est conditionné au respect de l'interdiction de recourir à l'expérimentation animale.
La Cour souligne par ailleurs que « le fait d'avoir invoqué, dans le rapport sur la sécurité d'un produit cosmétique, des résultats d'expérimentations animales portant sur un ingrédient à usage cosmétique afin de démontrer la sécurité de cet ingrédient pour la santé humaine doit être considéré comme suffisant pour établir que ces expérimentations ont été réalisées pour satisfaire aux exigences du règlement (…) afin d'obtenir l'accès au marché de l'Union » (pt. 39). Il est ainsi « sans incidence à cet égard que les expérimentations animales ont été requises afin de permettre la commercialisation de produits cosmétiques dans des pays tiers » (pt. 40).
En outre, l'article 18 du règlement « n'établit aucune distinction selon le lieu où

---

[610] La notion de produit cosmétique s'entend de « toute substance ou tout mélange destiné à être mis en contact avec les parties superficielles du corps humain (épiderme, systèmes pileux et capillaire, ongles, lèvres et organes génitaux externes) ou avec les dents et les muqueuses buccales en vue, exclusivement ou principalement, de les nettoyer, de les parfumer, d'en modifier l'aspect, de les protéger, de les maintenir en bon état ou de corriger les odeurs corporelles » (art. 2).

[611] CJUE, 21 sept. 2016, European Federation for Cosmetics Ingredients c/ Secretary of State for Business, Innovation and Skills, Attorney General, aff. C-592/14.

l'expérimentation animale en cause a été réalisée » (pt. 41). Il « cherche à promouvoir activement une utilisation des méthodes alternatives ne recourant pas à l'animal pour assurer la sécurité des produits dans le secteur cosmétique, qui serait plus étendue que dans d'autres secteurs, notamment en faisant disparaître progressivement les essais sur les animaux dans ce secteur » (pt. 42). Ce qui conduit la Cour à « constater que la réalisation de cet objectif serait considérablement compromise s'il était possible de contourner les interdictions prévues à l'article 18 (…) en effectuant hors de l'Union les expérimentations animales interdites » (pt 42).

La Cour conclut que la mise sur le marché de l'Union de produits cosmétiques dont certains ingrédients ont fait l'objet d'expérimentations animales hors de l'Union afin de permettre la commercialisation de ces produits dans des pays tiers peut être interdite si les données qui résultent de ces expérimentations sont utilisées pour prouver la sécurité des produits concernés aux fins de leur mise sur le marché de l'Union.

412. Limites. Le règlement de 2009 n'a pas totalement mis fin à l'expérimentation animale dans le domaine de la cosmétique.

D'une part, une partie des ingrédients utilisés le sont également dans de nombreux autres produits (notamment les produits pharmaceutiques, les détergents ou les aliments). Il arrive donc qu'ils soient testés sur des animaux en vertu d'autres législations.

D'autre part, le règlement REACH impose le recours à l'expérimentation animale pour apprécier les effets d'une substance chimique non répertoriée. Ce texte est considéré comme présentant un caractère horizontal et devant par conséquent s'appliquer même en cas de réglementation contraire, tel le règlement de 2009 relatif aux cosmétiques.

CHAPITRE 2. EXPERIMENTATION A DES FINS SCIENTIFIQUES

413. Textes. L'expérimentation animale à des fins scientifiques est régie par les articles R. 214-87 et suivants du code rural, issus du décret n° 2013-118 du 1er février 2013 relatif à la protection des animaux utilisés à des fins scientifiques, transposant la directive 2010/63/UE du Parlement européen et du Conseil du 22 septembre 2010 relative à la protection des animaux utilisés à des fins scientifiques. Quatre arrêtés interministériels du 1er février 2013 complètent le dispositif[612].

---

[612] Arrêté fixant les conditions de fourniture de certaines espèces animales utilisées à des fins

La philosophie qui se trouve à l'origine de la directive se trouve résumée dans la formule selon laquelle l'expérimentation constitue pour l'heure un mal nécessaire. Cela signifie deux choses. D'une part, elle est un mal, en ce qu'elle provoque de la douleur et de la souffrance sur des animaux. D'autre part, elle est nécessaire tant que les méthodes substitutives ne permettent pas de la remplacer. Le chemin qu'elle trace est celui d'une acceptation très encadrée de l'expérimentation pour l'instant, avec un objectif de suppression de celle-ci à moyen terme.

414. **Champ d'application.** Les dispositions s'appliquent aux animaux[613] « utilisés ou destinés à être utilisés dans des procédures expérimentales »[614]. S'agissant des animaux utilisés, ne peuvent l'être que des animaux domestiques tenus en captivité[615]. Il en résulte que ne peuvent être utilisés :
- les animaux sauvages vivant en liberté (sauf s'il est démontré scientifiquement

---

scientifiques aux établissements utilisateurs agréés ; arrêté relatif à l'acquisition et à la validation des compétences des personnels des établissements utilisateurs, éleveurs et fournisseurs d'animaux utilisés à des fins scientifiques ; arrêté relatif à l'évaluation éthique et à l'autorisation des projets impliquant l'utilisation d'animaux dans des procédures expérimentales ; arrêté fixant les conditions d'agrément, d'aménagement et de fonctionnement des établissements utilisateurs, éleveurs ou fournisseurs d'animaux utilisés à des fins scientifiques et leurs contrôles.

[613] Plus exactement les :
- animaux vertébrés vivants, y compris les formes larvaires autonomes et les formes fœtales de mammifères à partir du dernier tiers de leur développement normal ;
- formes larvaires autonomes et formes fœtales de mammifères à un stade de développement antérieur au dernier tiers de leur développement normal, si l'animal doit être laissé en vie au-delà de ce stade de développement et risque, à la suite des procédures expérimentales menées, d'éprouver de la douleur, de la souffrance ou de l'angoisse ou de subir des dommages durables après avoir atteint ce stade de développement ;
- céphalopodes vivants.

[614] Code rural, art. R. 214-87. Par ailleurs, selon l'article R. 214-89, la notion de « procédure expérimentale » renvoie à :
- toute utilisation, invasive ou non, d'un animal à des fins expérimentales ou à d'autres fins scientifiques, y compris lorsque les résultats sont connus, ou à des fins éducatives ;
- ou toute intervention destinée ou de nature à aboutir à la naissance ou à l'éclosion d'un animal ou à la création et à la conservation d'une lignée d'animaux génétiquement modifiés ;
- dès lors que cette utilisation ou cette intervention sont susceptibles de causer à cet animal une douleur, une souffrance, une angoisse ou des dommages durables équivalents ou supérieurs à ceux causés par l'introduction d'une aiguille effectuée conformément aux bonnes pratiques vétérinaires.

[615] L'article R. 214-92 prévoit que « Les animaux d'espèces non domestiques non tenus en captivité ne sont pas utilisés dans des procédures expérimentales ».

que l'objectif de la procédure expérimentale ne peut être atteint en utilisant un animal élevé)[616] ;

- les animaux errants[617].

Concernant les animaux domestiques tenus en captivité, un arrêté interministériel fixe la liste de ces animaux[618], lesquels doivent provenir d'élevages spécifiques à la recherche.

Certains animaux ne peuvent pas être utilisés, à savoir les grands-singes, et ce de façon quasi absolue[619].

D'autres ne peuvent l'être qu'à des conditions plus strictes que les autres :

- d'une part les animaux appartenant à des espèces menacées[620] ;
- d'autre part les primates[621].

415. Mise en œuvre des expériences. Le code rural détaille les conditions d'utilisation des animaux.

Les conditions d'hébergement, d'entretien et de mise à mort des animaux sont précisément définies[622].

Pour limiter la souffrance, les expérimentations doivent être réalisées sous anesthésie ou en recourant à une autre méthode (analgésiques, etc.), sauf si cela n'est pas approprié ou si l'anesthésie est jugée plus traumatisante pour l'animal que la procédure elle-même[623]. Dans la mesure du possible, la vie des animaux doit être épargnée[624]. Les procédures sont conçues de façon à entraîner la mort du plus petit nombre d'animaux possible et à réduire la durée et l'intensité de la souffrance[625]. La réutilisation d'un animal est encouragée en ce qu'elle un moyen

---

[616] Code rural, art. R. 214-91.

[617] Code rural, art. R. 214-91.

[618] Arrêté du 1er février 2013 fixant les conditions de fourniture de certaines espèces animales utilisées à des fins scientifiques aux établissements utilisateurs agréés. Douze espèces sont listées : six rongeurs (souris, rat, cobaye, hamster syrien, hamster chinois, gerbille de Mongolie), mais aussi les lapins, chiens, chats, primates et encore grenouilles.

[619] Code rural, art. R. 214-94, IV. Une dérogation, provisoire, et à laquelle peut s'opposer la Commission européenne, n'est admise qu'aux fins de la préservation de l'espèce ou du fait de l'apparition imprévue, chez l'homme, d'une affection clinique invalidante ou susceptible d'être mortelle.

[620] Code rural, art. R. 214-93.

[621] Code rural, art. R. 214-94.

[622] V. code rural, art. R. 214-95 et s.

[623] Code rural, art. R. 214-109.

[624] Code rural, art. R. 214-111.

[625] Code rural, art. R. 214-106.

de réduire le nombre total d'animaux de laboratoire. Toutefois, la réutilisation d'un animal dans une nouvelle expérimentation est réglementée : avant de réutiliser un animal, il faut tenir compte de la gravité des procédures cumulées, de la santé de l'animal et de l'avis du vétérinaire[626].

416.   Conditions de fond pour réaliser une expérimentation. Une expérimentation n'est licite qu'à deux conditions[627].

D'une part, elle doit poursuivre un but reconnu comme légitime (et la liste est longue : recherche fondamentale, prévention de maladies, préservation des espèces, etc.).

D'autre part, elle doit respecter le principe des « 3R » (remplacement, réduction, raffinement[628]) :

- remplacement : les procédures expérimentales ont un caractère de stricte nécessité et ne peuvent pas être remplacées par d'autres méthodes expérimentales n'impliquant pas l'utilisation d'animaux vivants et susceptibles d'apporter le même niveau d'information ;

- réduction : le nombre d'animaux utilisés dans un projet est réduit à son minimum sans compromettre les objectifs du projet (à cet effet, le partage d'organes ou de tissus d'animaux mis à mort est permis entre établissements) ;

- raffinement : les conditions d'élevage, d'hébergement, de soins et les méthodes utilisées sont les plus appropriées pour réduire le plus possible toute douleur, souffrance, angoisse ou dommage durables que pourraient ressentir les animaux.

417.   Condition de forme : bénéficier d'une autorisation. L'expérimentation ne peut être mise en œuvre que si elle est autorisée (en l'occurrence par le ministre de la recherche[629]). L'autorisation ne peut être accordée à un projet que s'il a fait l'objet d'une évaluation éthique favorable[630]. Cette évaluation éthique présente donc un caractère déterminant.

Elle est réalisée par un « comité d'éthique en expérimentation animale »[631]. Ce comité est créé par l'établissement utilisateur et doit être agréé par le ministre de

---

[626] Code rural, art. R. 214-113.

[627] Code rural, art. R. 214-105.

[628] Le principe des 3R est né sous la plume de deux biologistes anglais, William Russel et Rex Burch, dans leur livre *Les principes d'une technique expérimentale conforme à l'éthique* (*The Principles of Humane Experimental Technique*), publié en 1959. Il a ensuite été adopté par diverses institutions puis inscrit dans le droit positif, notamment au niveau de la réglementation européenne.

[629] Code rural, art. R. 214-122 et s. Le ministre peut la retirer si le projet n'est pas exécuté en conformité avec l'autorisation (art. R. 214-126).

[630] Code rural, art. R. 214-123.

[631] Code rural, art. R. 214-117 et s.

la recherche[632]. Le comité est composé au minimum de cinq personnes[633], dont :

- une personne « une personne justifiant de compétences dans le domaine de la conception de projets ou de procédures expérimentales sur les animaux » (c'est-à-dire un chercheur, un scientifique) ;

- une personne « justifiant de compétences dans le domaine de la réalisation de procédures expérimentales sur les animaux » (c'est-à-dire un technicien) ;

- une personne « justifiant de compétences dans le domaine des soins ou de la mise à mort des animaux » (comme si ces deux compétences pouvaient être placées sur le même plan) ;

- un vétérinaire ;

- une personne « non spécialisée dans les questions relatives à l'utilisation des animaux à des fins scientifiques » (c'est-à-dire n'importe qui).

L'évaluation éthique des projets vise à vérifier que le projet satisfait à trois critères[634], qui font écho au principe des 3R :

- que le projet est justifié du point de vue scientifique ou éducatif, ou requis par la loi ;

- que les objectifs justifient l'utilisation des animaux ;

- que le projet est conçu pour permettre le déroulement des procédures expérimentales dans les conditions les plus respectueuses de l'animal et de l'environnement.

D'un point de vue pratique, la liste des comités est disponible sur le site du ministère de l'enseignement supérieur et de la recherche, qui en recense plus d'une centaine.

Dans son esprit, la réglementation repose sur un contrôle devant être mis en œuvre par le ministère sur la constitution des comités afin d'éviter une composition complaisante de ceux-ci (complaisance qui se traduirait par la désignation de membres acquis à l'entreprise ou au centre de recherches qui l'a constitué et qui, par suite, valideraient aveuglément tout projet). Toutefois, et il est essentiel de le noter, le ministère a concédé, en 2021, qu'aucun comité n'avait fait l'objet d'un agrément[635]. Il en résulte que ceux-ci ont été constitués puis ont exercé leurs

---

[632] Code rural, art. R. 214-117. Pour être agréé, un comité doit : 1° Justifier de la compétence pluridisciplinaire de ses membres ; 2° Garantir le respect de la charte nationale portant sur l'éthique de l'expérimentation animale ; 3° Garantir le respect des principes relatifs à l'évaluation éthique ; 4° Présenter des garanties d'indépendance et d'impartialité ; 5° Disposer des moyens de fonctionnement permettant de réaliser l'évaluation éthique des projets dans les délais impartis.

[633] Code rural, art. R. 214-118.

[634] Code rural, art. R. 214-119.

[635] Commission d'accès aux documents administratifs, avis n° 20214781 du 23 sept. 2021, § 9. https://cada.data.gouv.fr/20214781/

fonctions sans contrôle du ministère.

418.   Infractions. Le code pénal réprime, en tant que délit, le fait de pratiquer « des expériences ou recherches scientifiques ou expérimentales sur les animaux sans se conformer aux prescriptions » réglementaires[636]. Le code rural réprime quant à lui de peines contraventionnelles le fait de pratiquer des expérimentations autorisées mais sans respecter les exigences s'imposant en la matière[637].

TITRE 5. L'ANIMAL DANS LES JEUX, SPORTS ET SPECTACLES

CHAPITRE 1. LES CIRQUES AVEC ANIMAUX

419.   Renvoi. La loi du 30 novembre 2021 a interdit l'utilisation d'animaux sauvages dans les cirques[638].

CHAPITRE 2. LES SPECTACLES, JEUX ET SPORTS

Section 1. Règles communes

420.   Renvoi. Les animaux utilisés dans les jeux, sports et spectacles sont soumis aux règles générales applicables à tous les animaux utilisés par l'homme[639].

Section 2. Spectacles et jeux

421.   Incriminations. Le code rural punit de la peine d'amende prévue pour les contraventions de la 4e classe, le fait :
- de faire participer à un spectacle un animal dont les caractéristiques ont été modifiées par l'emploi de substances médicamenteuses ou qui a subi une intervention chirurgicale (telle que la castration des spécimens d'espèces sauvages ou le dégriffage pour toutes les espèces), à l'exception des interventions pratiquées

---

[636] Code pénal, art. 521-2.

[637] Code rural, art. R. 215-10.

[638] V. § 471 et s.

[639] V. § 243 et s.

par un vétérinaire pour des raisons sanitaires[640] ;

- de faire participer un animal à des jeux ou attractions pouvant donner lieu à mauvais traitements, dans les foires, fêtes foraines et autres lieux ouverts au public[641] ;

- d'utiliser un animal vivant comme cible à des projectiles vulnérants ou mortels[642] ;

- de pratiquer le tir aux pigeons vivants[643].

422. Loteries. Le code rural pose que « L'attribution en lot ou prime de tout animal vivant (...) est interdite »[644]. La méconnaissance de cette interdiction constitue une contravention punie de l'amende de 4ème classe[645].

Toutefois, l'interdiction ne s'applique pas aux animaux d'élevage dans le cadre de fêtes, foires, manifestations sportives, folkloriques et locales traditionnelles, concours et manifestations à caractère agricole. Le préfet établit la liste des manifestations pour lesquelles cette interdiction ne s'applique pas[646].

423. Parc avec cétacés. La loi du 30 novembre 2021 a mis fin aux spectacles avec cétacés et plus largement aux parcs avec cétacés[647].

424. Manèges à poney. Les manèges à poneys, « entendus comme attractions permettant, pour le divertissement du public, de chevaucher tout type d'équidé, via un dispositif rotatif d'attache fixe privant l'animal de liberté de mouvement, sont interdits »[648].

425. Discothèques. Il est « interdit de présenter des animaux domestiques ou non domestiques en discothèque ». La discothèque est définie comme « tout lieu clos ou dont l'accès est restreint, dont la vocation première est d'accueillir du public, même dans le cadre d'évènements privés, en vue d'un rassemblement

---

[640] Art. R. 215-9, 1°, précisant que l'interdiction ne s'applique pas aux cas « dans lesquels cette participation est autorisée ».

[641] Art. R. 215-9, 2°, qui semble vouloir introduire une dérogation pour les corridas et combats de coqs, mais renvoie pour cela à un mauvais alinéa de l'article 521-1 du code pénal.

[642] Art. R. 215-9, 3°.

[643] Art. R. 215-4, III.

[644] C. rural, art. L. 214-4.

[645] C. rural, art. L. 215-1-1, 1°.

[646] C. rural, art. L. 214-4.

[647] V. § 477.

[648] Code rural, art. L. 214-10-1.

destiné principalement à la diffusion de musique et à la danse »[649].

426.   Droit comparé. En Israël, la Cour suprême a estimé que l'organisation d'un combat entre un être humain et un alligator constitue un acte de cruauté envers un animal. Elle a en outre estimé que le niveau de souffrances infligé à l'animal n'était pas proportionné aux objectifs poursuivis (à savoir le gain financier et la distraction). La Cour a par conséquent retenu que ce spectacle tombe sous le coup de l'interdiction législative des actes de cruauté[650].

Section 3. Les animaux et le sport

427.   Interdiction du dopage. Le code du sport comprend un titre spécifique intitulé « Lutte contre le dopage animal »[651]. L'article L. 241-2 prévoit en particulier qu'« Il est interdit d'administrer ou d'appliquer aux animaux, au cours des manifestations sportives organisées par une fédération agréée ou autorisées par une fédération délégataire ou par une commission spécialisée instituée en application de l'article L. 131-19, ou en vue d'y participer, des substances ou procédés de nature à modifier artificiellement leurs capacités ou à masquer l'emploi de substances ou procédés ayant cette propriété ». Les modalités de contrôle sont détaillées dans les dispositions de ce titre. Les peines prévues sont fixées à l'article L. 241-5. Ces dispositions ont davantage pour objet d'assurer la sincérité des compétitions sportives que de protéger les animaux.

CHAPITRE 3. LES COURSES DE TAUREAUX ET LES COMBATS DE COQS

428.   Interdiction en principe, autorisation par exception. Les courses de taureau et les combats de coqs sont en principe interdits en tant qu'ils tombent sous le coup des dispositions du code pénal interdisant les sévices graves, les mauvais traitements et la mise à mort volontaire. Par dérogation, le code pénal autorise toutefois ces pratiques dans les régions où elles présentent un caractère traditionnel.

---

[649] C. env., art. L. 413-13, I.

[650] Cour suprême d'Israël, 22 juin 1997, Let the Animals Livev.Hamat Gader v/ Recreation Enterprises, LCA 1684/96.

[651] Code rural, art. L. 241-1 et s. ; et R. 241-1 et s.

Section 1. Les courses de taureaux

I. L'interdiction de principe des courses de taureaux

429. **Des actes de maltraitance.** Les courses de taureaux revêtent la nature d'actes de maltraitance. La jurisprudence a expressément retenu cette qualification, tant au niveau constitutionnel[652] qu'administratif[653] et judiciaire[654].

430. **Des actes interdits.** En tant qu'ils présentent la nature d'actes de maltraitance, les courses de taureaux sont en principe interdites par les dispositions du code pénal incriminant les sévices graves et actes de cruauté, les mauvais traitements et la mise à mort volontaire. Il en résulte deux conséquences. D'une part, l'organisation d'une course de taureaux ou la participation à une course de taureaux constitue une infraction[655]. D'autre part, l'autorité administrative a l'obligation de s'opposer à l'organisation de telles courses[656].

II. L'admission des courses de taureaux dans les régions de tradition tauromachique

431. **Exception pénale.** Les articles du code pénal qui incriminent les sévices graves et actes de cruauté, les mauvais traitements et la mise à mort volontaire prévoient tous une exception « pour les courses de taureaux lorsqu'une tradition

---

[652] V. CC, déc. n° 2012-271 QPC du 21 sept. 2012, *Asso. Comité radicalement anti-corrida Europe et autre* : décision soulignant que les agissements bénéficiant de l'exception pénale prévue à l'alinéa 11 de l'article 521-1 du code pénal sont « de même nature » que ceux tombant sous le coup de l'incrimination prévue à son alinéa 1er (sévices graves et actes de cruauté).

[653] V. CAA Marseille, 4 oct. 2013, *Asso. La Balle au Bond*, n° 11MA04617, inédit : arrêt indiquant « qu'une course de taureau (…) doit être regardée, qu'elle se conclue ou pas par une mise à mort du ou des taureaux, comme constituant un mauvais traitement volontaire envers des animaux (…) ».

[654] V. § 68.

[655] V. § 68. V. également V. CAA Marseille, 4 oct. 2013, *Asso. La Balle au Bond*, n° 11MA04617, inédit.

[656] V. CAA Marseille, 4 oct. 2013, *Asso. La Balle au Bond*, n° 11MA04617, inédit : arrêt indiquant qu'en l'absence de tradition locale ininterrompue de courses taurines, « il appartient au maire (…) de prendre les mesures nécessaires pour faire cesser le trouble à l'ordre public que représente l'organisation de ce type de manifestations sur le territoire de sa commune ». La cour en déduit que le maire de Marseille était, pour ce motif, légalement fondé à interdire l'organisation d'une course camarguaise sur le territoire de sa commune.

locale ininterrompue peut être invoquée »[657].

432. **Notion de tradition ininterrompue.** La jurisprudence a précisé la notion de « tradition ininterrompue ».

La tradition s'entend d'un usage ancien et répété, généralement estimé à plusieurs dizaines d'années. Une habitude de seulement quatre années ne saurait être considérée comme une tradition[658]. En outre, un arrêté préfectoral affirmant l'inexistence de la tradition taurine ne peut lier les juges dans la qualification de celle-ci[659].

Concernant l'exigence d'une tradition « interrompue », la tradition sera regardée comme interrompue uniquement si elle cesse d'elle-même. Par conséquent, une tradition ne peut être regardée comme interrompue lorsqu'elle cesse du fait d'un événement extérieur, telle une guerre empêchant la tenue de corridas[660] ou un incendie ayant détruit les arènes[661].

433. **Notion de tradition « locale ».** La notion de tradition « locale » a été interprétée de façon large par la jurisprudence. Elle s'entend d'un « ensemble démographique », sans s'attacher à telle ou telle localité[662]. Ainsi, la ville qui se trouve dans un département où la tradition est répandue est concernée par cette « tradition » même si celle-ci a disparu dans cette ville particulière[663]. En revanche, elle est exclue si la ville ne se trouve pas dans le même bassin démographique[664]. Si le juge estime que la localité concernée se trouve dans un ensemble démographique local où existe une tradition taurine ininterrompue, il doit le démontrer[665]. Ici encore, les décisions et avis pris par l'autorité administrative ne lient pas le juge dans la délimitation des zones concernées[666].

---

[657] C. pénal, art. 521-1, al. 11 ; art. R. 654-1, al. 3 ; art. R. 655-1, al. 3.

[658] CA Nîmes, 2 déc. 1965, *JCP G* 1966, II, 14654, note M. Cambedouzou.

[659] Crim., 16 sept. 1997, n° 96-82.649, *Bull.*

[660] CE, 4 nov. 1959, *S.* 1960, 25, note M. Mimin.

[661] CA Bordeaux, 29 oct. 1968, *JCP* 1969. II. 15888.

[662] Crim., 8 juin 1994, n° 93-82.459, *Bull.*

[663] Crim., 8 juin 1994, n° 93-82.459, *Bull.*

[664] Ainsi, dans la mesure où elle ne fait pas partie de l'ensemble démographique constitué par la Camargue et le pays d'Arles, la ville de Marseille (où la tradition taurine est interrompue depuis 1962, date de la dernière corrida organisée sur son territoire) ne peut être regardée comme une localité de tradition tauromachique (CAA Marseille, 4 oct. 2013, *Asso. La Balle au Bond*, n° 11MA04617, inédit).

[665] Civ. 2ème, 10 juin 2004, n° 02-17.121, *Bull.*

[666] Crim., 27 mai 1972, n° 72-90.875, *Bull.*

434. Notion de « course de taureaux ». La loi prévoit une exception pénale pour les seules « courses de taureaux » et non pour les corridas (lesquelles ne constituent pas une course, c'est-à-dire une épreuve de vitesse, mais un duel). Pourtant, les quelques décisions rendues sur ce point assimilent la corrida à une course de taureaux[667].

435. La question de l'accès aux mineurs. La question d'interdire l'accès des mineurs aux corridas revient régulièrement dans le débat public. Le comité de l'ONU sur les droits de l'enfant a pris une position favorable à une interdiction[668].

Section 2. Les combats de coqs

436. Exception pénale. Les articles du code pénal qui incriminent les sévices graves et actes de cruauté, les mauvais traitements et la mise à mort volontaire prévoient tous une exception pour les « combats de coqs dans les localités où une tradition ininterrompue peut être établie ».

437. Tradition ininterrompue. La notion de « tradition ininterrompue » étant commune aux courses de taureaux et aux combats de coqs, l'interprétation donnée pour les courses de taureaux peut être transposée aux combats de coqs.

438. Localité. La loi emploie la notion de « localités », et non de tradition « locale », pour les combats de coqs. Cette notion semble ainsi devoir se limiter à telle ou telle commune, et non à un ensemble géographique donné. Elle se limite en tout état de cause à des localités du Nord de la France et de certaines collectivités ultra-marines. Aucune jurisprudence n'a été rendue sur ce point.

TITRE 6. L'ANIMAL SAUVAGE

439. Notion. L'animal sauvage est un animal relevant d'une espèce non domestique. Un régime différent lui est appliqué selon qu'il vive à l'état de liberté ou se trouve détenu par l'homme. Différents types d'établissements peuvent accueillir ces animaux. Enfin, des règles particulières visant à limiter ou interdire son utilisation à des fins de divertissement ont été introduites.

---

[667] Crim., 19 juin 1996, n° 95-83447, inédit ; CA Nîmes, 1er déc. 2000, *JCP* 2000, II, 10016, note E. de Monredon.

[668] V. E. De Monredon, « Doit-on autoriser ou interdire l'accès des mineurs dans les arènes de corrida ? », *RDP* 2023, p. 93 (article abordant la question dans une perspective comparatiste).

Chapitre 1. L'animal sauvage vivant a l'etat de liberte

440.   Régime. L'animal sauvage vivant à l'état de liberté est protégé s'il relève d'une espèce menacée de disparition. Dans le cas contraire, il peut être chassé, voire doit être chassé.

Section 1. L'animal sauvage menacé : une logique de protection dans l'intérêt de l'homme

I. La protection (anthropocentrée) de l'animal menacé

441.   Biodiversité. La protection de l'animal sauvage menacé de disparition s'inscrit dans une logique de droit de l'environnement. Elle est anthropocentrée, regardant la disparition d'une espèce comme un appauvrissement de l'environnement humain pouvant avoir des répercussions sur l'homme lui-même. De ce fait, elle ne se soucie d'un individu animal qu'en tant qu'il relève d'une espèce menacée.

442.   Textes supranationaux. De très nombreux textes d'origine supranationale ont pour objet d'assurer la protection de la vie sauvage (la faune), en imposant notamment une préservation de leur habitat :
- la convention de Washington sur le commerce international des espèces de faune et de flore sauvage menacées d'extinction du 3 mars 1973 (convention « CITES »)[669] ;
- la convention sur le droit de la mer du 19 décembre 1982 (convention de Montego Bay) ;
- la convention pour la protection des phoques de l'Antarctique du 1er juin 1972 ;

---

[669] Les principes fondamentaux de la convention sont exposés à son article 2. Elle repose sur une distinction des espèces en trois groupes en fonction de la gravité du risque d'extinction auquel elles sont exposées.

L'annexe I comprend les espèces « menacées d'extinction ». Le commerce de ces espèces n'est pas autorisé, sauf à titre tout à fait exceptionnel.

L'annexe II concerne les espèces dont le commerce doit être réglementé pour prévenir une « exploitation incompatible avec leur survie ».

L'annexe III comprend les espèces protégées par un État qui les soumet à une réglementation propre qui restreint ou empêche leur exploitation : le respect de cette réglementation nécessite « la coopération des autres Parties pour le contrôle du commerce ».

- la convention de Rio du 5 juin 1992 sur la diversité biologique ;
- la convention de Berne du 19 novembre 1979 sur la conservation de la vie sauvage et du milieu naturel en Europe (qui, comme cela est fréquent pour ce genre d'instrument, ne produit pas d'effet direct[670]) ;
- la convention du 2 décembre 1946 pour la réglementation de la chasse à la baleine[671] ;
- la directive « oiseaux » (directive 2009/147/CE du Parlement européen et du Conseil du 30 novembre 2009 concernant la conservation des oiseaux sauvages)[672] ;
- la directive « habitat » (directive 92/43/CEE du Conseil concernant la conservation des habitats naturels ainsi que de la faune et de la flore sauvages)[673] ;

---

[670] CE, 8 déc. 2000, *Cne de Breil-sur-Roya*, n° 204756, *Lebon* ; CE, 20 avr. 2005, *ASPAS*, n° 271216, *Lebon T.* ; CE, 26 avr. 2006, *FERUS*, n° 271670, *Lebon T.*

[671] Cette convention a institué une Commission baleinière internationale ayant le pouvoir de réguler la chasse aux cétacés. La commission a pris en 1986 un moratoire interdisant la chasse à la baleine. Deux exceptions sont admises : d'une part la chasse pratiquée à des fins de recherche scientifique (§1 de l'article VIII de la convention), d'autre part la chasse aborigène de subsistance (http://iwc.int/aboriginal). Sur la première exception, v. CIJ, 31 mars 2014, *Chasse à la baleine dans l'Antarctique (Australie c/ Japon)*, rôle général n° 148 (illégalité de l'invocation du premier fondement par le Japon pour pratiquer la chasse à la baleine).

[672] Pour des applications, v. p. ex. CE, 10 juin 1994, *Rassemblement des Opposants à la Chasse*, n° 121768, *Lebon* : annulation du refus d'inscrire une espèce animale sur la liste des espèces protégées – CE, 21 nov. 2018, *Groupe ornithologique du Roussillon*, n° 411084, inédit : annulation d'un arrêté préfectoral autorisant la chasse du grand tétras, menacé de disparition – CE, 28 juin 2021, *Asso. One Voice*, n° 434365, inédit : annulation d'arrêtés ministériels autorisant la chasse à la glue (arrêt soulignant par ailleurs que le caractère « traditionnel » de centaines méthodes de chasse ne permet pas d'affranchir celles-ci du respect des règles applicables) – CE, 30 déc. 2021, *LPO*, n° 443460, inédit : annulation d'un arrêté ministériel autorisant la chasse de la tourterelle des bois alors que l'espèce est en déclin – CE, 20 mars 2023, *France Nature Environnement, Défense des milieux aquatiques et Sea Shepherd France*, n° 449788, Lebon : annulation de l'arrêté ministériel n'ayant pas prévu de mesures suffisantes pour empêcher les captures accidentelles de dauphins par les pêcheur dans le Golfe de Gascogne, et injonction de prendre les mesures nécessaires. Pour un bilan, v. J. Bétaille, « La directive oiseaux quarante ans après : des résultats encourageants et des espoirs à concrétiser », *RSDA* 2020/2, p. 305.

[673] V. p. ex. CJUE, Gde ch., 17 avr. 2018, *Commission / Pologne*, aff. C-441/17 : arrêt constatant le manquement de la Pologne à ses obligations concernant la préservation de la forêt de Białowieża (qui est l'une des forêts naturelles les mieux conservées d'Europe) et ordonnant de cesser son exploitation. Pour une nouvelle condamnation, v. CJUE, 2 mars 2023, Commission européenne c/ République de Pologne, aff. C-432/21.

- le règlement (CE) n° 338/97 du Conseil du 9 décembre 1996 relatif à la protection des espèces de faune et de flore sauvages par le contrôle de leur commerce ;
- le règlement (CEE) n° 3254/91 du Conseil, du 4 novembre 1991, interdisant l'utilisation du piège à mâchoires dans la Communauté et l'importation de produits utilisant pour leur capture de tels pièges.

443.   Le code de l'environnement. Le code de l'environnement protège les animaux sauvages vivant à l'état de liberté.

Son article L. 411-1 impose ainsi de respecter les espèces animales menacées et leur habitat. La liste des espèces concernées est fixée par voie d'arrêtés ministériels[674]. Une dizaine d'arrêtés ont été pris à cette fin, notamment pour les amphibiens et reptiles[675], les poissons[676], les oiseaux[677], les mammifères[678] et les insectes[679]. À leur égard, sont interdits par l'article L. 411-1 :
- la destruction ou l'enlèvement des œufs ou des nids ;
- la mutilation, la destruction, la capture ou l'enlèvement, la perturbation intentionnelle, la naturalisation d'animaux de ces espèces ;
- leur transport, leur colportage, leur utilisation, leur détention, leur mise en vente, leur vente ou leur achat ;
- la destruction, l'altération ou la dégradation de ces habitats naturels ou de ces habitats d'espèces.

Les effets de ces interdictions ne sont pas limités aux personnes privées mais s'étendent également aux personnes publiques. Ainsi, par exemple, le juge administratif annule :
- un arrêté par lequel un préfet a réglementé la descente de canyons sans prévoir les mesures nécessaires à la préservation de l'habitat naturel d'une espèce protégée[680] ;
- un arrêté ministériel qui prévoit des mesures d'effarouchement des ours sans

---

[674] C. env., art. L. 411-2.

[675] V. p. ex. arrêté interministériel du 8 janvier 2021 fixant les listes des amphibiens et des reptiles protégés sur l'ensemble du territoire et les modalités de leur protection, NOR : TREL2034632A.

[676] Arrêté interministériel du 8 décembre 1988 fixant la liste des espèces de poissons protégées sur l'ensemble du territoire national, NOR : PRME8861195A.

[677] Arrêté interministériel du 29 octobre 2009 fixant la liste des oiseaux protégés sur l'ensemble du territoire et les modalités de leur protection, NOR : DEVN0914202A.

[678] Arrêté du 23 avril 2007 fixant la liste des mammifères terrestres protégés sur l'ensemble du territoire et les modalités de leur protection, NOR : DEVN0752752A.

[679] Arrêté interministériel du 23 avril 2007 fixant les listes des insectes protégés sur l'ensemble du territoire et les modalités de leur protection, NOR : DEVN0752762A.

[680] TA Montpellier, 6 avr. 2006, *Delcasso*, n° 0104594, inédit.

encadrer suffisamment leurs conditions de mise en œuvre et, partant, sans garantir qu'elles ne porteront pas atteinte au maintien des populations concernées dans leur aire de répartition naturelle ni qu'elles ne compromettront l'amélioration de l'état de l'espèce[681] ;

- un projet de parc éolien susceptible d'affecter de nombreuses espèces (4 espèces de reptiles, 1 espèce d'amphibien, 70 espèces d'oiseaux dont 9 à fort enjeux de conservation) mais représentant une production électrique faible (pouvant seulement pourvoir à la consommation de 26 000 habitants) et, par conséquent, ne répondant pas à une « raison impérative d'intérêt public majeur » (RIIPPM)[682].

D'autres articles du code incriminent par ailleurs certains comportements. Constitue ainsi :

- un délit, l'atteinte à la conservation d'espèces protégées[683] ;
- une contravention, la perturbation d'espèces animales[684].

II. La responsabilité pour avoir protégé une espèce menacée

444. Responsabilité du fait des lois. Revenant sur la jurisprudence antérieure[685], le Conseil d'État admet depuis 2003 que les dégâts causés par la prolifération d'une espèce protégée ouvrent droit à réparation au profit des agriculteurs dont les cultures se trouvent détruites par celle-ci. En conséquence,

---

[681] CE, 4 févr. 2021, *Asso. Ferus, Ours, Loup, Lynx*, n° 434058, inédit.

[682] CE, 10 mars 2022, *Association Sauvegarde desAvants-Monts*, n° 439784, inédit ; *RSDA* 2021/2, p. 69, chron. M. Deguergue. De manière générale, comme le rappelle cet arrêt, « Il résulte de ces dispositions qu'un projet d'aménagement ou de construction d'une personne publique ou privée susceptible d'affecter la conservation d'espèces animales ou végétales protégées et de leurs habitats ne peut être autorisé, à titre dérogatoire, que s'il répond, par sa nature et compte tenu des intérêts économiques et sociaux en jeu, à une raison impérative d'intérêt public majeur. En présence d'un tel intérêt, le projet ne peut cependant être autorisé, eu égard aux atteintes portées aux espèces protégées appréciées en tenant compte des mesures de réduction et de compensation prévues, que si, d'une part, il n'existe pas d'autre solution satisfaisante et, d'autre part, cette dérogation ne nuit pas au maintien, dans un état de conservation favorable, des populations des espèces concernées dans leur aire de répartition naturelle ». V. dans le même sens, à propos d'un arrêté autorisant l'exploitation d'une sablière, CE, 30 déc. 2021, *Société sablière de Millières*, n° 439766, *Lebon T.*

[683] C. env., art L. 415-3. V., à propos de l'affaire de l'ourse Cannelle, Crim., 1er juin 2010, n° 09-87.159, *Bull.* : est coupable le chasseur qui tue une ourse par imprudence en s'étant lui-même placé dans une situation de danger. La Cour de cassation écarte l'état de nécessité et pose qu'une faute d'imprudence suffit à caractériser l'élément moral de ce délit.

[684] C. env., art. R. 415-1.

[685] CE, 14 déc. 1984, *Rouillon*, n° 47148, *Lebon*.

l'État doit réparer le préjudice résultant de la prolifération des animaux sauvages appartenant à des espèces dont la destruction a été interdite par voie législative[686].

445.   Le cas du loup (et aussi de l'ours et du lynx). Un régime spécial d'indemnisation a été institué pour réparer les dommages causés aux troupeaux par des attaques de loup, d'ours et de lynx[687]. L'indemnisation couvre :
- les coûts directs des attaques (animaux morts, animaux disparus) ;
- les coûts indirects (frais vétérinaires pour un animal blessé, stress éprouvé par le reste du troupeau) ;
- les coûts de réparation ou le remplacement du matériel endommagé.

Section 2. L'animal sauvage non menacé : faculté ou obligation de le tuer

446.   Deux possibilités. L'animal sauvage non menacé peut être tué par l'activité de chasse. Il doit même l'être s'il représente un danger. Notre droit consacre ainsi une faculté, voire une obligation de tuer l'animal sauvage non menacé.

I. La faculté de tuer l'animal sauvage

447.   Droit de la chasse. En France, à la différence de certains territoires[688], la chasse aux animaux est autorisée. Elle est même – ce qui montre l'influence du lobby de la chasse – qualifiée à de nombreuses et insistantes reprises (comme pour contrebalancer le fait que cette qualification ne s'impose pas d'évidence) d'activité d'intérêt général[689].

---

[686] CE, 30 juill. 2003, *Assoc. pour le développement de l'aquaculture en région Centre et a.*, n° 215957, *Lebon*. Réparation du préjudice lorsque, excédant les aléas inhérents à l'activité en cause, il revêt un caractère grave et spécial et ne saurait, dès lors, être regardé comme une charge incombant normalement aux agriculteurs.

[687] Décret n° 2019-722 du 9 juillet 2019 relatif à l'indemnisation des dommages causés aux troupeaux domestiques par le loup, l'ours et le lynx.

[688] Tel le canton de Genève, qui a interdit totalement la chasse aux mammifères et oiseaux, qui plus est dans sa Constitution. V. O. Le Bot, *Droit constitutionnel de l'animal*, 2ème éd., Independently published, 2023.

[689] V. en particulier l'article L. 420-1 du code de l'environnement, aux termes duquel « La gestion durable du patrimoine faunique et de ses habitats est d'intérêt général. La pratique de la chasse, activité à caractère environnemental, culturel, social et économique, participe à cette gestion et contribue à l'équilibre entre le gibier, les milieux et les activités humaines (…) ». Il en résulte que

La législation sur la chasse vient encadrer cette activité. Elle détermine :
- les espèces pouvant être chassées[690] ;
- à quel âge[691] ;
- en quelle quantité[692] ;
- à quelle période[693] ;
- et les procédés utilisables[694].

Les manquements à ces règles ont la nature de délits ou de contraventions prévues par les articles L. 428-1 et suivants, et R. 428-1 et suivants du code de l'environnement. Notamment, dans la mesure où « Nul n'a la faculté de chasser sur la propriété d'autrui sans le consentement du propriétaire ou de ses ayants droit »[695], le code puni de l'amende prévue pour les contraventions de la 5e classe le fait de chasser sur le terrain d'autrui « sans le consentement du propriétaire »[696]. Une infraction d'entrave à la chasse a par ailleurs été instituée en 2010[697].

448. Jurisprudence européenne. Deux décisions de la Cour européenne des droits de l'homme intéressant la chasse ont été rendues.

---

les fédérations de chasseur qui la mettent en œuvre exercent « des missions de service public » (art. L. 421-10, L. 421-16 et R. 421-39).

[690] Arrêté du 26 juin 1987 fixant la liste des espèces de gibier dont la chasse est autorisée.

[691] V. not. C. env., art. L. 424-1, interdisant de détruire « les portées ou petits de tous mammifères dont la chasse est autorisée ». Pour un exemple, v. TA Dijon, 15 mars 2022, *Asso. One Voice*, n° 2001288, inédit : annulation de l'arrêté préfectoral autorisant de tuer des blaireautins par vénerie sous terre.

[692] Art. L. 425-14 du code de l'environnement, fixant le « prélèvement maximal autorisé ».

[693] Art. L. 424-2 du code de l'environnement, relatif aux temps de chasse. V. p. ex. CE, 22 oct. 1982, Laborie, n° 16861, *Lebon* : annulation d'un arrêté ministériel autorisant la chasse des grives et des colombidés postérieurement à la date de la clôture générale.

[694] Art. L. 424-4 et R. 424-4 et s. du code de l'environnement. Méconnaît par exemple l'article L. 424-4 l'arrêté ministériel qui autorise la chasse à la glue au seul motif que ce mode de chasse présente un caractère traditionnel (CE, 24 mai 2023, *LPO*, n° 459400, inédit).

[695] C. env., art. L. 422-1.

[696] C. env., art. R. 428-1, I, 1°. Le II prévoit que « Peut ne pas être considéré comme une infraction le passage des chiens courants sur l'héritage d'autrui, lorsque ces chiens sont à la suite d'un gibier (…) ». Ce point II n'institue pas un droit de suite, comme cela est parfois affirmé ; il reconnaît seulement un fait susceptible d'être excusé.

[697] Code pénal, art. R. 428-12-1 : « Est puni de l'amende prévue pour les contraventions de la cinquième classe le fait, par des actes d'obstruction concertés, d'empêcher le déroulement d'un ou plusieurs actes de chasse tels que définis à l'article L. 420-3 ».

La première, l'arrêt *Chassagnou contre France*[698], concernait une disposition de la loi Verdeille du 10 juillet 1964 obligeant les propriétaires terriens à adhérer à une Association communale de chasse agréé (ACCA) et à ouvrir leurs propriétés aux chasseurs pour les laisser y pratiquer leur activité[699]. Ce dispositif a été regardé par la Cour européenne des droits de l'homme comme méconnaissant le droit de propriété (les propriétaires étant contraints de permettre la chasse sur leurs terres), la liberté de conscience (dans le cas où le propriétaire est opposé à la chasse pour des raisons de conscience) et la liberté d'association (dans sa dimension négative, à savoir la liberté de ne pas s'associer, c'est-à-dire de ne pas être contraint d'adhérer de force à une association). Tirant les conséquences de cette décision, l'article 16 de la loi n° 2000-698 du 26 juillet 2000 a reconnu un droit de retrait des ACCA pour raison de conscience[700].

Un second arrêt concerne cette fois la chasse à courre (qui consiste à poursuivre un animal sauvage avec une meute de chiens jusqu'à épuisement et encerclement du gibier, celui-ci étant alors soit abandonné aux chiens, soit tué avec une dague ou un épieu). Au début des années 2000, la Grande-Bretagne a interdit cette pratique[701]. La conventionnalité de cette interdiction a été éprouvée par des pratiquants de la chasse à courre qui ont dénoncé une atteinte à leur tradition contraire au respect de la vie privée. Après avoir été déboutés devant les juridictions britanniques, ils ont saisi la Cour européenne des droits de l'homme. En 2009, la Cour a déclaré leur requête irrecevable en raison d'un défaut manifeste de fondement[702]. L'essentielle de leur argumentation reposait sur la violation du droit au respect de la vie privée protégé par l'article 8 de la convention européenne des droits de l'homme. Les requérants faisaient valoir, en particulier, que la chasse à courre ferait partie de leur *mode de vie* et, à ce titre, serait protégée par l'article 8 de la convention. Il est vrai que, dans un arrêt de grande chambre de 2001 (« *Chapman* »), la Cour avait consacré le droit au respect du mode de vie d'une minorité, en l'occurrence la minorité tzigane, en se basant expressément sur la tradition d'un groupe[703]. Néanmoins, la Cour estime que cette jurisprudence n'est

---

[698] CEDH, 29 avril 1999, *Chassagnou et autres c/ France*, n° 25088/94.

[699] V. aujourd'hui c. env., art. L. 422-2 et s.

[700] V. c. env., art. L. 422-13 et s.

[701] En Écosse, par le *Protection of Wild Mammals Act* voté le 13 février 2002 et entré en vigueur le 1er août 2002, en Angleterre et au Pays de Galles par le *Hunting Act* de 2004, applicable depuis le 18 février 2005.

[702] CEDH, 24 nov. 2009, *Friend et autres c/ Royaume-Uni*, n° 16072/06 et 27809/08 ; *RSDA* 1/2010, p. 31, com. J.-P. Marguénaud.

[703] CEDH, Grande chambre, 18 janv. 2001, *Chapman c/ Royaume-Uni*, n° 27238/95, § 73 : « La Cour considère que la vie en caravane fait partie intégrante de l'identité tsigane de la requérante car

pas applicable au cas d'espèce. Certes, la Cour de Strasbourg reconnaît, à l'instar des tribunaux britanniques, que la chasse à courre a une longue histoire au Royaume-Uni ; qu'elle a développé ses propres traditions, rites et cultures ; et, en conséquence, qu'elle est devenue un élément du patrimoine des communautés rurales où elle se trouve pratiquée. La Cour admet également, à la suite de la High Court, que la chasse constitue un élément central de la vie des requérants. Pour autant, elle estime que la communauté des chasseurs « ne saurait passer pour une minorité ethnique ou nationale »[704]. En outre, pour la Cour, la chasse ne constitue pas un mode de vie si inextricablement lié à l'identité de ceux qui la pratiquent que son interdiction menace l'identité des intéressés dans sa substance.

II. L'obligation de tuer l'animal sauvage

449. **Obligation.** Il appartient à l'autorité administrative et aux propriétaires privés, à peine d'engagement de leur responsabilité, de tuer les animaux sauvages s'ils sont dangereux ou s'ils sont nuisibles (plus exactement « susceptibles d'occasionner des dégâts », la notion de « nuisibles » ayant été abandonnée, au profit de cette formule plus aseptisée, par l'article 157 de la loi Biodiversité du 8 août 2016)[705].

---

cela s'inscrit dans la longue *tradition* du voyage suivie par la minorité à laquelle elle appartient. Tel est le cas même lorsque, en raison de l'urbanisation et de politiques diverses ou de leur propre gré, de nombreux Tsiganes ne vivent plus de façon totalement nomade mais s'installent de plus en plus fréquemment pour de longues périodes dans un même endroit afin de faciliter l'éducation de leurs enfants, par exemple. Des mesures portant sur le stationnement des caravanes de la requérante n'ont donc pas seulement des conséquences sur son droit au respect de son domicile, mais influent aussi sur sa faculté de conserver son identité tsigane et de mener une vie privée et familiale conforme à cette *tradition* ».

[704] La Cour estime (§ 44) que la simple participation à une activité sociale commune, sans plus, ne saurait créer une appartenance à une telle minorité. De nombreuses personnes choisissent d'avoir des relations sociales avec des personnes qui partagent leur intérêt pour une activité ou un passe-temps particulier, mais les liens interpersonnels ainsi noués ne sauraient passer pour être suffisamment solides pour créer un groupe minoritaire distinct.

[705] La liste des « espèces susceptibles d'occasionner des dégâts » (ESOD) est fixée chaque année, par département, par arrêté du ministre de l'environnement (v. arrêté mod. du 3 juillet 2019 pris pour l'application de l'article R. 427-6 du code de l'environnement et fixant la liste, les périodes et les modalités de destruction des espèces susceptibles d'occasionner des dégâts, NOR : TREL1919434A). En cas de recours, le juge administratif procède à l'annulation partielle de l'arrêté s'il inclut dans la liste des espèces qui ne devraient pas y figurer (v. p. ex. CE, 7 juil. 2021, *Asso. Oiseaux-nature et autres*, n° 432485, inédit) et le rejette dans le cas contraire (v. p. ex. CE, 1er mars

A. L'obligation de tuer pesant sur les personnes publiques

450.   Battues administratives. L'article L. 2122-21 (9°) du CGCT impose au maire de « prendre, à défaut des propriétaires ou des détenteurs du droit de chasse, à ce dûment invités, toutes les mesures nécessaires à la destruction des animaux d'espèces non domestiques pour l'un au moins des motifs mentionnés aux 1° à 5° de l'article L. 427-6 du code de l'environnement et de requérir, dans les conditions fixées à l'article L. 427-5 du même code, les habitants avec armes et chiens propres à la chasse de ces animaux, à l'effet de détruire ces derniers, de surveiller et d'assurer l'exécution de ces mesures, qui peuvent inclure le piégeage de ces animaux, et d'en dresser procès-verbal ». Le préfet est soumis à la même obligation par l'article L. 427-6 du code de l'environnement, et pour les mêmes motifs, à savoir :
- dans l'intérêt de la protection de la faune et de la flore sauvages et de la conservation des habitats naturels ;
- pour prévenir les dommages importants, notamment aux cultures, à l'élevage, aux forêts, aux pêcheries, aux eaux et à d'autres formes de propriétés ;
- dans l'intérêt de la santé et de la sécurité publiques ;
- pour d'autres raisons impératives d'intérêt public majeur, y compris de nature sociale ou économique ;
- pour des motifs qui comporteraient des conséquences bénéfiques primordiales pour l'environnement.
Seules des mesures efficaces peuvent être mises en œuvre. Tel ne serait pas le cas d'une mesure ordonnant d'abattre tous les requins se trouvant dans les eaux entourant l'île de La Réunion car, l'espèce étant nomade, les requins tués se trouveraient immédiatement remplacés par de nouveaux arrivants[706].

451.   Responsabilité (carence). La carence de l'autorité publique dans la destruction des espèces qui auraient dû l'être en application des dispositions précitées est susceptible d'engager sa responsabilité[707].

452.   Responsabilité (action, dommage subi par un collaborateur). En chargeant deux habitants de la commune d'organiser une battue au loup, le maire les autorise par là même à solliciter le concours d'autres chasseurs et rabatteurs. Un rabatteur sollicité par ce biais acquiert alors la qualité de collaborateur

---

2023, *Association Oiseaux-Nature*, n° 464089, Lebon T.).

[706] CE, ord. 13 août 2013, *Ministre de l'intérieur c/ Cne de Saint-Leu*, n° 370902, inédit au recueil *Lebon* ; *AJDA* 2013, p. 2104, note O. Le Bot.

[707] CAA Nantes, 7 avr. 2016, *Préfet de la Vendée*, n° 14NT02357, inédit (carence non constatée au cas d'espèce).

bénévole d'un service public communal, obligeant la commune à indemniser le dommage subi par ce dernier à l'occasion des opérations[708].

B. L'obligation de tuer pesant sur les personnes privées

453. **Responsabilité des fédérations de chasseurs et des propriétaires privés.** Les fédérations de chasseurs et les propriétaires privés sont responsables des dommages causés aux cultures par les animaux sauvages. Les articles L. 426-1 et suivants du code de l'environnement prévoient un régime de responsabilité spécifique. L'exploitant victime d'un tel dommage peut obtenir réparation en agissant, soit contre la fédération départementale de chasseurs (art. L. 426-1 à L. 426-3)[709], soit contre le propriétaire du terrain d'où proviennent les animaux (art. L. 426-4)[710] s'il n'a pas pris les mesures de nature à éviter leur pullulement (c'est-à-dire n'a pas tué suffisamment d'animaux). La fédération dont la responsabilité a été engagée peut toujours se retourner contre le propriétaire (art. L. 462-4).

CHAPITRE 2. L'ANIMAL SAUVAGE DETENU PAR L'HOMME

454. **Régime.** L'animal relevant d'une espèce non domestique peut, dans certains cas, être détenu par l'homme, notamment comme animal de compagnie. Des obligations particulières s'imposent au niveau de son identification, de sa cession et de ses conditions de vie.

Section 1. Conditions pour détenir un animal sauvage

455. **Arrêté.** Notre réglementation autorise la détention de certaines espèces d'animaux non domestiques. La liste est longue et figure en annexe d'un arrêté ministériel de 2018[711]. Les conditions auxquelles ces animaux peuvent être détenus varient selon les espèces : la détention peut être libre (c'est-à-dire n'exiger aucune formalité) ou être soumise à déclaration ou à autorisation préalable et détention d'un certificat de capacité. La détention de ces espèces sans disposer de l'autorisation requise constitue une infraction[712].

---

[708] CE, 16 nov. 1960, *Cne de Gouloux, Lebon*.

[709] V. p. ex. Civ. 2ème, 27 mai 1998, n° 96-13.321, inédit.

[710] V. p. ex. Civ. 2ème, 11 oct. 1989, n° 88-16.925, inédit.

[711] Arrêté du 8 oct. 2018, annexe 2.

[712] C. env., art. L. 415-3.

I. Premier régime : animaux dont la détention n'est soumise à aucune formalité

456. **Absence de formalité.** Relèvent du premier régime les animaux qui ne sont soumis ni au deuxième ni au troisième. Leur détention n'est soumise ni à déclaration, ni à autorisation.

457. **Conditions.** L'élevage de ces animaux est regardé comme un « élevage d'agrément »[713]. Il est subordonné à trois conditions[714] :
- l'animal doit être mentionné dans la colonne (a) du tableau de l'annexe 2 ;
- le nombre maximum d'individus pouvant être détenus (indiqué dans cette même colonne) ne doit pas être dépassé[715] ;
- « la détention des animaux n'a pas de but lucratif ou de négoce, et en particulier, la reproduction des animaux n'a pas pour objectif la production habituelle de spécimens destinés à la vente ».
À titre d'exemple, la détention de grenouilles rousses est libre jusqu'à 40 individus.

458. **Utilisation comme animaux de compagnie.** Depuis la loi du 30 novembre 2021, certains de ces animaux peuvent être utilisés comme animaux de compagnie[716].

---

[713] Sur cette notion, v. § 468.

[714] Arrêté du 8 oct. 2018, art. 12.

[715] À cet égard, tous les spécimens doivent être pris en compte et non pas uniquement les spécimens adultes. En effet, en 2023, le Conseil d'État a censuré une modification apportée à l'arrêté de 2018 qui excluait des décomptes les spécimens n'ayant pas encore atteint l'âge adulte s'ils étaient nés dans un élevage. Cette modification, résultant d'un arrêté du 29 mars 2021, avait été adoptée pour prévenir l'effet dissuasif, pour les éleveurs non professionnels, d'un dépassement, du seul fait de la naissance de nouveaux spécimens, des seuils au-delà desquels la détention de ces animaux doit être soumise à la formalité de la déclaration ou faire l'objet d'une autorisation. Le Conseil d'État a toutefois déclaré cette modification illégale : « outre que l'absence de correspondance entre le nombre d'animaux d'une espèce donnée détenus dans un élevage et le nombre de spécimens de cette espèce pris en compte pour le calcul des seuils fixés par l'annexe 2 aura pour effet d'accroître les difficultés de contrôle de ces élevages, l'absence de décompte des animaux juvéniles nés dans l'élevage accroît les risques que ces spécimens puissent être éliminés ou fassent l'objet de trafics avant qu'ils n'atteignent l'âge adulte » (CE, 17 févr. 2023, *Asso. One Voice*, n° 453843, inédit).

[716] C. env., art. L. 413-1 A, I (créé par cette loi) : « Parmi les animaux d'espèces non domestiques, seuls les animaux relevant d'espèces dont la liste est fixée par arrêté du ministre chargé de l'environnement peuvent être détenus comme animaux de compagnie ou dans le cadre d'élevages d'agrément ».

II. Deuxième régime : animaux dont la détention est soumise à déclaration préalable

459. Régime déclaratif. Pour certaines espèces d'animaux sauvages, la détention en captivité est soumise à déclaration à la préfecture du département du lieu de détention des animaux[717].

460. Conditions. L'élevage de ces animaux est regardé comme un « élevage d'agrément ». Il est subordonné à trois conditions[718] :
- l'animal doit être mentionné dans la colonne (b) du tableau de l'annexe 2 ;
- le nombre maximum d'individus pouvant être détenus (indiqué dans cette même colonne) ne doit pas être dépassé ;
- « la détention des animaux n'a pas de but lucratif ou de négoce, et en particulier, la reproduction des animaux n'a pas pour objectif la production habituelle de spécimens destinés à la vente ».
À titre d'exemple, la détention de tortues léopard est soumise à déclaration et limitée à 10 individus.

III. Troisième régime : animaux dont la détention est soumise à autorisation préalable et certificat de capacité

461. Conditions. Pour certaines espèces d'animaux sauvages, la détention en captivité est considérée comme un « établissement d'élevage » au sens de l'article L. 413-3 du code de l'environnement[719]. Il en résulte l'application de deux conditions :
- d'une part, un tel établissement est soumis à autorisation préalable d'ouverture par le préfet ;
- d'autre part, la personne responsable de l'entretien des animaux au sein de l'établissement doit être titulaire du certificat de capacité d'entretien d'animaux non domestiques[720].
Les parcs zoologiques et les aquariums sont les principaux détenteurs de ces espèces.
Mais les particuliers peuvent aussi être concernés : si une personne détient un

---

[717] C. env., art. L. 412-1 ; arrêté du 8 octobre 2018 fixant les règles générales de détention d'animaux d'espèces non domestiques (NOR : TREL1806374A), art. 13.

[718] Arrêté du 8 oct. 2018, art. 12.

[719] Arrêté du 8 oct. 2018, art. 13.

[720] Certificat prévu à l'article L. 413-2 du code de l'environnement. Sur la notion d'établissement d'élevage, v. § 468 et s.

animal appartenant à l'une des espèces en question, elle est considérée comme éleveur et ses installations d'hébergement constituent un établissement d'élevage. En conséquence, pour pouvoir détenir l'animal envisagé, elle doit obtenir une autorisation préalable d'ouverture et détenir le certificat de capacité d'entretien d'animaux non domestiques.

462. **Animaux concernés.** Ce régime s'applique aux animaux mentionnés dans la colonne (c) du tableau de l'annexe 2.

En relèvent par exemple la majorité des reptiles, notamment le python.

Section 2. Obligations pesant sur le détenteur

I. Obligations générales

463. **Quatre obligations.** Toute personne, physique ou morale, qui détient en captivité des animaux d'espèces non domestiques doit satisfaire aux exigences suivantes[721] :

- disposer d'un lieu d'hébergement, d'installations et d'équipements conçus pour garantir le bien-être des animaux hébergés, c'est-à-dire satisfaire à leurs besoins physiologiques et comportementaux ;
- détenir les compétences requises et adaptées à l'espèce et au nombre d'animaux afin que ceux-ci soient maintenus en bon état de santé et d'entretien ;
- prévenir les risques afférents à sa sécurité ainsi qu'à la sécurité et à la tranquillité des tiers ;
- prévenir l'introduction des animaux dans le milieu naturel et la transmission de pathologies humaines ou animales.

II. Obligations particulières

464. **Identification et enregistrement.** L'animal doit faire l'objet d'une identification par marquage et être enregistré dans le fichier national d'identification de la faune sauvage protégée (i-fap)[722].

465. **Registre d'entrée et de sortie.** Le détenteur doit tenir un registre des entrées et sorties des animaux[723].

---

[721] Arrêté du 8 oct. 2018, art. 1er.

[722] C. env., art. L. 413-6 ; arrêté du 8 oct. 2018, art. 3 à 7.

[723] Arrêté du 8 oct. 2018, art. 8 et 9.

466.   Cession des animaux. La cession d'un animal donne lieu à l'établissement d'une attestation de cession et à la remise d'un document d'information précisant notamment ses besoins et conditions d'entretien et précisant qu'il ne peut être relâché dans le milieu naturel[724].

CHAPITRE 3. ÉTABLISSEMENTS POUVANT ACCUEILLIR DES ANIMAUX SAUVAGES

467.   Quatre types d'établissements. Quatre différents types d'établissements peuvent détenir des animaux d'espèces non domestiques :
- les établissements d'élevage professionnel ou non professionnel sans présentation au public ;
- les établissements mobiles de présentation au public ;
- les établissements fixes de présentation au public ;
- les établissements spécialisés dans le recueil et le soin des animaux.

Section 1. Les établissements d'élevage

468.   Élevages d'agrément. Les élevages d'agrément sont des élevages d'animaux d'espèces non domestiques pratiqués dans un but non lucratif et pour lesquels le nombre de spécimens cédés à titre gratuit ou onéreux au cours d'une année n'excède pas le nombre de spécimens produits[725].
Cette catégorie correspond à des élevages amateurs. En pratique, il s'agit de particuliers détenant des espèces sauvages courantes en captivité, relativement faciles d'entretien et en nombre limité. L'élevage est pratiqué dans un but non lucratif où la reproduction de spécimens n'est pas destinée à la vente.

469.   Élevages professionnels. Les élevages professionnels sont des élevages d'animaux d'espèces non domestiques à but lucratif et pour lesquels le nombre de spécimens cédés à titre gratuit ou onéreux au cours d'une année peut excéder le nombre de spécimens produits[726].

470.   Élevage de gibier pour la chasse. La dernière catégorie correspond aux établissements d'élevage, de vente ou de transit des espèces de gibier dont la

---

[724] C. env., art. L. 413-7 et L. 413-8 ; arrêté du 8 oct. 2018, art. 10 et 11.

[725] Arrêté du 10 août 2004 fixant les règles générales de fonctionnement des installations d'élevage d'agrément d'animaux d'espèces non domestiques (NOR : DEVN0430297A), art. 2.

[726] Arrêté du 10 août 2004, art. 1er.

chasse est autorisée[727].

Section 2. Les établissements mobiles de présentation au public

I. Autorisation jusqu'en 2028

471.   La question de l'interdiction. Au cours des dernières années, plusieurs dizaines de communes ont édicté des arrêtés interdisant sur leur territoire des cirques avec animaux. En cas de recours, ces arrêtés ont été déclarés illégaux au motif que le pouvoir de police administrative dont dispose le maire lui permet seulement de protéger la sécurité, la tranquillité et la salubrité publiques (de même que les activités ou attractions portant atteinte à la dignité de la personne humaine). Les buts étrangers à ces quatre éléments ne peuvent être légalement poursuivis par l'autorité de police[728].

472.   La possibilité de vœux. Il était seulement loisible au conseil municipal, qui entendait prendre position contre la présence des cirques avec animaux sur son territoire, d'adopter un « vœu ». À travers un tel acte, non contraignant, la commune exprimait publiquement et solennellement son opposition aux cirques avec animaux, mais sans interdire formellement (faute de le pouvoir) leur présence sur son territoire.

II. Interdiction à compter de 2028

473.   Interdiction d'acquisition, de commercialisation et de reproduction. À compter du 30 novembre 2023, il est « interdit d'acquérir, de commercialiser et de faire se reproduire des animaux appartenant aux espèces non domestiques en vue de les présenter au public dans des établissements itinérants »[729].

---

[727] Sur leur régime, v. c. env., art. R. 413-24 et s.

[728] TA Bordeaux, 18 juin 2018, *Fédération des cirques de tradition et propriétaires d'animaux de spectacle*, n° 1705363, inédit (annulation d'un arrêté, après avoir relevé que « les mauvais traitements des animaux ne relèvent pas du bon ordre, ni de la sûreté, de la sécurité ou de la salubrité publiques, et leur caractère immoral allégué par la commune ne peut fonder légalement une mesure de police en l'absence de circonstances locales particulières »). V. dans le même sens TA Clermont-Ferrand, 8 juil. 2021, *Asso. de défense des cirques de famille*, n° 2001904, inédit – CAA Versailles, 21 mars 2023, *Cne de Viry-Châtillon*, n° 20VE03238, inédit.

[729] C. env., art. L. 413-10, I.

474. **Interdiction de la détention, du transport et des spectacles.** À compter du 30 novembre 2028, « Sont interdits, dans les établissements itinérants, la détention, le transport et les spectacles incluant des espèces d'animaux non domestiques »[730]. Il résulte des travaux préparatoires que 850 animaux sont concernés.

475. **Accueil des animaux.** Le législateur a prévu que l'État doit prévoir des solutions d'accueil pour les animaux concernés[731]. Ils pourront ainsi être confiés à des parcs zoologiques ou placés dans des refuges ou sanctuaires.

Section 3. Les établissements fixes de présentation au public

I. Les parcs zoologiques

476. **Régime.** Les zoos sont régis par l'arrêté du 25 mars 2004 fixant les règles générales de fonctionnement et les caractéristiques générales des installations des établissements zoologiques à caractère fixe et permanent, présentant au public des spécimens vivants de la faune locale ou étrangère. Certaines de ses dispositions ont été modifiées par un arrêté du 19 mai 2009 pour tenir compte de la directive 1999/22/CE du Conseil, du 29 mars 1999, relative à la détention d'animaux sauvages dans un environnement zoologique.

L'arrêté comporte 71 articles et 2 annexes.

Sans se livrer à une présentation exhaustive de ces dispositions, on relèvera notamment que :

- les animaux « doivent être entretenus dans des conditions d'élevage de haut niveau » qui visent à satisfaire les besoins biologiques et de conservation, la santé et une large expression des comportements naturels des différentes espèces en prévoyant, notamment, des aménagements et des équipements des enclos adaptés à la biologie de chaque espèce (art. 10) ;

- les animaux « sont observés au moins quotidiennement » par le personnel chargé directement de leur entretien (art. 16) ;

- les installations d'hébergement des animaux, leurs sols et leurs équipements « sont adaptés aux mœurs de chaque espèce, garantissent la sécurité des animaux et permettent d'exprimer largement leurs aptitudes naturelles » (art. 27) ;

- les animaux sensibles aux perturbations occasionnées par le public « doivent pouvoir s'y soustraire » dans des zones ou des structures adaptées à leur espèce

---

[730] C. env., art. L. 413-10, II.

[731] C. env., art. L. 413-10, III.

(art. 28) ;

- les animaux « ne doivent pas pouvoir franchir l'enceinte de leur enclos » (art. 31, davantage conçu pour assurer la sécurité des visiteurs que le bien-être des animaux) ;

- le public « ne peut être autorisé à toucher les animaux (…) que si cette opération ne nuit pas à leur bien-être ni à leur état de santé et n'entraîne pas de manipulations excessives », et seulement si cette présentation est « dûment justifiée d'un point de vue pédagogique », en permettant une meilleure connaissance des animaux et faire l'objet d'une surveillance appropriée (art. 40) ;

- les établissements participent aux actions de conservation des espèces animales (art. 53 et s.) ;

- ils promeuvent l'éducation du public (art. 57 et s.).

II. Les aquariums

477.   Régime général. Comme tout établissement accueillant des animaux d'espèces non domestiques, les aquariums sont soumis à deux conditions : bénéficier d'une autorisation d'ouverture et disposer d'un certificat de capacité.

478.   La question des cétacés. De façon relativement inattendue, un arrêté propre aux delphinariums avait été pris le 3 mai 2017[732] par la ministre de l'environnement. Il prévoyait notamment l'interdiction d'acquérir de nouveaux cétacés et l'interdiction de leur reproduction, ce qui signifiait, à moyen terme, la fin des parcs aquatiques. Sur recours formé par ces derniers, l'arrêté avait été annulé par le Conseil d'État en raison d'un vice de procédure[733].

Les mesures ont finalement été reprises par le législateur à l'occasion de la loi du 30 novembre 2021. Celle-ci établit deux interdictions qui entrent en vigueur le 30 novembre 2026[734] :

- d'une part, sont interdits « les spectacles incluant une participation de spécimens de cétacés » et « les contacts directs entre les cétacés et le public » ;

- d'autre part, il est interdit « de détenir en captivité » ou « de faire se reproduire en captivité » des spécimens de cétacés, sauf au sein de refuges ou sanctuaires ou dans le cadre de programmes scientifiques.

Il résulte des travaux préparatoires que 21 dauphins et 4 orques sont concernés.

---

[732] Arrêté fixant les caractéristiques générales et les règles de fonctionnement des établissements présentant au public des spécimens vivants de cétacés.

[733] CE, 29 janv. 2018, *Sté Marineland*, n° 412210, *Lebon*.

[734] C. env., art. L. 413-12.

Section 4. Les établissements spécialisés dans le recueil et le soin des animaux

I. Les refuges et sanctuaires

479. Nature et objet. Un refuge ou sanctuaire pour animaux sauvages captifs « est un établissement à but non lucratif accueillant des animaux d'espèces non domestiques, captifs ou ayant été captifs, ayant fait l'objet d'un acte de saisie ou de confiscation, trouvés abandonnés ou placés volontairement par leur propriétaire qui a souhaité s'en dessaisir »[735].

480. Conditions d'ouverture. Les conditions requises diffèrent selon que les animaux soient présentés ou non au public[736].
En l'absence de présentation au public, l'exploitant doit être titulaire du certificat de capacité prévu à l'article L. 413-2 pour une activité d'élevage des espèces animales présentes sur le site[737].
Dans l'hypothèse d'une présentation au public, le certificat pour cette activité est requis.
Dans tous les cas, l'établissement doit avoir fait l'objet d'une autorisation d'ouverture prévue à l'article L. 413-3[738].

481. Conditions d'élevage. Les animaux doivent être entretenus dans des conditions d'élevage qui visent à satisfaire « les besoins biologiques, la santé et l'expression des comportements naturels des différentes espèces en prévoyant, notamment, des aménagements, des équipements et des enclos adaptés à chaque espèce »[739].

482. Interdictions. Eu égard à l'objet de ces réserves ou sanctuaires, y sont interdits :
- toute activité de vente, d'achat, de location ou de reproduction d'animaux[740] ;
- la présentation de numéros de dressage et tout contact direct entre le public et les animaux[741].

---

[735] C. env., art. L. 413-1-1, al. 1er.

[736] C. env., art. L. 413-1-1, al. 2.

[737] V. § 461.

[738] C. env., art. L. 413-1-1, al. 3. Sur cette autorisation, v. § 461.

[739] C. env., art. L. 413-1-1, al. 4.

[740] C. env., art. L. 413-1-1, al. 5.

[741] C. env., art. L. 413-1-1, al. 6.

II Les centres de soins

483. **Un type particulier d'établissement d'élevage.** Les centres de soins constituent une catégorie particulière d'établissements d'élevage dont l'objectif est de dispenser des soins puis de relâcher les animaux blessés recueillis dans le milieu naturel[742].

CHAPITRE 4. ANIMAUX UTILISES A DES FINS DE DIVERTISSEMENT

Section 1. Établissements non itinérants

484. **Conditions de vie des animaux.** La loi du 30 novembre 2021 a aligné les conditions de vie des animaux se trouvant dans des établissements de spectacles sur celle des zoos[743].

Section 2. Montreurs d'ours

485. **Interdiction.** Il est interdit « de détenir des ours et des loups (…) en vue de les présenter au public à l'occasion de spectacles itinérants »[744].
Est également interdite « l'acquisition et la reproduction d'ours et de loups (…) en vue de les présenter au public à l'occasion de spectacles itinérants »[745].
Il ressort des travaux préparatoires de la loi du 30 novembre 2021 que cinq montreurs d'ours sont concernés.

Section 3. Émissions de télévision

486. **Encadrement.** Il « est interdit de présenter des animaux non domestiques,

---

[742] Sur leur régime, v. arrêté du 11 septembre 1992 relatif aux règles générales de fonctionnement et aux caractéristiques des installations des établissements qui pratiquent des soins sur les animaux de la faune sauvage, NOR : ENVN9250300A.

[743] C. env., art. L. 413-11 : « Les établissements de spectacles fixes présentant au public des animaux vivants d'espèces non domestiques sont soumis aux règles générales de fonctionnement et répondent aux caractéristiques générales des installations des établissements zoologiques à caractère fixe et permanent présentant au public des spécimens vivants de la faune locale ou étrangère ».

[744] C. env., art. L. 413-14, I.

[745] C. env., art. L. 413-14, II.

que ceux-ci soient captifs ou sortis de leur milieu naturel, lors d'émissions de variétés, de jeux et d'émissions autres que de fiction majoritairement réalisées en plateau ». L'interdiction s'applique tant aux chaînes de télévision qu'aux services en VOD[746].

Elle ne s'applique pas aux locaux d'établissements disposant de l'autorisation d'ouverture prévue à l'article L. 413-3.

TITRE 7. LES REGLES PROPRES AUX EQUIDES, ANIMAUX DE TRAITS, DE SELLE OU D'ATTELAGE

CHAPITRE 1. LES EQUIDES

487. **Conditions de vie.** Les équidés domestiques bénéficient de certaines règles générales prévues par l'arrêté interministériel du 25 octobre 1982. Celles-ci sont posées dans la première partie du chapitre 1er de son annexe I, portant sur les bâtiments, les enclos et les équipements[747].

488. **Régime administratif.** Les équidés bénéficient d'un régime de protection supérieur à nombre d'animaux domestiques. Doivent notamment être mentionnés les règles relatives :
- à l'obligation d'identification par une puce électronique et à l'enregistrement au fichier national des équidés[748] ;
- à l'obligation de déclarer le lieu de détention auprès de l'Institut français du cheval et de l'équitation (IFCE)[749] ;
- aux titres et qualifications nécessaires pour détenir un cheval (certificat de connaissance) ou s'en occuper dans le cadre d'une activité professionnelle (justifier d'une expérience professionnelle ou posséder un diplôme)[750].

489. **Vente forcée.** Une procédure de vente forcée a été instituée par la loi du 30 novembre 2021[751]. Elle peut être mise en œuvre dans l'hypothèse où un équidé est confié à un professionnel dans le cadre d'un contrat de dépôt ou de prêt à usage

---

[746] C. env., art. 413-13, II.

[747] Sur ce texte, v. § 365.

[748] Code rural, art. L. 212-9 ; art. D. 212-46 et s.

[749] Code rural, art. D. 212-46 et s.

[750] Code rural, art. L. 211-10-1 ; art. D. 214-37-1.

[751] Code rural, art. L. 213-10.

et que le propriétaire cesse de lui payer les frais de garde. La procédure peut également être utilisée si l'animal est inapte ou se trouve dans l'incapacité d'accomplir les activités pour lesquelles il a été élevé.

Dans ces hypothèses, le professionnel peut mettre en demeure le propriétaire de récupérer son animal. S'il ne récupère pas son équidé dans les trois mois suivant la réception du courrier de mise en demeure, le professionnel peut le vendre.

CHAPITRE 2. LES ANIMAUX DE TRAITS, DE SELLE OU D'ATTELAGE

490. **Texte**. Les animaux de trait, de selle ou d'attelage ou utilisés comme tels par leur propriétaire ou par un tiers, à titre gratuit ou onéreux, font l'objet de dispositions au sein de l'arrêté interministériel du 25 octobre 1982 relatif à l'élevage, à la garde et à la détention des animaux, plus exactement le chapitre 4 de son annexe I.

491. **Santé.** Ces animaux « doivent être maintenus en bon état de santé grâce à une nourriture, à un abreuvement et à des soins suffisants et appropriés, par une personne possédant la compétence nécessaire » (pt. 17).

492. **Harnachement non continu et protection des conditions météorologiques.** La nuit et dans le courant de la journée, même entre deux périodes d'utilisation, « les animaux doivent être libérés de leur harnachement, en particulier au moment des repas, et protégés des intempéries et du soleil ». Les harnachements utilisés « ne doivent pas provoquer de blessures » (pt. 17).

PARTIE 3. QUESTIONS PARTICULIERES

493. Trois questions. Au sein du droit de l'animal, trois questions sont particulièrement débattues à l'époque contemporaine :
- l'idée de droits fondamentaux pour les animaux ;
- la reconnaissance d'une personnalité juridique au profit de ceux-ci ;
- enfin celle de leur statut.

TITRE 1. L'IDEE DE DROITS FONDAMENTAUX POUR LES ANIMAUX

494. Proposition. Une des propositions ayant émergé au cours des dernières années consiste à reconnaître aux animaux le bénéfice de droits fondamentaux[752].

495. Origine. L'idée est née de la conjonction de deux mouvements : le développement des droits fondamentaux d'une part, la promotion de la protection animalière d'autre part.

Le premier mouvement représente une conquête historique pour limiter l'arbitraire de l'État. Adoptés en réaction aux atrocités commises durant la Seconde guerre mondiale, les droits fondamentaux ont permis d'inscrire dans le marbre de nos ordres juridiques un socle de garanties minimales résistantes aux atteintes de l'État et, pour certaines d'entre elles, présentant un caractère indérogeable. La logique des droits fondamentaux présente, pour ce qui nous intéresse ici, trois grandes caractéristiques : elle est centrée sur le sujet, repose sur la valeur intrinsèque de celui-ci et a pour finalité de lui offrir une protection juridictionnelle efficace.

Une seconde évolution juridique, sans lien avec la première, s'est dessinée au cours des dernières décennies. Traduisant une préoccupation assez récente (même si, comme les droits fondamentaux, elle dispose de racines plus anciennes), elle a pris la forme de l'institution et du renforcement de garanties juridiques destinées

---

[752] Sur la question, plus empirique, du droit animalier devant la Cour européenne des droits de l'homme, v. T. Sparks, « Protection of Animals through Human Rights. The Case-Law of the European Court of Human Rights », Max Planck Institute for Comparative Public Law & International Law (MPIL) Research Paper n° 2018-21.

à protéger les animaux et à encadrer les conditions de leur utilisation.

Ces deux phénomènes, tout à fait indépendants, se sont trouvés réunis, fin 20ème - début 21ème siècle, sous la plume de divers auteurs. Afin de renforcer la protection juridique de l'animal, ils proposent d'étendre aux animaux le bénéfice des droits fondamentaux ou de leur reconnaître des droits fondamentaux spécifiques.

496.   Questions suscitées. La proposition soulève immédiatement deux questions : en quoi ces droits sont-ils fondamentaux et pourquoi recourir aux droits fondamentaux ?

Il n'est pas vraiment spécifié ce qui conférerait à ces droits un caractère fondamental. La question n'est pas abordée, comme si elle allait de soi aux yeux des promoteurs de cette idée. De manière générale, il semblerait que la référence au caractère fondamental de ces droits renvoie davantage à leur (haute) valeur morale, à leur importance donc plutôt qu'à leur valeur juridique.

Par ailleurs, pourquoi recourir aux droits fondamentaux plutôt qu'à une autre technique juridique ? Sur ce point également, les auteurs ne sont pas prolixes. Il est clair, cependant, que l'idée sous-jacente est d'utiliser l'universalisme supposé des droits de l'homme afin de promouvoir, au nom de l'appartenance à une même communauté morale, une égalité entre hommes et animaux (lutte contre le spécisme) sur le modèle des combats passés pour l'égalité entre les sexes (lutte contre le sexisme) et l'égalité entre les « races » (lutte contre le racisme). En empruntant la technique des droits fondamentaux, on retrouverait par ailleurs leurs caractéristiques : une logique centrée sur le sujet (et non plus sur l'animal envisagé comme élément d'un groupe ou composante de la biodiversité), une protection juridique qui repose sur la prise en considération de sa valeur intrinsèque et une garantie juridictionnelle permettant d'assurer l'efficacité de cette protection.

497.   Propositions et limites. L'idée de reconnaître des droits fondamentaux aux animaux se présente sous la forme de deux propositions nettement distinctes. L'une comme l'autre se heurte toutefois à des obstacles d'ordre théorique et pratique.

CHAPITRE 1. DEUX PROPOSITIONS

498.   Présentation. L'idée d'accorder des droits fondamentaux aux animaux fait l'objet de deux propositions tout à fait différenciées dans leurs fondements comme dans leurs implications. La première, qui s'appuie sur la proximité entre l'homme et les grands singes, vise à reconnaître aux seuls grands singes le bénéfice des droits fondamentaux. La seconde, qui repose sur la sensibilité des animaux, tend à conférer à l'ensemble de ces derniers les droits fondamentaux concernés.

Section 1. Première proposition : des droits fondamentaux pour les grands singes

499. Projet Grands singes. La famille des grands singes ou hominidés comprend, outre l'homme, les chimpanzés, les gorilles, les orangs-outans et les bonobos. Dans les années 1990, Paola Cavalieri et Peter Singer ont lancé un mouvement visant à leur reconnaître un certain nombre de droits fondamentaux, l'objectif pratique étant d'assurer leur préservation et d'interdire qu'ils fassent l'objet d'expérimentations. En 1993, ils présentent une « déclaration sur les grands singes anthropoïdes » revendiquant, en leur nom, le droit à la vie, la protection de la liberté individuelle et l'interdiction de la torture. Ils publient, l'année suivante, *Le Projet Grands singes/The Great Ape Project* (GAP), ouvrage qui rassemble les contributions de 34 auteurs (notamment des primatologues, psychologues et spécialistes de l'éthique) apportant leur soutien au projet[753].

500. L'argument de la proximité. La proposition d'accorder aux grands singes des droits fondamentaux repose sur le constat d'une proximité entre l'homme et les grands singes, en somme sur la circonstance que les grands singes sont (ou seraient) « comme nous ».

La proximité est double.

Elle est d'abord d'ordre biologique. La Déclaration accompagnant le GAP énonce que ce projet « repose sur la preuve scientifique indéniable que les grands singes non humains partagent avec leurs analogues humains plus qu'une similarité génétique dans la structure de leur ADN ». Le site du GAP poursuit dans le même sens : « D'un point de vue biologique, entre deux êtres humains il peut exister une différence de 0,5 % au niveau de leur ADN. Entre un homme et un chimpanzé, la différence est seulement de 1,23 % »[754]. Les chiffres mis en avant dans le cadre de ce projet sont reconnus par la communauté scientifique. En moyenne, la proximité génétique entre l'homme et les grands singes atteint les 98 %.

Toutefois, c'est sur un second trait de proximité entre l'homme et les grands singes qu'est principalement mis l'accent. Les promoteurs de la proposition mettent en avant trois caractéristiques humaines dont disposent ou disposeraient les grands singes : le langage (capacité à communiquer de façon efficace ; aptitude, avec un apprentissage approprié, à manier un langage des signes rudimentaire), la Raison

---

[753] P. Cavalieri et P. Singer, *The Great Ape Project. Equality beyond Humanity*, Saint Martin's Press, New York, 1994.

[754] Voir http://www.greatapeproject.org/en-US/oprojetogap/Missao.

(englobant, selon Paola Cavalieri, « la capacité de résoudre des problèmes, la faculté d'opérer des choix convenablement motivés par ses croyances et la capacité de procéder par inférence et généralisation »[755]) et la conscience de soi (les grands singes se reconnaissant dans un miroir)[756].

Cette proximité apparaît essentielle aux yeux de Peter Singer et Paola Cavalieri. Dans la mesure où les grands singes disposent de capacités typiquement humaines, ils doivent être considérés comme relevant de la même communauté morale que les hommes et, par suite, se voir reconnaître – au même titre que ces derniers – des droits fondamentaux. La reconnaissance de ces droits apparaît d'autant plus justifiée à ces auteurs qu'il existe, au sein de la communauté humaine, des individus non dotés de ces capacités et dont les facultés intellectuelles sont par conséquent inférieures à celle des grands singes. L'argument est exposé assez crûment par Paola Cavalieri : dès lors, indique-t-elle, que l'on admet dans la communauté humaine « la présence d'individus non paradigmatiques, qui sont irrévocablement dépourvus de caractéristiques jugées typiquement humaines – les handicapés mentaux, les demeurés, les séniles », on ne voit pas pourquoi cette communauté ne pourrait pas s'étendre jusqu'aux grands singes (plus autonomes et plus intelligents que certains êtres humains)[757].

L'objectif du raisonnement consiste, non pas à priver ces personnes de droits fondamentaux (même si c'est un risque qu'il induit) mais de les étendre aux grands singes dotés de capacités semblables à celles de l'homme.

Un fondement tout à fait différent est retenu pour la proposition visant à reconnaître à *tous* les animaux le bénéfice de droits fondamentaux. La proposition ne repose plus sur les caractéristiques (presque humaines) de certains d'entre eux mais sur leur nature d'êtres sensibles.

Section 2. Seconde proposition : des droits fondamentaux pour les animaux sensibles

501.   Notion. Parce qu'ils constituent des êtres sensibles, à la différence des objets inertes ou des végétaux, les animaux doivent être protégés de façon spécifique et, selon certains auteurs, se voir reconnaître des droits fondamentaux. Deux séries de propositions nettement distinctes peuvent être identifiées, les premières se situant sur un plan théorique, les secondes s'inscrivant dans une démarche contentieuse.

---

[755] P. Cavalieri, « Les droits de l'homme pour les grands singes ? », *Le débat*, 2000, n° 108, p. 161.

[756] Sur ces différents points, voir J.-F. Dortier, « Comment les singes sont devenus (presque) humains », *Sciences humaines* 2000, n° 108, pp. 24-27.

[757] P. Cavalieri, « Les droits de l'homme pour les grands singes ? », *Le débat*, 2000, n° 108, p. 158.

I. Propositions théoriques : créer des droits propres au profit des animaux

502.   Idée. La première série de propositions est d'ordre théorique. Il s'agit de reconnaître aux animaux des droits fondamentaux spécifiques tenant compte de leur nature, ce critère pouvant d'ailleurs aboutir à la formulation de droits présentant une sonorité différente des droits humains. Sans prétendre à l'exhaustivité, deux initiatives en ce sens peuvent être mentionnées.

503.   Gary Francione. La première émane de Gary Francione. Ce professeur de droit bien connu pour ses prises de position tranchées a développé un plaidoyer en faveur de la reconnaissance d'un droit fondamental et d'un seul au profit des animaux : celui de ne pas être traité comme une propriété (afin, explique-t-il, de ne pas être traité exclusivement comme des moyens pour des fins humaines)[758].

504.   Claire Vial et Saskia Stucki. Une autre proposition se trouve formulée par Claire Vial. Réfléchissant aux droits fondamentaux susceptible d'être reconnus, elle esquisse une catégorisation se basant sur la nature des droits et les types d'animaux concernés : « Certains droits seraient intangibles, comme le droit de ne pas subir de traitement cruel. D'autres seraient dérogeables et pourraient être conciliés avec les droits de l'homme, comme le droit de ne pas subir de souffrances, le critère pouvant alors être, comme maintenant, celui de l'utilité des souffrances. Certains droits devraient être accordés à tous les animaux, domestiques comme sauvages. Il en va ainsi du droit à la vie qui ne serait pas comparable au droit à la vie dont bénéficient les êtres humains mais qui pourrait être "le droit à mener une vie digne d'être vécue", comme l'a envisagé le professeur Antoine Bailleux. D'autres droits devraient être réservés à certains animaux, comme le droit à la liberté qui bénéficierait aux animaux sauvages (…) »[759]. De façon assez proche, Saskia Stucki préconise la reconnaissance des droits fondamentaux suivants : droit à la vie, droit à l'intégrité corporelle, droit à la liberté et droit de ne pas être soumis à la torture[760]. L'idée commune à ces deux autrices est de rechercher, à travers la reconnaissance de ces droits, une meilleure prise en compte des intérêts des animaux lorsque ces derniers entrent en conflit avec des intérêts humains.

---

[758] G. Francione, *Rain without thunder: the ideology of the Animal rights movement*, Temple University Press, 1996.

[759] C. Vial, « Et si les animaux avaient des droits fondamentaux ? », *RDLF* 2019, chron. n° 39.

[760] S. Stucki, « Towards a theory of legal animal rights: simple and fundamental rights », *Oxford Journal of Legal Studies* 2020, volume 40, issue 3, Autumn 2020, pp. 533–560.

II. Démarche contentieuse

505. **Approche pratique.** Une seconde série d'initiatives présentent un caractère plus pratique en étant orientées vers la recherche d'un résultat directement opérationnel. S'inscrivant dans une démarche contentieuse, elles visent à partir des droits fondamentaux reconnus aux êtres humains pour en obtenir, par la voie juridictionnelle, l'extension aux animaux.

506. **Mise en œuvre.** Deux droits fondamentaux ont été mobilisés à cette fin : d'une part le droit de ne pas être indûment privé de liberté (avec le recours en *habeas corpus*[761]), d'autre part le droit de ne pas être réduit en esclavage. Au regard de l'objectif poursuivi, ces deux droits présentent l'intérêt de ne pas spécifier le destinataire auxquels ils s'appliquent donc, potentiellement, de ne pas être limités aux êtres humains[762]. Certes, il ne fait pas le moindre doute que l'interdiction de l'esclavage et le recours en *habeas corpus* ont été créés exclusivement au profit des êtres humains. Néanmoins, l'absence de précision sur le cercle de leurs bénéficiaires a été exploité par des juristes et ONG en vue d'essayer d'obtenir par ce biais la libération d'animaux privés de liberté. Un panorama des décisions rendues révèle toutefois que, jusqu'à présent, les actions menées à ce titre n'ont pas été franchement couronnées de succès[763].

CHAPITRE 2. LES OBSTACLES

507. **Absence d'obstacle juridique.** Aucun principe ne s'oppose *a priori* à la reconnaissance de droits fondamentaux aux animaux. Le Tribunal fédéral suprême suisse l'a reconnu lorsqu'il s'est prononcé en 2020 sur la recevabilité d'une initiative visant à introduire dans la Constitution du canton de de Bâle-Ville que ce texte « garantit (…) le droit des primates non humains à la vie et à l'intégrité physique et mentale ». Le tribunal a relevé le caractère inhabituel de la disposition

---

[761] Né en Angleterre en 1679, en vue de limiter l'arbitraire du pouvoir royal, le recours en *habeas corpus* permet à toute personne privée de liberté de saisir un juge en vue que celui-ci vérifie si cette personne se trouve dûment ou indûment privée de liberté. Si la personne est régulièrement privée de liberté (par exemple parce qu'elle est soupçonnée d'avoir commis un crime), sa requête est rejetée. Si le juge estime que l'auteur du recours est irrégulièrement privé de liberté, c'est-à-dire sans justification, il ordonne sa libération.

[762] Par exemple, la formule selon laquelle « Nul ne peut être placé en esclavage » ne dit rien des sujets relevant de son champ d'application.

[763] Pour une présentation détaillée de cette démarche et de ses réalisations, voir O. Le Bot, *Droit constitutionnel de l'animal*, 2ème éd., Independently published, 2023.

en ce qu'elle vise à reconnaître des droits spécifiques pour les primates. Il a néanmoins souligné qu'elle ne méconnaît pas la Constitution fédérale, d'autant que la distinction fondamentale entre les droits des animaux et les droits fondamentaux de l'homme n'est pas remise en question. Il a enfin précisé qu'une telle disposition n'obligerait que les organes cantonaux et communaux et non pas les personnes privées[764].

508. Obstacles non juridiques. Des obstacles de nature extra juridiques peuvent être mis en exergue. La première série d'obstacles, propre au Projet Grands singes, est d'ordre théorique. La seconde série d'obstacles, commune aux deux propositions, est d'ordre technique.

Section 1. Les obstacles théoriques propres au projet Grands singes

509. Trois obstacles. La proposition tendant à reconnaître des droits fondamentaux aux grands singes se heurte à des obstacles spécifiques. Ces derniers sont de trois ordres.

510. La réduction aux grands singes. La réduction de cette proposition aux seuls grands singes n'apparaît pas justifiée.

D'une part, le grand singe n'est l'animal le plus proche de l'homme que selon une certaine approche, dite homologique[765]. Or, selon les spécialistes, cette approche n'est pas forcément la plus pertinente. Comme le fait remarquer Joëlle Proust, « les diverses méthodes comparatives donnent des résultats différents : une comparaison homologique comparera l'homme au singe ; une comparaison anagénétique[766] l'homme au dauphin, une comparaison analogique[767] l'homme au loup »[768]. Si les traits homologues sont les plus frappants pour le profane et, pour cette raison, éveillent plus spontanément l'empathie des êtres humains, ils ne sont

---

[764] Tribunal fédéral suprême suisse, 16 sept. 2020, n° 1C_105/2019. Sur cette décision, v. Ch. Blattner et R. Fasel, « The Swiss Primate Case: How Courts Have Paved the Way for the First Direct Democratic Vote on Animal Rights », *Transnatioal Environmental Law*, 2022, vol. 11, pp. 201-214. doi:10.1017/S2047102521000170.

[765] Approche qui retient comme cible de la comparaison les traits phénotypiques, c'est-à-dire les caractères – en particulier génétiques – observables chez les individus.

[766] Au regard des progrès évolutifs qui marquent la succession des espèces.

[767] Au regard des propriétés voisines qui se rencontrent dans des espèces non reliées entre elles si elles vivent dans des conditions écologiques semblables.

[768] J. Proust, « La cognition animale et l'éthique », *Le débat*, 2000, n° 108, p. 177.

pas nécessairement les plus pertinents pour le spécialiste. En ce sens, Joëlle Proust souligne que « Si l'objectif est de faire valoir que les propriétés cognitives évoquées plus haut (langage, rationalité, conscience) justifient que l'on adopte un point de vue moral sur les organismes qui en sont pourvus, alors on ne voit pas pourquoi les grands primates seraient les seuls à bénéficier du statut de patient moral »[769]. Les dauphins, en particulier, satisfont beaucoup mieux aux critères avancés. Ils « sont bien meilleurs dans les tâches langagières que les chimpanzés. Plus inventifs, plus flexibles devant la nouveauté, capables d'imitation et de mémorisation subtile de situations variées, les dauphins méritent certainement davantage l'attention des moralistes »[770].

D'autre part, il ne paraît pas exister de démarcation nette entre les grands singes (homme exclu) et les autres animaux, et donc de justification de reconnaître aux premiers les droits que l'on refuse aux seconds[771]. En l'absence de frontière nette, tous les animaux méritent, de proche en proche, de se voir reconnaître le bénéfice des droits fondamentaux. Comme le relève Marie-Angèle Hermitte, « les grands singes sont eux-mêmes proches d'autres singes moins évolués, et ainsi de suite »[772]. Avec cette logique, poursuit-elle, « on ne verrait pas très bien ou arrêter l'octroi des droits humains »[773].

511.   Une proximité relative. La proximité entre l'homme et les grands singes apparaît somme toute assez relative.

Cela est vrai, tout d'abord, au niveau des trois éléments sur lesquels repose cette proposition : langage, raison, conscience de soi. Sur le premier, il reste un fossé entre langage humain et communication des grands singes à qui l'on apprend à manier le langage des signes. Comme cela a été souligné, le langage employé par les singes se situe presque toujours dans un contexte, pour formuler ou répondre à une demande concrète. Selon les spécialistes, il n'a pas la fonction déclarative qui permet de commenter le monde, de partager ses connaissances avec autrui ou

---

[769] J. Proust, préc., p. 181-182.

[770] J. Proust, préc., p. 182.

[771] Si l'on considère le critère génétique, la proximité qui existe entre l'homme et les grands singes dans la composition de l'ADN se retrouve, selon le généticien Steve Jones, à des niveaux similaires avec les autres espèces (par exemple, la proximité génétique entre l'homme et la souris atteint les 90 %). Voir T. Geoghegan, « Should apes have human rights ? », *BBC News*, 29 mars 2007http://news.bbc.co.uk/2/hi/uk_news/magazine/6505691.stm).

[772] M.-H Hermitte, « Les droits de l'homme pour les humains, les droits du singe pour les grands singes ! », *Le débat*, 2000, n° 108, p. 171.

[773] M.-H Hermitte, préc., p. 171.

encore de lui imputer des intentions[774]. Sur la capacité des singes à raisonner, celle-ci demeure incomparablement moins développée que celle de l'homme, au point que toute comparaison entre les deux apparaît hors de propos[775]. S'agissant enfin de la conscience de soi, Joëlle Proust affirme qu'« on ne peut (…) affirmer que les primates non humains ont un sens de l'identité personnelle approchant du nôtre »[776]. Les données empiriques conduisent donc à relativiser la proximité entre l'homme et les grands singes.

Mais c'est surtout au niveau de la Liberté, entendue comme la faculté de s'arracher aux déterminismes naturels, qu'apparaît la différence la plus notable. L'homme, à la différence de tous les autres animaux – et c'est là sa singularité – est dotée de la liberté. Les animaux autres que l'homme se trouvent, pour leur part, soumis à un déterminisme duquel ils ne peuvent s'extraire et qui se reproduit irrémédiablement de générations en générations[777].

À la lumière de ces éléments, la construction bâtie sur une proximité entre l'homme et les grands singes peut difficilement être acceptée.

512.   Un critère de l'intelligence problématique. En troisième et dernier lieu, le critère de l'intelligence comme source des droits fondamentaux apparaît problématique dans la mesure où il lie le statut moral à la possession de certaines capacités cognitives. Un tel fondement apparaît inapproprié pour trois raisons.

Tout d'abord, la source du statut moral (et donc des droits fondamentaux) réside non pas dans l'intelligence du sujet mais dans sa valeur intrinsèque d'être humain. Selon cette perspective, un individu moins intelligent qu'un autre individu ou que la moyenne des individus demeure, en toute hypothèse, sujet moral titulaire de droits fondamentaux.

Ensuite, les caractères d'une espèce (raison, conscience de soi, langage, etc.) ne s'apprécient pas *in concreto*, individu par individu (humain ou animal) mais plutôt *in abstracto*, au regard des qualités habituelles de l'espèce considérée. Dans ces conditions, la circonstance qu'un individu humain se trouve, même définitivement, privé des capacités habituellement exercées par les hommes ne le dépossède en aucun cas de ses droits fondamentaux.

---

[774] Voir J. Vauclair, L'intelligence de l'animal, Seuil, 1992, p. 157 ; J.-F. Dortier, « Comment les singes sont devenus (presque) humains », *Sciences humaines* 2000, n° 108, p. 26 (encadré « Quand les singes se mettent à parler »).

[775] Voir la mise en perspective réalisée par Joëlle Proust in « La cognition animale et l'éthique », *Le débat*, 2000, n° 108, pp. 177-179.

[776] J. Proust, préc., p. 181.

[777] Cf. L. Ferry, « Des "droits de l'homme" pour les grands singes ? Non, mais des devoirs envers eux », *Le débat*, 2000, n° 108, pp. 163-167.

Enfin, le lien établi entre capacités cognitives et statut moral n'est pas seulement dangereux pour l'homme – ou du moins pour certains hommes. Il est aussi inadapté pour la protection des grands singes. La prise en compte de ces derniers par le droit, tout comme la prise en compte de n'importe quel animal par le droit, doit reposer, non pas sur la proximité avec l'homme mais sur leur caractère *sentient*. Comme le souligne Gary Francione, il n'est pas plus immoral d'exploiter ou de tuer un grand singe qu'exploiter ou tuer n'importe quel autre animal : « Les grands singes, comme les autres animaux, sont "sentient". Ils sont conscients, ils sont conscients d'être vivants, ils ont des intérêts, ils peuvent souffrir. Aucune autre caractéristique autre que la sentience n'est nécessaire »[778]. Certes, poursuit-il, il est plus facile pour l'œil non initié de percevoir de la douleur dans les yeux ou l'expression d'un singe que dans celle d'un rat. Mais il n'est pas établi que le rat, soumis aux mêmes expérimentations que le singe, souffrira moins que ce dernier.

Section 2. L'obstacle technique commun aux deux propositions

513.   Un obstacle. Cet obstacle technique se résume en une interrogation sans réponse, ou plutôt sans réponse satisfaisante : pourquoi des droits « fondamentaux » ? Ces droits, en effet, obéissent à une logique de protection maximale, une logique humaine et une logique de permission pouvant entraver leur application à l'animal.

514.   Une logique de protection maximale. Pourquoi dramatiser le débat en en appelant d'emblée aux droits fondamentaux ? On ne comprend pas l'intérêt de mobiliser ces derniers pour atteindre un objectif somme toute modeste et qui pourrait parfaitement être atteint par un procédé juridique moins radical. En d'autres termes, il existe une disproportion entre la fin affichée (améliorer, sensiblement, la condition juridique de l'animal) et les moyens mis en œuvre.

Si l'on prend le cas du GAP, le projet vise, assez modestement, à sanctuariser les grands singes[779] et à les soustraire à la recherche médicale[780]. On ne saisit pas les

---

[778] G. Francione, « The Great ape project : not so great », 20 décembre 2006, http://www.abolitionistapproach.com/the-great-ape-project-not-so-great. Gary Francione, après avoir soutenu le GAP en 1993 (il a écrit un article dans l'ouvrage du même nom), s'en est désolidarisé par la suite. Il s'en explique dans ce billet, publié sur son site internet.

[779] P. Singer, « Entretien avec Peter Singer. Libérer les animaux ? », *Critique*, n° 747-748, aout-septembre 2009, p. 663. Propos recueillis et traduits par Françoise Balibar et Thierry Hoquet.

[780] P. Cavalieri, « Les droits de l'homme pour les grands singes ? », *Le débat*, 2000, n° 108, p. 162.

raisons du décalage entre l'objectif poursuivi et les moyens déployés. Pourquoi reconnaître des « droits de l'homme » aux grands singes *uniquement* pour aboutir à une interdiction de la recherche ? Pourquoi ne pas, tout simplement, édicter une telle interdiction sans passer par le détour – absolument inutile pour ce faire – des droits fondamentaux ? Mobiliser, ni plus ni moins, les droits de l'homme pour aboutir – simplement – à la création de réserves et l'interdiction de la recherche apparaît manifestement disproportionné.

En outre, la consécration des droits fondamentaux reposait sur un socle culturel bâti au cours de plusieurs siècles. À l'inverse, la reconnaissance de la protection juridique de l'animal va à contre-courant d'un mouvement ancestral qui ne s'est infléchi sur ce point que récemment. Peut-on brûler les étapes et arriver directement au sommet de ce qui est envisageable en termes de protection ? On peut en douter. Les droits fondamentaux des animaux sont une idée trop marginale culturellement pour pouvoir, aujourd'hui en tous cas, être consacrée juridiquement.

515. Une logique humaine. La logique des droits fondamentaux est une logique humaine. Ces droits sont intrinsèquement liés à l'homme – et uniquement à l'homme. Certes, des groupements de personnes ou de biens se voient reconnaître le bénéfice de ces droits. Mais c'est de façon seconde, et même très largement seconde, par rapport à la protection des individus. Si les droits fondamentaux peuvent être invoqués par des entreprises, des syndicats, des associations ou encore des collectivités publiques, il ne faut pas perdre de vue que l'essence de ces droits réside dans la protection, non pas des groupements de personnes ou de biens mais dans les personnes elles-mêmes. C'est la personne humaine qui est à la source des droits fondamentaux.

516. Une logique de permission. La logique des droits fondamentaux est une logique de permission. Les droits fondamentaux confèrent essentiellement des permissions d'agir. Ils protègent principalement des possibilités de faire. Or, pour améliorer la situation de l'animal, une norme d'interdiction apparaît plus opérante. Plutôt que de solliciter les droits fondamentaux, et pour un résultat plus efficace, il suffirait d'introduire (au niveau législatif ou, pour une plus grande sécurité juridique, constitutionnel) une norme juridique interdisant de tuer les animaux ou d'attenter à leur bien-être.

Un triple avantage découlerait de cette formulation, sous la forme d'une interdiction.

D'abord un avantage symbolique. Dire que les animaux ont un droit fondamental à la vie et dire qu'il est interdit (sous-entendu à l'homme) de tuer les animaux revient strictement au même au niveau du résultat pratique, tout en évitant de heurter les consciences par une transposition aux animaux du concept de droits fondamentaux.

Ensuite, à la différence d'un droit qui, dans le cas des animaux, doit nécessairement s'accompagner – pour être efficace – de l'instauration de mécanismes de représentation, une interdiction est immédiatement opérante. La loi pénale interdit. La personne qui contrevient à l'interdiction est punie. L'interdiction est respectée.

Enfin, l'interdiction, adressée aux êtres humains, a cet avantage de ne pas conduire l'homme à s'immiscer dans le règne animal pour déterminer si le « droit à la vie » d'un animal doit conduire à protéger ce dernier contre ses prédateurs – risque ou question qui est sous-jacente, même si elle n'est jamais abordée, avec l'idée de droits fondamentaux pour les animaux.

Si l'idée est de conférer des protections à l'animal, et à un rang élevé, d'autres solutions existent ou sont concevables, en particulier l'introduction, dans la Constitution, de normes spécifiques protégeant ou définissant le statut de l'animal[781].

Il ne s'agit pas d'affirmer que la reconnaissance de droits fondamentaux aux animaux serait inutile, mais plutôt de souligner que l'effet de celle-ci serait tributaire de la formulation retenue. Or, au regard de la perception contemporaine que la société a des animaux, une telle reconnaissance serait prématurée si l'on veut sérieusement raisonner avec la logique des droits fondamentaux – qui est une logique de garantie maximale. En les proclamant aujourd'hui et dans un tel contexte, le risque serait grand d'aboutir à la reconnaissance de droits fondamentaux au rabais, c'est-à-dire qui seraient qualifiés de fondamentaux seulement pour l'étiquette mais sans appliquer le régime juridique correspondant.

TITRE 2. LA RECONNAISSANCE D'UNE PERSONNALITE JURIDIQUE

517. **Enjeu.** La reconnaissance de la personnalité juridique aux êtres humains et aux groupements leur permet de participer à la vie juridique (conclure des contrats, agir en justice, disposer d'un patrimoine), soit par eux-mêmes (dans la plupart des cas), soit en étant représentés (dans le cas des mineurs et des majeurs placés sous un régime légal de protection). Pour les animaux, l'enjeu consiste à leur reconnaître une possibilité de participer, partiellement, à la vie juridique, et toujours (puisqu'ils ne peuvent pas agir par eux-mêmes) en étant représentés.

518. **Une question technique.** La question de la personnalité juridique mérite

---

[781] Voir O. Le Bot, *Droit constitutionnel de l'animal*, 2ème éd., Independently published, 2023.

d'être envisagée, de façon dépassionnée, sous un angle strictement juridique[782], plus exactement comme une question de technique juridique[783].

Dans cette perspective, la personnalité juridique a pour objet de conférer une reconnaissance juridique à une entité donnée[784].

Par exemple, la personnalité juridique a pu être reconnue à certaines composantes de l'environnement (rivière, territoires[785]) ou à la nature elle-même[786]. L'objectif de cette reconnaissance consiste, principalement, à fonder la reconnaissance de l'intérêt à agir d'associations (voire de particuliers) pour assurer leur préservation. De façon comparable, il est possible de reconnaître une personnalité juridique aux animaux, à tout le moins à certains d'entre eux (dans un premier temps ceux relevant du premier cercle du droit animalier, à savoir les animaux domestiques, apprivoisés, ou tenus en captivité).

519.   Portée concrète. Si l'on entend être concret, d'un point de vue juridique, la reconnaissance d'une personnalité juridique aux animaux pourrait emporter trois effets.

En premier lieu, il serait concevable, par ce biais, de conférer un patrimoine à un animal (sous certaines conditions et avec certaines limites), pour notamment assurer sa subsistance après la disparition de son maître, sous la forme d'un héritage.

En deuxième lieu, la personnalité juridique permettrait de fonder le droit d'agir en justice d'une personne physique ou morale au nom et pour le compte d'un animal.

---

[782] Et non pas comme manifestant une abolition des frontières entre l'humanité et l'animalité. Envisageant la question sous cet angle, les philosophes expriment généralement une hostilité à l'égard de l'idée de reconnaître une personnalité juridique aux animaux.

[783] V. déjà René Demogue : « faire de l'animal un sujet de droit, quelle horreur ! quelle abomination ! A entendre ces cris, ne semblerait-il pas qu'il s'agit de (lui) donner quelque décoration et d'imiter Héliogabale faisant son cheval consul ? Mais il ne s'agit pas de cela. Ceux qui font ces critiques ou ont ces sourires placent la question sur un terrain qui n'est pas le sien. Il s'agit simplement de poser une règle technique : est-il commode, pour centraliser des résultats souhaitables, de considérer même des animaux comme des sujets de droit ? » (R. Demogue, « La notion de sujet de droit », *RTD civ.* 1909, p. 637). V. J.-P. Marguénaud, « L'animal sujet de droit ou la modernité d'une vieille idée de René Demogue », *RTDciv* 2021, p. 591. Pour un point de vue plus réservé, v. G. Lardeux, « Humanité, personnalité, animalité », *RTDciv* 2021, p. 573.

[784] J.-P. Marguénaud, La personnalité juridique des animaux, *D.* 1998, p. 205 – J.-P. Marguénaud, F. Burgat et J. Leroy, « La personnalité animale », *D.* 2020, p. 28.

[785] V. M. Hautereau-Boutonnet, « Faut-il accorder la personnalité juridique à la nature ? », *D.* 2017, p. 1040.

[786] V. Constitution de l'Équateur, art. 71 à 74.

Par exemple, en matière pénale, l'animal victime de maltraitance pourrait être regardé comme une partie civile alors que, jusqu'à présent, seul son propriétaire ou une association de défense des animaux pouvait l'être. Un autre exemple peut être donné dans le domaine du contentieux administratif avec le référé-suspension. Cette procédure est subordonnée, notamment, à la démonstration d'une urgence, qui s'analyse comme un préjudice porté à la situation du requérant, à l'objet d'une association ou à un intérêt public. Jusqu'à présent, un acte administratif préjudiciable à un animal ne pouvait être suspendu que s'il était considéré comme portant atteinte à son propriétaire, à une association ou à un intérêt public ; le préjudice subi par l'animal lui-même ne pouvait pas être pris en compte. Par exemple, dans l'affaire des éléphantes du Parc de la Tête d'Or, la décision préfectorale d'euthanasier Baby et Népal avait été regardée par le juge comme portant atteinte à l'intérêt du propriétaire des éléphantes mais non à celui des deux éléphantes elles-mêmes[787]. Si une affaire similaire survenait avec une personnalité juridique reconnue aux animaux, l'urgence pourrait être caractérisée en tant que la décision en cause affecte la vie des animaux visés par la mesure d'euthanasie.

En troisième lieu, la personnalité juridique conduirait le juge mais, aussi, plus largement, tous les acteurs du droit, à envisager les règles applicables aux animaux sous un angle plus subjectif. Cela signifie que celles-ci se trouveraient appréhendées à travers le prisme de l'animal lui-même et non plus de façon désincarnée.

520.   Une personnalité reconnue par des juridictions indiennes. Dans une décision rendue en juillet 2018, la Haute cour du Uttarakhand a solennellement reconnu la personnalité juridique des animaux[788]. Dans le dispositif de sa décision, la Cour affirme : « Tous les membres du règne animal, y compris aviaire et aquatique, sont déclarés comme entités juridiques ayant une personnalité propre pourvus des droits, devoirs et responsabilités d'une personne juridique. Tous les citoyens de l'État du Uttarakhand sont par la présente déclarés personnes *in loco parentis*[789] en tant qu'humains en charge du bien-être/de la protection des animaux » (§ 99, A). Une seconde Haute cour, celle de l'État du Pendjab, a procédé à la même consécration dans une décision rendue en 2019[790].

---

[787] CE, 27 févr. 2013, *Sté Promogil*, n° 364751, *Lebon T.* ; *Procédures* 2013, n° 13, p. 38, note S. Deygas ; *LPA* 8 avr. 2013, note O. Le Bot.

[788] Uttarakhand High Court, 4 July 2018, *Narayan Dutt Bhatt vs Union Of India And Others*, Writ Petition (PIL) No. 43 of 2014.

[789] À la place d'un parent, c'est-à-dire en tant que responsable juridique.

[790] High Court de Punjab et Hayana, 31 mai 2019, *Karnail Singh and others*, n° CRR-533-2013.

TITRE 3. L'ELABORATION D'UN STATUT COHERENT

521.   Une question transversale. Techniquement, la question du statut de l'animal ne constitue pas à proprement parler une question de droit civil. En droit positif, elle est traitée par le code civil mais rien ne l'impose d'un point de vue théorique ou juridique. Elle pourrait devenir une question de droit tout court, en figurant dans un autre texte, à vocation générale (notamment – mais pas nécessairement – une loi ou un code propre à l'animal).

522.   Qualification et contenu. La question du statut n'est rien envisagée sans prise en compte des règles qui le constituent. En effet, la qualification seule ne renseigne pas sur le régime juridique applicable. Celui-ci peut être cohérent avec la qualification donnée. Il peut aussi ne pas l'être.

Avant 2015, la première formule prévalait : l'animal était qualifié de bien, et soumis pour l'essentiel au droit des biens. Depuis 2015, la seconde formule s'impose : l'animal est qualifié d'être vivant et sensible, mais demeure soumis pour l'essentiel au droit des biens.

Demain, la qualification pourrait redevenir cohérente en cas de définition de règles correspondant à cette qualification d'être vivant et sensible.

CHAPITRE 1. LA QUALIFICATION CLASSIQUE : L'ANIMAL COMME UN BIEN

523.   Un bien. Quelle que soit la catégorie juridique dont il relève, l'animal a été appréhendé par le droit comme un bien (un *res*, pour reprendre la formule latine). Il a été réifié par le droit, sa situation juridique étant calquée sur celle des choses. Toutes les législations ont retenu cette qualification, avec de simples nuances d'un pays à l'autre.

Résultat : en France comme à l'étranger (Suisse, Espagne, Portugal, Russie…), la situation juridique de l'animal a été calquée sur celle des choses[791]. L'animal a été juridiquement assimilé à un bien, pour en suivre le régime. En tant que chose, il pouvait (et peut toujours) être l'objet d'un vol, d'une escroquerie, d'un abus de confiance ou encore d'un recel[792].

De même, sur le plan civil, l'animal a été regardé comme un bien, meuble ou

---

[791] Voir les législations citées par S. Antoine in *Le droit de l'animal*, Légis-France, coll. Bibliothèque de droit, 2007, pp. 258-262.

[792] V. § 72.

immeuble. Dans sa rédaction antérieure à la réforme de 2015, l'article 528 du code civil disposait que « Sont *meubles par nature* les animaux et les corps qui peuvent se transporter d'un lieu à un autre, soit qu'ils se meuvent par eux-mêmes, soit qu'ils ne puissent changer de place que par l'effet d'une force étrangère ». L'animal était immeuble *par destination* lorsqu'il était nécessaire à l'exploitation d'un fonds. L'article 524 prévoyait que « Les animaux et les objets que le propriétaire d'un fonds y a placés pour le service et l'exploitation de ce fonds sont *immeubles par destination* ».

Qualifié de bien, l'animal pouvait être l'objet de droits réels, à commencer par le droit de propriété. Il s'ensuivait que l'animal, en tant que chose, objet de propriété, pouvait être utilisé à loisir ou aliéné : il pouvait être vendu ou détruit, servant alors – dans cette hypothèse – de matière première ou de matériaux (notamment pour l'alimentation humaine ou la fabrication de produits : vêtements, chaussures, etc.).

524.   Une qualification dépassée. Cette qualification est dépassée, car la représentation que la société se fait de l'animal a évolué. Les découvertes scientifiques, en mettant en lumière l'aptitude des animaux à ressentir de la douleur, physique mais aussi psychologique, ont joué un rôle significatif dans ce changement. L'animal est doué de sensibilité et cesse d'être considéré comme une chose inerte.

Progressivement, un nombre croissant de juristes ont contesté l'assimilation de l'animal à une chose, en mettant en avant le caractère artificiel et inadapté de cette qualification.

Artificiel car, d'un point de vue physique, il apparaît immédiatement qu'un animal ne peut être réduit à une chose.

Inadapté également, le régime des biens ne correspondant pas à la qualité d'être vivant et sensible de l'animal. C'est la raison pour laquelle le législateur avait été amené à développer des dérogations au régime des biens afin de tenir compte de sa nature d'être sensible (protection contre les mauvais traitements, les actes de cruauté, obligation de soins, etc.).

CHAPITRE 2. LA NOUVELLE QUALIFICATION

525.   Un être. De nombreux États ont réformé leur législation afin d'extraire l'animal de la catégorie des biens – ou plus exactement (car ce n'est pas la même chose) de proclamer que l'animal n'est pas un bien.

526.   À l'étranger. L'Autriche a ouvert la voie en 1988 en modifiant son code civil. Son § 285-a dispose que « Les animaux ne sont pas des choses ; ils seront protégés par des lois particulières. Les prescriptions en vigueur pour les choses ne sont applicables aux animaux que dans la mesure où il n'existe pas de réglementations différentes ». La Suisse, l'Allemagne, la Moldavie ou encore la Pologne ont retenu dans leurs code civil respectifs une rédaction similaire[793].

527. **En France.** La France a rejoint ce mouvement en 2015 (après le vote de l'amendement dit « Glavany »)[794]. Un nouvel article a été introduit dans le code civil, proclamant que « Les animaux sont des êtres vivants doués de sensibilité »[795].

Par souci de cohérence, l'article 524 alinéa 2 du code civil a également été modifié par la loi du 16 février 2015. Il n'assimile plus l'animal à un bien immeuble lorsqu'il est affecté à l'exploitation d'un fonds, mais continue de le soumettre à ce régime. Il pose que « Les animaux que le propriétaire d'un fonds y a placés aux mêmes fins » (à savoir l'exploitation d'un fonds) « sont soumis au régime des immeubles par destination ».

Dans le même souci de cohérence, la référence aux animaux comme des biens meubles a disparu de l'article 528[796].

528. **Un changement de statut ?** Ces nouvelles dispositions changent la qualification de l'animal mais non son statut. Le code civil ne qualifie plus l'animal de « chose » mais il continue de le soumettre aux règles applicables aux choses.

Relisons les formules utilisées. Code civil français : « Les animaux sont des êtres vivants doués de sensibilité. Sous réserve des lois qui les protègent, les animaux sont soumis au régime des biens ». Code civil autrichien : « Les animaux ne sont

---

[793] L'article 641 a du code civil suisse prévoit que « Les animaux ne sont pas des choses. Sauf dispositions contraires, les dispositions s'appliquant aux choses sont également valables pour les animaux ». Le code civil allemand énonce en son article 90 que « Les animaux ne sont pas des choses. Ils sont protégés par des lois spécifiques. Les dispositions s'appliquant aux choses ne leur sont appliquées que dans la mesure où il n'existe pas de dispositions contraires ». Le code civil moldave comporte un article 287 indiquant que « Les animaux ne sont pas des choses. Ils sont protégés par des lois spéciales. Les dispositions applicables aux choses le sont de même aux animaux, sauf disposition contraire de la loi ».

[794] Loi n° 2015-177 du 16 février 2015, art. 2.

[795] Article 515-14, 1ère phrase. La formule a été reprise par le Québec peu de temps après. Voir la nouvelle rédaction de l'article 898.1 du code civil québécois, entrée en vigueur le 4 décembre 2015 : « Les animaux ne sont pas des biens. Ils sont des êtres doués de sensibilité et ils ont des impératifs biologiques. / Outre les dispositions des lois particulières qui les protègent, les dispositions du présent code et de toute autre loi relative aux biens leur sont néanmoins applicables ».

[796] V. la rédaction issue de la loi de 2015 : « Sont meubles par leur nature les biens qui peuvent se transporter d'un lieu à un autre ».

pas des choses ; ils seront protégés par des lois particulières. Les prescriptions en vigueur pour les choses ne sont applicables aux animaux que dans la mesure où il n'existe pas de réglementations différentes ». Code civil suisse : « Les animaux ne sont pas des choses. Sauf dispositions contraires, les dispositions s'appliquant aux choses sont également valables pour les animaux ». Les rédactions sont identiques en Allemagne, Moldavie, Pologne et partout ailleurs. Sauf texte contraire, les animaux sont soumis aux règles applicables aux biens.

Le droit des biens demeure le droit commun de la condition animale. Lorsqu'aucune disposition spécifique ne s'applique à l'animal dans une situation donnée, celui-ci continue à être soumis, exactement comme avant, à la réglementation applicable aux biens. Les animaux reçoivent la formule d'être vivants, doués de sensibilité, mais ils sont considérés comme des choses – ils continuent d'être juridiquement traités comme des choses. À ce titre, ils peuvent être cédés, aliénés, détruits. Le changement de qualification ne change rien aux règles applicables ; l'animal continue d'être traité comme un bien.

Il manque encore un statut adapté à la nouvelle qualification.

CHAPITRE 3. UN STATUT PROPRE A LA NOUVELLE QUALIFICATION

529. **Les critères pour bâtir un statut.** L'essence de l'animal, on l'a vu, réside dans sa qualité d'être vivant et sensible[797]. Aussi le régime applicable devrait viser à le protéger dans ces deux traits qui le caractérisent et forment son essence. Pourrait ainsi être reconnue l'obligation de respecter sa vie et son bien-être[798], ou l'interdiction d'attenter à sa vie et son bien-être[799]. La définition de ces deux règles, constitutives d'un noyau central, ne ferait nullement obstacle à l'édiction d'un deuxième cercle de règles, le cas échéant différenciées, régissant de façon différente les catégories d'animaux se trouvant objectivement dans des situations distinctes.

530. **La portée.** L'on s'accordera sans difficulté sur la reconnaissance de ces principes au regard de la nature, non pas de chose, mais d'être vivant et sensible

---

[797] Comme l'observait Suzanne Antoine, « L'étude sommaire des principales législations des pays d'Europe fait ressortir une évolution générale du droit de l'animal. L'animal-chose est un concept périmé ; c'est désormais l'animal dans sa dimension d'être vivant et sensible qui est l'objet de la législation » (S. Antoine, *Le droit de l'animal*, Légis-France, coll. Bibliothèque de droit, 2007, p. 263).

[798] « L'animal étant un être vivant et sensible, sa vie et son bien-être doivent être respectés ».

[799] « L'animal étant un être vivant et sensible, il est interdit d'attenter à sa vie et à son bien-être ».

de l'animal. La difficulté – et les divergences – surgiront lorsqu'il s'agira d'établir les limites susceptibles d'être apportées à ces principes. En effet, une norme juridique est rarement absolue et doit, dans la plupart des cas, être conciliée avec les exigences avec lesquelles elle entre en conflit. Une question importante se posera alors : à partir de quel moment et dans quelles circonstances le fait de tuer un animal ou de lui infliger de la souffrance peut-il, *à titre dérogatoire*, être autorisé ?

Plusieurs variantes sont envisageables selon la conception qui prévaut de la relation entre l'homme et l'animal. Deux grandes voies, qui comportent entre elles un nombre infini de déclinaisons, peuvent être mises en évidence. La première admettrait les dérogations *utiles* ; la seconde ne tolèrerait que les dérogations *nécessaires*.

La première logique permettrait d'attenter à la vie d'un animal ou à son bien-être dans les cas où cela s'avère utile pour répondre aux besoins de l'homme. Dès lors que celui-ci y trouve un bénéfice ou un intérêt suffisant, les atteintes à la vie et au bien-être animal seraient autorisées. Selon cette perspective, l'animal ne pourrait plus être tué à des fins récréatives (comme c'est le cas de la corrida) mais il pourrait continuer à être tué pour sa chair, sa peau ou encore sa fourrure.

Une seconde logique, témoignant d'une plus grande considération à l'égard de l'animal, n'admettrait que les dérogations nécessaires. Seul un danger pour la vie ou la santé des hommes ou des autres animaux autoriserait qu'il soit dérogé aux principes de respect de la vie et du bien-être. Ainsi, les animaux doués de sensibilité ne pourraient plus être tués à fins de consommation ou utilisation de leur matière première, ni être utilisés – même sans mise à mort (comme c'est le cas des cirques) – à des fins récréatives. En revanche, lorsqu'il y va de l'intérêt supérieur de l'homme – et uniquement dans ce cas –, il deviendrait légitime d'y déroger, par exemple pour tuer un animal dangereux ou porteur d'une maladie dont le risque de transmission à l'homme est avéré.

Selon la portée qui serait donnée à ces principes, leur reconnaissance emporterait, soit une légère évolution, soit un changement paradigmatique.

CONCLUSION

531.   Un droit insatisfaisant. Si l'on excepte le cas des animaux de compagnie (qui bénéficient d'un régime très favorable), le droit animalier consiste en une interdiction des comportements les plus inadmissibles (sévices, cruautés, mauvais traitements) et en un encadrement très minimal de l'exploitation de ces derniers. Pour l'essentiel, c'est un droit qui encadre et humanise un minimum l'exploitation animale[800].

532.   Un droit à consolider. Le droit constitutionnel peut être libéral ou autoritaire ; le droit social peut être protecteur ou laissez-faire. Il en va de même pour le droit de l'animal. Reflet des valeurs dominantes et de l'état de l'opinion, il est aujourd'hui faible et limité. Avec la montée en puissance des préoccupations éthiques dans la relation entre l'humanité et l'animalité, il devrait continuer à s'étendre tout en gagnant en contrainte et en densité.

---

[800] Ce constat est d'ailleurs partagé par les auteurs de l'ouvrage *Le droit animalier en France*, décelant « dans ce droit deux tendances opposées – un droit, il faut le reconnaître essentiellement construit *contre* les animaux et un droit vraiment protecteur, mais dans des limites fort restreintes (…) » (J.-P. Marguénaud, F. Burgat, J. Leroy, *Le droit animalier en France*, PUF, 2016, p. 255, souligné).

REFERENCES BIBLIOGRAPHIQUES

OUVRAGES

L. Boisseau-Sowinski, *La désappropriation de l'animal*, PUL, 2013, 416 p.

S. Brels, Le droit du bien-être animal dans le monde, L'Harmattan, 2017, 493 p.

J.-M. Coulon et J.-C. Nouët, *Les droits de l'animal*, Dalloz, 2018.

P.-J. Delage, La condition animale. Essai juridique sur les justes places de l'Homme et de l'animal, Mare et Martin, 2016, 1014 p.

S. Desmoulin, L'animal entre science et droit, PUAM, 2007.

M. Falaise, *Droit animalier*, Lexifac, 2018, 150 p.

J.-B. Jeangène-Vilmer, *Éthique animale*, PUF, 2018, 320 p.

O. Le Bot (dir.), *Les mutations contemporaines du droit de l'animal*, Confluence des droits, 2023 [en open access : https://books.openedition.org/dice/633]

J.-P. Marguénaud, *L'animal en droit privé*, PUF, 1992, 577 p.

J.-P. Marguénaud, F. Burgat, J. Leroy, *Le droit animalier*, PUF, 2016, 264 p.

K. Mercier, *Le droit de l'animal*, LGDJ, 2017, 202 p.

THESES DACTYLOGRAPHIEES

É. Doré, La sensibilité animale en droit. Contribution à la réflexion sur la protection de l'animal, Thèse Nantes, 2022, 821 p.

J. Kirszenblat, *L'animal en droit public*, Thèse Aix-Marseille, 2018, 670 p.

J. Reeves, *L'animal en droit international*, thèse Angers, 2022, 604 p.

J. Segura, Animaux et droit : de la diversité des protections à la recherche d'un statut, thèse Nancy II, 2006, 640 p.

RESSOURCES AUDIOVISUELLES

Sur les procès d'animaux : https ://www.franceculture.fr/histoire/truie-condamnee-a-mort-dauphins-exorcises-les-etranges-proces-danimaux-au-moyen-age

Sur l'évolution du droit de l'animal : https://www.franceculture.fr/emissions/cultures-monde/vers-un-nouveau-pacte-hommeanimal-44-lanimal-une-personne-comme-les-autres
Sur l'affaire de l'ourse Cannelle : https://www.radiofrance.fr/franceinter/podcasts/affaires-sensibles/l-ourse-cannelle-mort-d-un-fossile-2190799

REVUES JURIDIQUES

Revue semestrielle de droit animalier : https://idedh.edu.umontpellier.fr/revue-semestrielle-de-droit-animalier/

Revue du droit des religions n° 12/2021, dossier « Les animaux en religion ».

Journal du droit administratif, 2021, dossier sur « Les animaux et le droit administratif » : http://www.journal-du-droit-administratif.fr/lanimal-le-droit-administratif-2/

Revue *Pouvoirs* n° 131 (2009), dossier « Les animaux ».

INDEX

TABLE DES MATIERES